신규교사 살아남기

옆 반 쌤이 알려주는 학교생활 꿀팁

신규교사 살아남기

초판 1쇄 발행   2021년 03월 31일
초판 3쇄 발행   2023년 03월 15일

지은이 김수정, 최보민
그린이 장연수

발행인 김병주
COO 이기택 **뉴비즈팀** 백헌탁, 이문주, 백설
행복한연수원 이종균, 이보름 **에듀니티교육연구소** 조지연
디자인 블랙페퍼디자인

펴낸 곳 (주)에듀니티
도서문의 070-4342-6110
일원화 구입처 031-407-6368 (주)태양서적
등록 2009년 1월 6일 제300-2011-51호
주소 서울특별시 금천구 가산동 371-28 우림라이온스밸리 A동 1208호
출판 이메일 book@eduniety.net
홈페이지 www.eduniety.net
페이스북 www.facebook.com/eduniety
포스트 post.naver.com/eduniety

© 김수정, 최보민, 2021
ISBN 979-11-6425-081-3(13370)
값은 뒤표지에 있습니다.

문의하기

투고안내

옆 반 쌤이 알려주는 학교생활 꿀팁

신규교사 살아남기

김수정, 최보민 지음

장연수 그림

에듀니티

처음이라도 잘할 수 있어요, 선생님!

김수정(수쌤)

안녕하세요, 선생님!

선생님이란 호칭을 처음 들었을 때, 저는 선생님이란 호칭이 너무나도 낯설었어요. 대학생, 고시생 타이틀을 벗은 지 두 달도 안 된 것 같은데, 갑자기 선생님이라니 뜬금없이 신분 상승한 느낌이었습니다. 학교를 발령받아 처음으로 교무실에 들어섰던 순간의 기억이 아직도 생생합니다. 교무실 문을 연 순간 저는 선생님이 되어버렸어요. 모두가 저를 선생님이라고 부르고, '선생님'의 역할을 기대하고 있었어요. 학생 때도 자주 가지 않던 교무실에 다시 학생이 된 것 같은 마음으로 들어서서 학년과 업무를 배정받은 순간은 현실성 없게 느껴질 정도였어요. 그렇게 모든 것이 시작되었습니다.

업무는 생각보다 훨씬 무거웠고, 교생실습 때 밤을 새우며 준비한 수업은 학급운영의 여러 부분 중 하나였을 뿐이라는 것을 알게 되었습니다. 하루에도 두세 번씩 진행되는 동학년 회의, 쏟아지는 학부모 전화가 저를 정신없게 했어요.

덕분에 속된 말로, 사고를 많이 쳤습니다. 첫 발령을 받은 학교의 상황상 학교운영위원회, 개인정보보호, 정보교육, 교육경비, 표창 업무 등을 도맡아야 했습니다. 학교운영위원회는 3월에 당장 운영위원회를 구성하고 회의를 개최해야 했는데, 저는 공문이 무엇인지 들어본 적도 없었어요. 그런 제가 3월 한 달 동안 공문을 10개 넘게 작성했습니다. 정신이 하나도 없었어요. 그런 저는 첨부파일이나 중요한 내용을 빠뜨린 공문을 기안하는 실수를 곧잘 저질렀고, 회의 안건을 가정으로 보내야 하는 당일 4교시까지도 안건을 인쇄하지 못해 발만 동동 구르기도 했습니다. 회의 당일에 필요한 서약서를 교장 선생님께서 대신 만들어주신 적도 있답니다. 교무실 선생님들께서는 교장 선생님까지 일하게 하다니, 수쌤의 매력이 대단하다며 귀여워해줬지만 저는 한 달 내내 부끄러운 마음에 교장 선생님을 피해 다니기도 했어요.

학급운영도 질서가 잡히지 않았습니다. 아이들을 예뻐하는 마음만으로 학급이 바로 서는 것은 아니었어요. 아이들과 함께 규칙을 만들고 잘 지키는 것이 학급운영의 기본이건만, 경험이 없는 저는 규칙을 까먹거나 자기합리화를 하며 순간순간 타협해버리기 일쑤였습니다. 알림장에 중요한 내용을 깜빡해서 학부모 민원을 받기도 했고, 수업을 다 준비한 줄 알았는데 한 과목을 빠트려서 당일에 시간표를 바꾼적도 있어요. 게다가 정신없이 처리하는 마음 상태가 교실에 고스란히 드러나 책상은 늘 어지러웠고, 교실도 더러웠어요.

이런 제 눈에 다른 동학년 선생님들은 말 그대로 슈퍼맨 같았습니다. 수업 중에 업무 쪽지가 계속 날아드는 와중에도 수업과 업무를 척척 해내시는 것이 신기하기만 했어요. 게다가 다른 선생님들의 반에 가보면 척 보기에도 아이들이 질서 있게 행동하고, 교실도 아기자기하게 꾸며져 있었어요. 늘 바빠하는 저를 위해 좋은 수업 자료를 챙겨주시고, 아침·점심·방과 후 시간에는 커피 한잔과 함께 여유롭게 웃으며 회의하는 모습을 보고 있노라면 과연 내가 저런 선생님이 될 수 있을까 하는 의문마저 들었습니다.

하지만 결국 저도 학교생활에 적응했습니다. 어느 순간 공문이 와도 당황하지 않고, 학교운영위원회도 기한에 맞춰 준비하고, 수업 계획은 넉넉하게 일주일씩 미리 세워두며 교실도 깨끗해졌지요. 동학년 선생님들의 끝없는 사랑 덕분이었습니다. 아직 학교 일이 낯설고 업무처리가 느린 저를 위해 제가 해야 할 일들을 미리 나서서 도와주고, 업무를 처리하다가 모르는 점이 생겨서 여쭤보러 가면 늘 자리에서 일어나 우리 반 교실로 와줬답니다. 가장 기억에 남는 순간은 학부모님을 초대하는 학예회 전날 두 분 선생님께서 양손에 빗자루와 쓰레받기를 들고 나타나셔서 순식간에 교실 청소를 하고 천장에 풍선까지 달아주고 간 일이에요. 두 선생님 덕분에 저는 모르는 것을 여쭤보며 늘 든든한 마음으로 학교생활을 할 수 있었습니다. 그때도 느꼈지만, 지금 다시 생각해봐도 인생의 큰 복이었어요.

어느덧 저도 1급 정교사가 되었습니다. 올해 우리 학교에 신규교사가 다섯 분이나 왔어요. 그중 한 분과 동학년이 되었는데, 처음으로 신규교사와 동학년을 맡은 터라 제 신규 때가 새록새록 생각났습니다. 뭐든지 도와드리고 제가 받은 사랑을 나누고 싶다는 생각이 가득

했어요. 그런데 신규 선생님이 부담스러워하지는 않을까, 내가 꼰대가 되는 것은 아닐까 하는 생각에 막상 다가가기가 어려웠습니다. 모르는 것이 있으면 언제든지 찾아오시거나 쪽지를 달라고 몇 번이나 말씀드렸지만, 신규 선생님은 본인이 무엇을 모르는지도 잘 모르는 것 같았어요. "선생님은 바빠야 할 것 같은데 바쁘지 않아서 이상해요" 라는 말을 할 때 무언가 이상하다는 생각이 들었고, 그 생각은 "문구점에서 뭘 사야 하나요?"라는 질문을 듣고 확신으로 바뀌었습니다.

선생님들은 모두 능력자이십니다. 지금 이 글을 읽고 계신 선생님께서도 분명히 능력자이시고요. 그 능력을 온전히 수업에, 아이들과의 행복한 생활에 쏟을 수 있도록 자잘한 부분을 도와드리는 가이드북을 만들고 싶었습니다. 물어보자니 부끄럽고, 안 물어보자니 답답한 곳을 시원하게 긁어드리고 싶습니다. 이 책이 신규 선생님들의 작지만 큰 고민을 덜어주고, 예비 신규 선생님들께 학교생활의 맛을 살짝 보여드리는 책이 되었으면 합니다. 선생님의 새로운 시작을 응원합니다!

이 책이 선생님의 첫걸음에 도움이 되길!

최보민(뽀쌤)

저는 2015년 3월에 기간제교사로 처음 교직에 입문했습니다. '9월 발령 전, 경험 삼아 해보자'라는 가벼운 마음이었지요. 그렇게 시작한 기간제교사 일은 저에게 엄청난 고통을 안겨줬습니다. 나름대로 열심히 하려고 2월 내내 학교에 가서 청소도 하며 3월을 준비했지만, 5월이 지나면서 우리 반은 붕괴하기 시작했습니다. 제 잔소리만 메아리처럼 돌아왔어요. 얼마나 심했느냐고요? 창피하지만 수업 진행이 힘들 정도였습니다. 학급경영도 너무 버거운데 학교업무까지 하려니 정신이 없었습니다. 방과 후에는 아이들 상담과 업무를 동시에 진행하느라 시간이 없어 학급 문제는 대충 마무리하기 일쑤였습니다. 이런 부분은 모두 학급의 균열로 나타났습니다. 메신저로 업무 쪽지는 계속 오고, 아이들은 계속 싸우고…. 허둥지둥, 제대로 되는 것이 하나도 없었습니다.

아무것도 모른 채 업무를 하다 보니 대형 사고도 저질렀습니다. 동학년 주간 학습표를 만드는 업무였는데, 이지에듀 사용법을 몰라 실수로 업로드 해버린 거예요. 부장님이 오랜 시간 공들여 만든 교육과정을 백지로 만든 것이죠. 잠시 후, 부장님이 울상이 되어 찾아오셨습니다. 부장님은 신규이니 그럴 수 있다고 이해해주셨지만, 얼마나 죄송했는지 모릅니다.

욕심 같아서는 업무도 학급운영도 척척 잘해내고 싶었지만, 현실은 따라주지 못했습니다. 게다가 '다른 동기들은 행복하게 지내는데 왜 나만 이럴까?'라는 비교의식이 생기면서 학교생활은 더욱더 힘들어졌습니다. 여러 동료 선생님이 도움을 주셨지만, 이미 무너진 학급을 되돌리기엔 역부족이었거든요. 교사로서 능력 부족이라는 생각이 저를 더 무너뜨렸습니다. 해결책이 전혀 보이지 않아 계약 기간이 끝나기만 기다렸습니다. 심지어 계약 종료 3일 전에 교감 선생님께 찾아가서 그만두겠다고 울면서 이야기하기도 했습니다. 지금 생각하면 정말 창피한 일이지만 당시에는 이 기나긴 터널에서 빨리 빠져나오고 싶다는 생각뿐이었습니다. 마음이 너무 힘들었던 기간제교사 계약이 끝나고 첫 발령을 받았을 때, 다행히 담임이 아닌 영어 전담을 맡았습니다. 학급붕괴의 공포에서 조금이나마 벗어날 수 있었던, 나름 마음 치유의 시간이었습니다. 하지만 동시에 앞으로 교사생활을 어떻게 해야 할지 걱정되기 시작했습니다. 학급을 잘 운영하려면 무엇을 준비해야 할지 고민했죠. 이때부터 학급경영을 잘하는 선생님들의 교실을 관찰하기 시작했습니다. 사교성이 좋은 편은 아니었지만, 학급붕괴만은 막고 싶다는 마음에 용기 내어 다른 선생님들을 찾아가 학급경영 방법을 여쭤보기도 했습니다. 영어 전담을 맡은 것도 도움이 되었습니다. 각 반 특유의 분위기를 느낄 수 있었고, 선생님마다 다른 학급경영 스타일을 관찰할 수 있었습니다. 여러 반을 경험하면서 좋은 점은 기록도 하고, 열심히 공부했어요.

교사 인생에 가장 큰 전환점이 된 건 '행복 교실 연수'였습니다. 아이들과의 행복한 생활을 꿈꾸며 지푸라기라도 잡는 심정으로 신청했는데, 1년 동안 여러 선생님과 함께 학급경영 연수를 받으면서 많이 성장할 수 있었습니다. 연수를 듣다 보니 기간제교사 때 왜 학급붕괴가 일어났는지도 알 수 있었습니다. 그전에는 첫 제자들을 참 많이 원망했는데, 아이들이 잘못되었다기보다 제가 지도할 부분을 많이 놓치고 있었다는 걸 깨달았습니다. 연수에서 만난 선생님들은 업무적인 조언도 많이 해주셨습니다. 학부모 상담 때 알아두면 좋은 점을 미리 말씀해주셔서 실제 상담에도 도움을 받았지요. 그러면서 '만약 이런 부분을 미리 알고 있었더라면 어땠을까?'라는 생각이 많이 들었습니다. 첫 담임으로 발령받기 전, 이 책에서 다루는 내용을 알고 있었더라면 학급붕괴는 막을 수 있었을 것 같거든요. 다른 신규교사는 저처럼 실수하지 않기를 바라는 마음으로 이 책을 썼습니다.

첫해의 기억이 좋지 않아서인지, 고학년을 맡을 때면 아직도 심장이 콩닥콩닥합니다. 다 잊었다고 생각하다가도 그때의 기억이 살아나 저를 움찔하게 만듭니다. 이렇듯 신규교사에겐 첫해의 기억이 매우 중요합니다. 그렇기에 신규교사들이 아이들과 행복한 교실생활을 하면 좋겠습니다. 그렇게 아이들과 쌓은 좋은 추억이 모이면 언젠가 겪을 교직생활의 고비를 극복할 힘이 될 것입니다. 이 책이 그런 힘을 기르는 데 도움이 되기를 바랍니다.

차례

2월

걱정 마, 멘붕!

3월

우리 반이 무사하길

행사의
계절, 봄

방학,
매일매일
기다려!

캐릭터 소개

햇병아리 노눈치 닭으로 키우기 프로젝트!

노눈치(교대생 시절)

교수님이 시키는 대로, 학교가 원하는 대로 열심히 수업 듣고, 과제 하고, 조 모임에 참여하던 노눈치. 딱히 부족한 건 없지만 그렇다고 특출난 장기를 찾은 것도 아닌데, 시간에 떠밀려 다른 친구들과 함께 임용고사를 보고 합격했다. 학교에서 배운 건 많은데 '이거다!' 할 건 없다.

노눈치

이제 막 첫 발령을 받은 신규교사. 설레는 마음이 가득하고 학급운영과 업무 모두 잘하고 싶지만, 눈치가 없어 무엇을 어떻게 해야 할지 고민이 많다. 그래도 눈치 없음을 무기로 다른 선생님들에게 스스럼없이 질문하며 조금씩 발전하고 있다.

박고수

부장 선생님. 은근한 카리스마로 뭐든지 다 아는 것 같은 분위기를 풍긴다. 아닌 건 아니라고 확실하게 알려주면서도 츤데레처럼 위로를 건네기도 한다. 항상 "라떼는 말이야~"라며 잔소리하는 것 같아도, 사실은 모두에게 실질적인 도움이 되는 조언을 해준다.

옆 반 선생님. 따뜻한 마음씨로 신규교사의 고민을 모두 들어주고 위로해준다. 보기만 해도 의지가 되고 든든한, 왠지 엄마 같은 선생님. 아이들에게도 화 한 번 내지 않고 따뜻한 카리스마로 학급을 운영한다.

한마음

노눈치의 대학 동기. 노눈치와 함께 신규교사로 발령받았으나 노눈치와 다르게 센스 있게 학년 일을 돕는다. 노눈치와 연락을 주고받으면서 함께 학교생활에 대해 고민한다.

유센스

노눈치, 첫 출근!

안녕, 학교?

4년간 열심히 다닌
교대를 드디어 졸업했다!

무려 4년. 우주의 이치를 깨우친 기분이다.

그래. 난 분명 4년 동안 많은 것을 열심히 배웠다.

이제 완벽한 선생님이 될
준비가 다 됐어!

그렇게 자신감으로 가득 차서 처음 발령받은
학교에 갔다。

하지만 학교는 내 상상보다 훨씬
엄청난 곳이었다。

그 순간, 모든 선생님의 관심이
나에게 향했다!

나...이제 어떡하지?

2월

첫 발령을 받아 임용고사 면접 때 입은 정장을 꺼내 입었다.

그런데 도착하자마자 하는 일은 쓸고, 닦고, 치우고, 힘쓰는 일뿐.

게다가 학교의 모든 선생님이 나만 찾는 것 같은 느낌.

끝없는 회의와 짐작도 안 가는 업무 용어에 휩쓸려

학교 도착 10분 만에 찾아온 멘탈 붕괴!

그래도 걱정하지 말자.

걱정 마, 멘붕!

걱정 마, 멘붕

그거 제가 할게요!

학년을 배정받자마자 같은 학년 선생님들이
회의하자며 부르셨다.

첫 회의 내용은 학년업무 나누기!
부장님이 업무가 쭉 적힌 종이를 나눠줬다.

심각한 회의를 하는 부장님과 옆 반 선생님.
나도 도움이 되고 싶은데 한마디도 못 알아듣겠다.

도대체 이 업무 중
내가 할 수 있는 게 뭘까?

유센스

눈치야~ 잘 지냈지?

노눈치

와! 센스야! 난 잘 지냈어! 그런데 발령 받고 나니까 어려운 게 너무 많다. ㅠ_ㅠ

 유센스

나도 뭐가 뭔지 하나도 모르겠어. ㅠ_ㅠ

노눈치

오늘은 동학년 업무를 나누는데 아무것도 몰라서 가만히만 있었어. 나도 뭔가 도움이 되고 싶었는데!

 유센스

와…. 완전 공감. 그래도 난 부장님이 "센스 쌤은 이거 맡아봐요~" 하면서 정해주시더라!

노눈치

진짜? 좋겠다… 난 괜히 내가 맡기에 너무 어려운 일인데 맡았다가 학년 전체에 피해를 줄까봐 무서워.

 유센스

너도 부장님한테 속 시원하게 여쭤봐!

수쌤의 한마디

처음 학교에 도착했을 때, 어리바리하게 서 있던 저를 처음 보는 부장님이 반가워하며 데려가셨죠. 동학년 회의가 있다는 말에 떨리는 마음으로 연구실에 앉아, 회의라는 단어만큼이나 낯선 업무명을 보며 무슨 업무인지 추측하려 애썼어요.

부장님이 업무 목록을 다 쓰시자마자 알아서 척척 업무를 가져가는 다른 선생님들의 모습에 저도 뭔가 도움이 되어야겠다는 압박을 느꼈어요. 그래서 목록을 쭉 보다가 대학생 때 점수를 잘 받은 평가 영역에 지원했는데, 다른 선생님들이 빵 터졌지요. 그때는 왜 웃는지도 모르고 그냥 같이 따라 웃었는데, 지금 생각하니 큰일이 날 뻔한 거였어요. 평가는 신규교사가 진행하기에 조금 어렵고 큰 업무거든요. 다른 선생님들의 배려에 감사하면서도, 아무것도 모르는 티를 팍팍 낸 것이 부끄럽기도 했습니다.

같이 발령받은 친구들에게 물어보니 신기하게도 어느 학교나 받은 업무가 비슷비슷했어요. 아무래도 신규교사에게 적합한 업무가 따로 있기 때문이겠죠?

라떼는 말이야

첫 동학년 회의, 아주 부담스럽죠? 학년 업무 중 신규교사가 도전할 만한 업무는 '절차는 어렵지 않지만, 손이 꾸준히 가는 업무'들입니다. 집안일로 따지자면 요리보다는 설거지나 빨래 개기 같은 것이죠. 뭐가 뭔지 알 수가 없으니 섣불리 나서기도 어려울 거예요. 이럴 때 신규교사가 도전하기 좋은 업무를 소개할게요.

학습 준비물

신규교사가 맡기 좋은 대표 업무 중 하나인 '학습 준비물'은 말 그대로 수업에 필요한 준비물을 사는 업무입니다. 보통 분기별, 혹은 학기별로 동학년 선생님들끼리 회의를 하여 수업에 필요한 준비물을 정하고 구입합니다. 기본적으로 동학년 선생님들과의 회의로 구매 물품을 정하기 때문에 부담스러워할 필요가 없습니다. 작년 선생님들이 구입하신 물품 목록도 참고할 수 있고요.

먼저 동학년 선생님들과 구입해야 할 학습 물품들에 대해 회의를 합니다. 그다음에 해당 목록을 바탕으로 학습 준비물 구매 목록을 작성합니다. 학교에서 배포하는 엑셀 파일 형식에 맞춰 필요한 학습 준비물의 품명, 규격, 제조사, 수량 등을 기록하고 어떤 활동에 필요한지 간단히 적습니다. 목록 작성 후에는 각 물품의 가격을 찾아보고, 예산 안에서 해결할 수 있는지 확인합니다.

가격을 포함한 학습 준비물 구매 목록이 완성되면 학교 전체의 학습 준비물 담당 선생님에게 메신저로 파일을 보냅니다. 이때 파일명 뒷부분에 몇 학년인지 덧붙이면 센스 넘치는 신규교사가 될 수 있습니다. 만약 담당 선생님이 따로 없다면 직접 기안합니다. 학교에서 사용하는 사이트의 장바구니에 물건을 미리 넣어두면 결재가 나자마자 바로 살 수 있어 편리합니다.

자료 수합

자료 수합은 간단하지만 자주 해야 하는 업무입니다. 문서를 학년별 혹은 반별로 모아 보내는 것을 '수합'이라고 하지요. 주로 한 달에 한 번 학년별 결석계를 제출하거나 학교에 따라 주간 학습 안내를 결재받기도 합니다. 그 외에도 우유 급식 신청서나 학급별 통계 등 서류나 파일을 제출해야 하는 등 자잘한 일이 계속 생깁니다.

연구실 관리

모든 학교에는 작은 교무실 느낌의 '학년 연구실'이 있습니다. 교사들은 아침, 점심, 방과 후 등 쉬는 시간에 이곳에 모여서 고민이나 즐거운 일을 나누고 학년 회의도 진행합니다. 연구실 관리 방법은 학교마다 다르지만, 대체로 연구실을 깨끗이 정리하고 가끔 바닥 청소를 하거나 쓰레기통 및 재활용 쓰레기를 비우는 정도입니다. 학기 초 연구실에 재활용 박스, 물티슈, 휴지, 간단한 필기용품 등을 마련해두는 것도 좋습니다.

친목

'친목회'에 가입하면 학교에서 진행하는 학기 초, 학기 말 회식이나 교직원 경조사, 단체 문화생활 등 다양한 행사에 참여할 수 있어요. 교사들은 대부분 친목회에 가입되어 있습니다. 친목회에서 어디에 갈지, 어떤 음식을 먹을지, 무슨 행사를 할지 학년별로 모아 정리하고 함께 회의하는 역할을 '친목회 간사'라고 합니다. 간사의 역할은 동학년 선생님들과 의견을 모아서 정한 내용을 발표하고, 다른 학년과 이견을 조율하는 것입니다. 자주 모이지도 않는 데다 업무적이고 형식적인 자리가 아니라서 참여하는 데 부담이 크지는 않습니다.

'친목' 업무의 꽃은 학년 선생님들의 간식 마련입니다. 부장 선생님을 포함한 동학년 선생님들에게 회비를 걷고, 예산 안에서 커피, 차, 과자 등의 간식을 삽니다. 어떤 과자와 음료를 준비할지 고민된다면 다른 학년의 친목 담당 선생님에게 물어보거나 학년 선생님들에게 개인 쪽지를 보내 각자 취향을 물어보는 것도 좋습니다. 소셜커머스에 '과자'를 검색하면 다양한 종류의 인기 과자를 모아 저렴하게 판매하고 있으므로 그 안에서 고르는 것도 실패를 줄이는 방법입니다.

수쌤&뽀쌤의 Tip!

이 외의 학년 업무로는 '교육과정 계획'이나 '현장 체험학습' 등의 업무가 있습니다. 그러나 교육과정 계획은 한 해의 모든 교육과정 계획을 수립하는 일로 학년과 학교 행사에 대한 깊은 이해가 필요하고, 시수와 학년별 사정에 대한 기본 지식이 필요해 신규교사에게는 어렵습니다. 현장 체험학습 역시 신규교사 발령 전에 결정되어 있거나 버스 대절, 계획서 수립, 보험료 계산 등 복잡한 내용이 많아 신규교사가 맡기는 어렵습니다.

업무 배턴 터치!

교실로 돌아오니 무엇을 시작해야 할지
너무 막막했다.

그때 처음 보는 선생님이 찾아오셨다!

선생님은 뭔가 어려운 내용을 설명하며
나에게 서명할 종이를 내미셨다.

이 종이.
사인해도 되는 걸까?

$^%!*
#@!%&^&~

업무인수인계서

서명___

유센스

눈치야! 업무 잘 받았어?

노눈치

뭘 받긴 했는데 이게 뭔지 도통 모르겠어.

유센스

나도 그래. ㅠ_ㅠ 그래도 작년에 하시던 선생님이 오셔서 자세히 알려주셨어. 한 번 익숙해지면 점점 편해진대!

노눈치

그래? 다행이다! 내가 받은 업무도 어렵지 않은 업무라고는 했는데, 3월에 인원을 모집해야 한대. 벌써 걱정된다. ㅋㅋ

유센스

그래도 다른 선생님들이 주변에서 많이 도와주실 거야! 같이 힘내보자! 모르는 건 잘 여쭤보고!

뽀쌤의 한마디

저의 첫 업무는 방송이었어요. 처음 가본 방송실에는 커다란 기계들과 기다란 전선, 마이크, 카메라 등이 가득했지요. 기계의 'ㄱ' 자도 모르는 터라 덜컥 겁부터 났어요. 다행히도 전에 방송 업무를 맡았던 선배 선생님이 제대로 인수인계를 해주시고 방송 사고가 날 때마다 방송실로 와서 도와주셨지만, 그래도 실수를 많이 했어요. 조회 시간에 카메라가 꺼지기도 하고, 애국가 대신 교가가 흘러나오기도 했죠. 아찔한 마음에 눈물을 흘린 적도 있답니다. 학교 행사가 있을 때마다 무거운 방송장비를 설치하느라 애먹기도 했고요. 한 해가 지나 새로운 업무를 배정받을 땐 방송만 아니기를 기도했답니다.

다행히 다음 해에는 방송이 아닌 나이스 업무를 맡았지만, 여기서도 큰 사고를 쳤어요. 기준 연도를 바꾸지 않고 반 배정을 하는 바람에 작년도 기록을 통째로 삭제하고 말았어요. 놀란 저는 눈물을 흘리면서 나이스 업무를 하던 선생님들을 찾아 헤맸어요. 다행히 나이스 업무를 오래 한 선생님이 뒤처리를 해주셨어요. 어떤 업무든 처음 할 때는 굉장히 어려워요. 꼭 인수인계를 꼼꼼히 받으세요!

라떼는 말이야

업무는 1년에 한 번씩 바뀝니다. 해본 업무에 다시 지원할 수도 있고, 새로운 업무에 도전할 수도 있죠. 업무가 바뀌는 경우, 전임 선생님이 새로 업무를 맡은 선생님께 한 해의 업무 순서와 관련 서류를 전달하는데, 이것을 '인수인계'라고 하죠. 이때 업무 인수인계서를 쓰게 되는데, 업무를 잘 이해하지 못한 상태로 인계서에 서명한다면 어떻게 될까요?

업무의 종류

학교마다 명칭은 조금씩 다르지만 대부분 비슷한 방식으로 나뉩니다. 부서마다 부장 선생님이 있고, 크고 작은 업무를 같은 계원의 선생님들끼리 분담합니다. 부장님들의 업무는 대개 비슷하지만, 학교의 크기나 사정에 따라 선생님들이 맡는 업무나 업무의 계가 조금씩 다를 수 있습니다.

부서명	하는 일
교무부	학교생활기록부, 학적사항, 학부모회 관련 업무
연구부	평가와 연수 등 교육과정 관련 업무
정보부	컴퓨터 및 소프트웨어 프로그램, 각종 전자기기 담당 업무
인성부	학교폭력대책위원회, 상담, 인성교육 관련 업무
방과후부	방과후학교 운영 및 자유수강권 관리 업무
체육부	스포츠클럽 대회와 운동회를 포함한 체육 관련 업무

업무 인수인계

해가 바뀌면 전입, 전출되는 교사를 포함해서 선생님의 업무가 변경됩니다. 이때 본인이 하던 업무를 다음 선생님에게 넘겨주는 과정을 인수인계라고 합니다. 인수인계 과정은 크게 셋으로 나눌 수 있습니다.

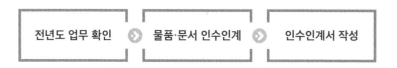

전년도 업무 확인 ❯ 물품·문서 인수인계 ❯ 인수인계서 작성

전년도 업무 확인

먼저 전임 선생님이 한 해 동안 할 일을 시간순으로 설명합니다. 처음 들을 때는 무엇을 해야 할지 감이 오지 않겠지만, 전임 선생님의 이름을 기억해두면 나중에 K-에듀파인에서 전임 선생님이 기안한

공문을 찾아보며 복습할 수 있으니 긴장하지 않아도 됩니다. K-에듀파인 사용법은 다음과 같습니다.

K-에듀파인으로 작년 공문 확인하기!

1. 먼저 업무포털의 K-에듀파인으로 들어가신 후 **[문서관리]** 탭의 **[문서등록대장]**에 들어가서 조회 아래 **[펼치기]**를 누릅니다.

2. 기안(접수)자 칸에 전임자 선생님의 이름을 넣고 검색합니다. 이때 기안(접수)일자를 작년으로 설정하는 것도 잊지 마세요!

물품·문서 인수인계 및 인수인계서 작성

업무에 따라 필요한 문서와 물품을 받습니다. 예를 들어, 방과 후 부서라면 강사 채용에 관련된 계약서나 업무 매뉴얼, USB 등을 받습니다. 계약서나 USB 등은 그대로 보관하고, 업무 매뉴얼은 해마다 새로 나오는 경우도 있으므로 학기 중 업무 관련 연수에서 새 매뉴얼을 받기 전까지만 보관합니다.

인수인계가 끝나면 전임 선생님이 인수인계서를 줄 것입니다. 업무의 설명을 듣고 문서와 물품을 잘 전달받았는지 확인하는 문서입니다. 전임 선생님이 준 문서에 물품의 이름, 수량 등이 제대로 적혀 있는지 확인하고 내용이 정확하다면 '인수자'에 사인해서 교무실에 제출합니다.

수업도, 업무도 준비 완료!

문득 궁금한 게 생겼다.

교생실습을 할 때는 한 차시 수업을 준비하느라 밤을 새웠는데, 어떻게 매일 4~6교시를 준비할 수 있지?

게다가 업무까지....
업무 내용은 어떻게 확인하는 거지?

부장님, 전 어디로 가야 하나요?

유센스

눈치야! 너 업무포털 들어가봤어?

노눈치

업무포털…? 그게 뭐야?

유센스

뭐야~! 아직 인증서 발급 못 받았어? 업무
포털에 들어가야 공문도 쓰고, 나이스 기초
작업도 하지!

노눈치

와~ 센스 너는 신규인데 정말 대단하다!
인증서가 뭐야? 어떻게 받는 거야?

유센스

너 학교에서 엄청 바빴구나? 내일 부장님께
가서 꼭 여쭤봐! 인증서가 있어야 행정업무도
시작할 수 있고, 인디스쿨도 가입할 수 있어!

노눈치

인디스쿨? 그건 또 뭐야?

유센스

나도 전에 선배들에게 말로만 들은 곳인데, 온
갖 교육 자료가 다 올라오는 엄청난 사이트래!

노눈치

우리 같은 신규에게 꼭 필요한 곳이겠네?
내일 바로 인증서부터 발급받아야겠다!

수쌤의 한마디

발령 첫날은 교실을 청소하고 나니 하루가 다 지났습니다. 그리고 다음 날, 교실 컴퓨터를 켰는데 할 수 있는 일이 아무것도 없다는 것을 깨달았어요. 개학이 멀지 않았고, 분명히 준비할 것이 많은데 할 수 있는 일이 하나도 없는 게 이상해서 부장 선생님을 찾아갔습니다.

부장 선생님은 걱정하지 말라며 나이스부터 들어가서 차근차근 준비하면 된다고 했어요. 그런데 반으로 돌아와 업무포털에 들어간 순간, 제가 로그인을 할 수 없다는 사실을 알았습니다. 인증서가 없었기 때문이에요. 설상가상 메신저 아이디도 아직 없어서 나이스 담당 선생님의 반에 직접 찾아가 신청서를 USB에 담고, 다시 가져다드렸답니다.

교육용 인증서를 다운로드하고 나니 말로만 듣던 나이스와 공문을 비롯한 행정업무를 시작할 수 있습니다. 공직자 통합 메일과 인디스쿨도 인증서가 있어야 가입할 수 있으니 가능한 한 빨리 신청하세요!

라떼는 말이야

라떼는 말이야, 인터넷 결재시스템이 없어서 무엇이든 손으로 했어요. 게다가 파워포인트가 상용화되지 않아서 맨손 수업도 자주 진행했지요. 지금은 대부분의 행정업무가 전자시스템으로 이루어지고, 인터넷에 훌륭한 자료가 가득해서 정말 편리해졌습니다. 하지만 이 모든 것을 사용하기 위해서는 교사 인증서를 받아야 해요. 그럼 이제 인증서 받는 법을 알아볼까요?

교육용 인증서 발급받기

업무포털 접속하기

학교에서 시행하는 모든 행정업무는 업무포털에서 이루어집니다. 업무포털에 접속하려면 인증서로 로그인을 해야 하지요. 인증서가 있어야 모든 행정업무를 시작할 수 있는 셈입니다. 그러므로 학교에 발령받고 나서 가장 먼저 해야 할 일 중 하나는 인증서 발급입니다.

1. 나이스 담당자에게 문의하기

나이스 담당자에게 인증서 발급을 요청하여 신청서를 작성하고, 다시 담당자에게 전달합니다. 개인용 인증서 발급 인가 문자가 도착하면 신청서에 쓴 메일 주소로 접속하여 인증서를 다운받습니다. 학교에서는 공직자 메일을 제외한 사이트의 메일이 열리지 않으므로 개인 컴퓨터 사용을 추천합니다.

2. 발급·재발급 인가 안내 받기

인증서 발급 인가 메일에서 안내하는 대로 작업을 수행합니다. **[참조번호·인가코드 확인]**을 클릭하고 임시 비밀번호를 누르면 참조번호와 인가코드를 확인할 수 있습니다. 참조번호와 인가코드를 복사해두세요.

3. 행정전자서명인증센터 방문하기

www.epki.go.kr에 접속하여 행정 전자서명인증센터의 **[개인용 인증서 발급]**을 누릅니다. 복사해놓은 참조번호, 인가코드를 정확하게 입력하고 인증서 비밀번호를 누르면 인증서가 발급됩니다.

4. 인증서 저장하기

인증서 저장 방법은 다양하지만 많은 선생님이 하드디스크와 USB에 저장합니다. 먼저 교실 컴퓨터의 하드디스크에 인증서를 저장한 후 USB에 복사하면 어느 컴퓨터에서나 업무가 가능해져 편리합니다. 신규교사는 다른 선생님들의 컴퓨터에서 업무를 배울 일도 많기에 USB에 인증서를 복사해놓는 것이 좋습니다. 일반 파일 폴더를 복사하듯이 하드디스크에 다운로드한 GPKI 폴더를 통째로 복사하면 됩니다.

인디스쿨 가입하기

인디스쿨이란?

인디스쿨(http://indischool.com)은 초등교사들이 자발적으로 모여 만든 교육 커뮤니티입니다. 자료는 무료이고, 희망자에 한해 후원을 받는 형식으로 운영됩니다. 방대한 자료가 공유되며 학교현장이나 교육에 대한 고민을 나누는 광장이기도 합니다.

1. 회원 가입하기

먼저 공직자 통합메일(http://mail.korea.kr)에 가입하고, 나이스에 접속합니다. 교사 인증서도 준비해두세요. 그다음 인디스쿨 사이트에 들어가서 [회원가입] 탭을 누르고 가입합니다. 회원가입을 하고 나면 기재한 메일 주소로 본인인증을 해야 하는데, 학교에서는 타 사이트의 메일을 확인할 수 없으므로 공직자 통합 메일 주소 사용을 추천합니다.

2. **교사 인증 방법 선택하기**

메일 인증 뒤 다시 로그인하면 이번에는 교사 인증 화면이 뜹니다. 인디스쿨은 초등교사를 대상으로 운영하는 커뮤니티이므로 초등교사라는 사실을 인증해야 합니다. **[교사 인증받기]** 탭을 누르고 인증 방법을 선택합니다.

3. **교사 인증하기**

교육용 인증서가 있다면 간편하게 인증할 수 있습니다. 업무포털에 접속해 **[나이스]-[급여]-[지급명세서]** 탭을 누릅니다. **[조회]** 버튼을 누른 후, 급여명세서를 PDF 파일로 저장합니다. 아직 월급을 받기 전이라 공란으로 뜰 테지만, 교사임을 인증하기 위한 과정이니 걱정하지 마세요. (급여명세서 확인하는 법은 3월 편, '드디어 오셨다 월급날!'을 참고하세요!)

4. **인증 완료하기**

인디스쿨의 '간편인증 파일 제출'에 나이스 급여명세서 PDF 파일을 업로드합니다. 업로드가 끝나고 교사 인증이 완료되었다는 안내가 나오면 가입 완료입니다.

선생님의 필수 아이템, 바로 이거야!

내 책상에는 아무것도 없다.

칠판에도 아무것도 없다.

너무나도 내 교실을 채우고 싶은 이때!
문을 열고 들어오신 쇼핑왕 옆 반 쌤!

선생님, 무엇을 사야 하나요?

유센스

눈치야~ 나 오늘 문구점 쇼핑했어!

노눈치

나도 오늘 환경용품 구매비를 받아서 다녀왔어. ㅋㅋ 근데 아무거나 보이는 대로 담아서 뭘 샀는지 모르겠네. 봉투를 다시 살펴봐야 해.

유센스

뭐!? 네가 산 걸 네가 모르다니! 제대로 산 거 맞아?

노눈치

사실…. 뭐가 필요한지 하나도 몰라서 그냥 옆 반 선생님들 따라 샀어. ㅠ_ㅠ

유센스

음… 그것도 좋은 방법인 것 같다. 사실 나도 환경용품 구매비를 처음 받았을 때는 넉넉해 보여서 뭘 사야 할지 몰랐는데, 사다 보니까 돈이 부족하더라.

노눈치

나는 돈이 남았는데!? 내일 다시 문구점 가봐야겠다. ㅠ_ㅠ

유센스

너도 속 시원하게 부장님께 여쭤봐!

수쌤의 한마디

보통 학교에서는 2월 말쯤에 환경용품 구매비를 학급마다 나눠줍니다. 학급비는 5만 원에서 10만 원 사이로 학교마다 달라요. 평소에 문구점 가는 것이 취미였던 저는 평소처럼 예쁜 스티커와 펜을 고르며 '돈이 많이 남네?'라고 생각했지만, 착각이었어요. 학기가 시작되니 문서 정리함을 시작으로 크고 작은 물건이 정말 많이 필요해져서 문구점에 몇 번이나 더 다녀왔답니다. 다행히 동료 선생님들이 물건을 많이 나눠주셔서 모자라지는 않았습니다. 어찌나 감사하고 또 감사하던지! 그다음 해부터는 동료 선생님들에게 여쭤보고 같이 필요한 물품을 샀답니다. 무엇을 사야 할지 도저히 모르겠다면 옆 반 선생님을 따라 사세요. 쇼핑은 현명하게!

라떼는 말이야

라떼는 말이야…. 수업종이 꼭 필요한 물건이었어요. 종을 세 번 치면 아이들이 모두 선생님을 쳐다봤지요. 요즘에는 신기한 용품도 많이 생겼고, 다양한 물건이 필요하답니다. 그래도 꼭 필요한 물건만 추천할게요.

USB

인증서 저장에도 쓰는 필수 아이템! 출근 첫날 USB가 있다면 요긴하게 쓸 수 있습니다. 문서를 옮기거나 저장하는 데도 쓸 수 있습니다.

사무용품 보관함

학교생활을 하다 보면 지우개나 클립처럼 작은 학용품이 많이 쌓입니다. 이때 사무용품 보관함이 있다면 종류별로 깔끔하게 보관해두고 바로바로 꺼내 쓸 수 있어 편리합니다.

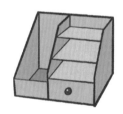

서류 분류함

학교에서는 1년간 수많은 가정통신문을 배부하고 회수해야 합니다. 게다가 회의나 연수가 있을 때마다 중요한 문서가 쏟아지죠. 이때 다양한 서류를 분류함에 정리하면  필요한 서류를 바로바로 찾을 수 있습니다. 덤으로 클립까지 마련하면 신청서를 하나로 묶을 수도 있고, 다른 선생님들에게 문서를 깔끔하게 보낼 수도 있습니다.

물레방아테이프

교사용과 학생용으로 2개 정도 가지고 있으면 편리합니다. 의외로 많이 사용하므로 준비 기간에 테이프를 많이 구비해놓으세요.

다용도 바구니 (1호 ~ 4호)

특히 3호 바구니를 가장 자주 사용합니다. 여러 학습지를 분류 보관하기 편리하고, 과제물이나 모둠 물건을 넣을 때도 사용합니다. 바구니는 많을수록 좋지만 먼저 두세 개  를 사서 사용하다가 용도에 맞춰 점점 늘려가는 것을 추천합니다.

15mm 원형 자석 또는 장구 자석

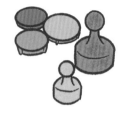

칠판에 학생들의 작품이나 게시물을 붙일 때 사용합니다. 수업 시간에 자석이 없으면 테이프로 붙여야 해서 불편하니, 2월에 한 통 정도 사두는 것을 추천합니다.

수업종

수업종이 없는 선생님이 과연 있을까요? 수업종은 아이들의 시선을 집중시키기 위한 필수품이에요. 아이들의 떠드는 목소리는 상상을 초월한다는 점을 꼭 명심하세요!

수쌤&뽀쌤의 Tip!

포스트잇, 지우개, 연필, 보드마카 등 소소한 사무용품은 행정실에서 나눠주기도 합니다. 심지어 클립까지 주는 학교도 있어요. 하지만 학교마다 지원 여부와 물품이 다르니 문구점에 가기 전에 무엇을 지원받을 수 있는지 꼭 확인하세요!

일기도 안 쓰던 내가 변했어

하루에 백 번씩도 싸우는 것 같은 아이들!

게다가 지각, 결석, 건강 문제, 체험학습 등으로
밀려드는 학부모님들의 문의 전화!

그 와중에도 업무 쪽지는 쉬는 법이 없다.

간신히 모든 일을 마치고 퇴근하려니,
오늘 하루 뭘 했는지 기억나지 않는다.

유센스

아휴, 오늘도 진~짜 바빴다. 아침부터 업무가 쏟아져서 뭐부터 해야 할지 모르겠더라. 쪽지가 올 때마다 깜짝깜짝 놀란다니까?

노눈치

나도 그래. 아이들 가르치랴 업무 하랴, 너무 힘들어! 제출할 게 한두 개가 아니니까 언제까지 제출하는지도 헷갈리고, 냈는지 안 냈는지도 모르겠어.

유센스

그치! 근데 오늘 옆 반에 놀러갔다가 꿀팁을 얻었어. 우리 옆 반 선생님은 달력에 기록하고, 끝나면 빨간펜으로 쭉 그어두신대. 부장님도 큰 수첩에 적어두신다더라.

노눈치

우와! 좋은 생각이다! 그런데 뭘 적어야하지…?

유센스

난 해야 할 업무랑 결석한 학생 이름을 적으려고! 교사일지도 만들어야겠어.

노눈치

교사일지? 그게 뭐야?

뽀쌤의 한마디

저는 교사일지를 두 번째 해부터 쓰기 시작했어요. 첫해는 수첩에 업무만 적기도 벅찼거든요. 학생들에 대한 건 적지도 못했답니다. 사실 학생 간의 문제로 학부모님에게 상담을 요청하기 전까지는 얼마나 중요한지도 몰랐죠. 문제의 세세한 부분까지 기억이 안 나서 더듬더듬 떠올리며 상담하고 나서야 아이들과의 일을 기록해야 한다는 걸 깨달았답니다.

교사일지가 없으니 수행평가를 입력할 때도 어려움이 있었어요. 수행평가 결과를 이면지에 대충 적어두었다가 잃어버리는 바람에 수행평가를 다시 한 적도 있었지요. 아이들에게 굉장히 미안했답니다. 그때부터는 보관하기 좋은 종이에 평가 결과를 적기 시작했어요. 자잘한 기록을 교사일지에 묶는 셈이지요.

교사가 된 지 벌써 6년째, 교사일지는 총 5개가 쌓였어요. 쌓여가는 교사일지를 볼 때마다 뿌듯하답니다. 한 해를 시작하기 전에 옛날 교사일지를 펼쳐 필요한 부분을 점검하며 형식을 수정하고 저만의 교사일지를 만들어가고 있어요. 인디스쿨에도 교사일지 자료가 매우 많습니다. 맘에 드는 걸 골라 교사일지를 쓰기 시작해보세요.

라떼는 말이야

신규교사의 3월은 정신없이 지나가요. 수업에 업무까지, 바쁘지 않은 날이 없겠죠. 너무 정신이 없어서 아이들에게 어떤 일이 있었는지, 누가 결석했는지, 진도는 어디까지 나갔는지 기억나지 않을 수도 있어요. 그럴 때 필요한 것이 바로 교사일지랍니다. 라떼는 말이야…. 두꺼운 업무노트에 매일 할 일을 하나하나 손으로 적었어요. 하지만 이제는 세련된 양식이 많아 깔끔하게 정리할 수 있죠!

교사일지 형식

노트	컴퓨터
• 인쇄소를 방문하여 노트로 만드는 것이 편리함 • 빠르게 작성 가능 • 기록물로써의 가치가 있음	• 검색 용이 • 언제 어디서든 내용 확인 가능 • 자동 백업 앱 추천 - 에버노트, 네이버 메모, 굿노트, 구글 문서

교사일지 내용

월 주 (월 일 ~ 월 일)

학교 행사 및 업무

월	
화	
수	
목	
금	

학급활동

해야 하는 업무

년 월 일 요일

출결	

수업 내용		확인표					
		번호	이름				
1교시		1					
		2					
		3					
		4					
		5					
2교시		6					
		7					
		8					
		9					
3교시		10					
		11					
		12					
		13					
4교시		14					
		15					
		16					
		17					
5교시		18					
		19					
		20					
		21					
6교시		22					
		23					
		24					
		25					
		26					

알림장

상담 내용

학생 특기사항

결석, 조퇴부터 수업 시간에 누가 자주 발표하는지, 아이들끼리 싸우지는 않았는지 등 선생님이 기억해야 하는 것은 정말 많습니다. 이 것들을 하나하나 줄글로 정리하다 보면 나중에 일일이 따로 확인해야 해서 번거롭지요. 따라서 아이들 이름을 명렬표로 정리하여 매일 새로운 사항을 적어두는 것이 좋습니다.

수업활동

6교시까지 하루에 여섯 과목이나 수업하다 보면 계획대로 되지 않을 때도 있습니다. 그러면 진도가 틀어지거나 수업 내용을 변경하게 되기도 하지요. 이럴 때를 대비하여 과목별 진도와 활동 내용을 적어놓는 것이 좋아요.

평가

어떤 과목이든 수 차례에 걸쳐 평가가 이루어집니다. 그중에서도 실기 평가 등 관찰 평가가 필요한 경우 평가표를 미리 만들어두고 그때그때 평가한 내용을 모아두면 학적에 기록할 때 편리합니다.

학부모 상담 내용

학부모와의 상담 내용도 일지에 적어두는 것을 추천합니다. 이때 상담한 날짜와 시간을 꼭 써야 합니다. 상담 내용을 적어두면 생활지도에도 많은 도움이 됩니다.

업무

교사의 업무량은 상당히 많고 종류도 다양합니다. 학급에서 걷어서 제출해야 하는 문서도 정말 많아서 가끔은 업무를 놓칠 때도 있습니다. 교사일지에 그날그날의 업무를 적어두면 체계적으로 스케줄을 관리할 수 있습니다.

그 외

이 밖에도 필요한 내용을 자유롭게 넣을 수 있습니다. 한 해 달력, 절대 잊지 말아야 할 것, 학교 행정업무 및 행사, 결석 및 조퇴 시 처리해야 할 행정절차, 학급경영, 교육철학 등 수시로 찾아볼 내용을 필요에 따라 적어 넣으세요.

수쌤&뽀쌤의 Tip!

학급업무와 행정업무를 분류해서 기록하면 편합니다. 서로 다른 색으로 구분하기도 하고, 칸을 따로 만들기도 합니다. 교사일지에는 학급업무를, 달력에는 행정업무를 적기도 합니다.

청소가 반이당

드디어 나의 첫 교실에 입장!

그런데 먼지가 왜 이렇게 많지? 청소도구도 없고!

우리 반만 이렇게 더러운 걸까?

헐! 엄청 깨끗하잖아?!

유센스

눈치야! 교실 들어가봤어?

노눈치

그게…. 들어가보긴 했는데 아무것도 없어.

유센스

나도 그래. 그래도 우리는 동학년 연구실
에 청소기가 있더라. 너도 한번 찾아봐!

노눈치

그래? 나도 한번 가봐야겠다. 그러고 보니
부장님이 청소용품 신청하라고 하셨는데,
빗자루 말고 뭘 신청해야 할지 도통 모르
겠어.

유센스

혹시 청소용품 파일 못 받았어?
부장님은 뭐 사셨는지 여쭤봐!

노눈치

그래야 하는데… 부장님께 너무 많이 여쭤
보는 것 같아서 조금 부끄럽고 죄송해.
ㅠ_ㅠ 누가 이런 것 좀 속 시원하게 알려주
면 좋겠다.

뽀쌤의 한마디

1년 동안 지낼 교실에 처음 들어서면 기분이 어떨까요? 어쩌면 텅 빈 교실에 실망부터 할지도 모릅니다. 교실이 이렇게 넓었나 싶기도 하고요. 저도 처음에는 '여기를 어떻게 치우고 꾸미지?' 하는 걱정 때문에 막막했답니다. 게다가 학년부장님 외에는 마땅히 물어볼 사람이 없는데, 무척 바빠 보여서 말걸기가 어려웠어요. 이미 너무 많이 물어봐서 더 여쭤보기도 괜히 죄송했고요. 혼자 해결해야겠다는 마음으로 청소도구함을 열어보니 두세 개의 빗자루와 쓰레받기밖에 없었죠. 한숨과 함께 드넓은 교실을 열심히 청소하는데, 옆 반에서 청소기 소리가 들리더군요. 왜 집에서는 당연히 쓰던 것을 학교에서 쓸 생각을 못했을까요? 하지만 부장님께 물어보러 가기까지는 엄청난 고민의 시간이 필요했어요. 그래도 결국 용기 내서 청소기를 빌려달라고 이야기했더니 "뽀쌤, 청소기는 학교 거예요. 동학년실에 있으니 언제든 사용해요" 하고 알려주셨어요. 그 후로 모르는 것은 최대한 빨리 부장님께 물어보자고 다짐했어요. 혼자 하려고 하지 마세요. 다른 선생님들은 언제든 여러분을 도울 준비가 되어 있답니다!

라떼는 말이야

자기 교실을 가진 기분이 어떠신가요? 설레면서도 무엇부터 준비해야 할까 고민되지는 않나요? 라떼는 말이야…. 나무 바닥에 왁싱을 하고 무조건 칠판에 판서해야 했어요. 그래도 지금은 여러 편리한 도구 덕분에 많이 간편해졌죠. 청소, 환경용품은 한번 사두면 1년 내내 쓸 수 있으니 걱정하지 말아요.

압축 쓰레기통

교실마다 쓰레기통 하나씩은 꼭 필요합니다. 그중에서도 압축 쓰레기통이 특히 편리해요. 아래쪽 통만 분리해서 쓰레기봉투를 쉽게 뺄 수 있고, 뚜껑 윗부분을 누르면 압축되어서 쓰레기를 더 많이 넣을 수도 있어요. 비

우기도 쉽고, 환경 보호도 되는 일석이조의 효과가 있죠. 게다가 학생들에게 절약과 환경을 보호하는 생활 습관까지 가르쳐줄 수 있어요.

분리수거함

분리수거함 또한 모든 교실의 필수
품입니다. 아이들과 생활하면 얼마나
많은 쓰레기가 나올까요? 미술 수업
한 번만 끝나도 엄청난 양의 쓰레기
가 생깁니다. 그중에는 분리수거가 필요한 물품도 정말 많아요. 분리
수거함을 놔두고 아이들이 스스로 분리수거를 하게 하면 자연스럽게
생활의 지혜도 가르쳐줄 수 있습니다.

극세사 손걸레

주말 동안 교실을 비워두면 먼지가
금방 쌓여요. 특히 창틀, 사물함, 서랍
장, 교사 책상, 칠판 틀, 신발장 등에
먼지가 많이 쌓인답니다. 먼지 없는
교실을 위해 필요한 것은 무엇일까요?
바로 '극세사 손걸레'입니다. 모든 교실에 하나쯤은 꼭 있어야 하는 물
건입니다. 두세 개 정도 사두는 것을 추천합니다.

밀대&패드

밀대와 패드만 있어도 교실의 모든
바닥을 청소할 수 있어요. 이제 밀대
와 패드가 없는 교실은 상상할 수도

없습니다. 패드를 밀대에 끼우고 구석구석 쓸어주면 교실 바닥이 금방 깨끗해집니다. 패드가 먼지로 더러워지더라도 물로 닦아주면 금세 다시 깨끗해집니다.

월 포켓

월 포켓(자석 칠판 연필꽂이)에는 분필 뿐만 아니라 칠판에 붙일 코팅 종이나 보드마카 등을 보관할 수 있어서 칠판을 깔끔하게 사용하는 데 큰 도움을 줍니다. 칠판에 붙이는 서랍장이라고 생각하세요.

수쌤&뽀쌤의 Tip!

첫날 아이들에게 개별 청소용품을 가져오라고 안내하면 청소가 한결 편해집니다. 개별적으로 필요한 청소용품으로는 '휴지, 물티슈, 미니 청소도구 세트, 미니 걸레' 등이 있습니다. 미니 청소도구 세트가 있으면 매번 청소 당번을 지정하지 않고 수업이 끝난 후 자기 자리를 스스로 청소하도록 지도할 수 있어요.

교실은 너무 넓어!

내일은 드디어 아이들과 만나는 날!
그런데 이 넓은 교실이 왠지 텅 비어 보인다.

이때 경쾌한 노크와 함께 들어오는
나의 빛과 소금, 동학년 선생님들!

그리고 쓱 내미시는 비장의 바구니 하나.

좋아!
우리 교실도 예쁘게 꾸며볼까?

유센스

눈치야~ 개학 준비 잘돼가?

노눈치

나 완전 멘붕이야. 벌써 일주일 뒤면 개학이라니! 일단 인디스쿨에 들어가긴 했는데….

유센스

역시 빛과 소금 인디스쿨! 나도 인디스쿨에서 학급 게시판 꾸미는 법을 검색하고 있었어. 예쁜 스타일이 정말 많더라!

노눈치

오~ 역시 유센스. 나도 얼른 찾아봐야지! 뒤 게시판은 어떻게 했어?

유센스

부장님이 A4용지에 '환영합니다'라고 쓰여 있는 걸 주셨어! 너도 그걸 붙여보는 게 어때?

노눈치

그거 좋은데? 나도 내일 뽑아야겠어. 일단 인디스쿨 고고!

수쌤의 한마디

첫 학급을 배정받긴 했지만 무엇을 준비해야 할지 막막했던 때가 기억나네요. 인디스쿨에서 열심히 교사 소개 파일을 찾아 다운로드 했는데 2시간이 훌쩍 지나 있었고, 넓디넓은 뒤 게시판도 걱정이었어요. 평소 꾸미기에 자신이 없던 저는 뒤 게시판을 채우려고 커다란 나무를 샀지만, 큰 실수라는 걸 곧 알게 됐죠. 남은 돈이 얼마 없어서 한 해 동안 자비로 필요한 물품을 사야 했거든요. 큰 시간표를 산 옆 반 신규교사 분도 비슷한 한 해를 보냈죠. 큰 물건이 자리를 차지하는 바람에 게시판을 제대로 활용하지도 못했거든요.

반대로 앞 게시판에는 너무 많은 내용을 담아서 어수선해 보였답니다. 시간표, 주간 학습 계획표, 급식 안내문, 1인 1역, 우리반 규칙 등을 모두 담고 나니 여백이 없어서 오히려 내용이 눈에 들어오지 않았어요. 선생님이 된 지 6년이나 되었지만, 지금도 개학 전날은 아무리 준비해도 부족하게 느껴져요. 선생님들은 저처럼 엉성한 첫날이 아니라, 아이들과 함박웃음을 지으며 반갑게 인사할 수 있는 하루가 되었으면 좋겠어요.

라떼는 말이야

　아이들이 처음 들어올 교실인데 어떻게 안내해야 하는지, 어떤 분위기로 꾸며야 할지 잘 모르겠죠? 라떼는 말이야…. 색종이로 꽃을 접어서 게시판에 붙이는 정도가 최선이었어요. 하지만 요즘은 간단하면서도 예쁘게 꾸밀 수 있는 아이템이 많고, 선배들의 다양한 아이디어도 공유할 수 있으니 많이 편해졌죠. 하지만 나만의 스타일로 교실을 꾸밀 수 있으면 더 좋겠죠? 우리 반 사용 설명서인 학급운영 안내문도 미리 준비했다가 첫날에 나눠주면 깔끔한 첫 만남 성공!

앞 게시판 꾸미기

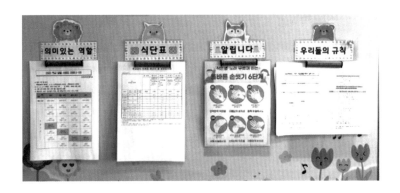

주간 계획표

매주 학습 내용을 적어둔 주간 계획표를 앞 게시판에 붙여주세요. 아이들은 항상 호기심이 넘치고, 매일 오늘은 어떤 수업을 하는지 교사에게 질문합니다. 매번 같은 질문에 대답하기 지칠 때, 앞 게시판에 주간 계획표를 붙여두면 이런 질문을 줄일 수 있습니다. 아이들이 주간 계획표를 보며 스스로 수업 준비를 하게 만들 수도 있답니다.

급식 안내문

식품 알레르기로 인한 사건 사고는 끊임없이 일어나니, 위험한 사건이 일어나지 않도록 세심한 주의와 지도가 필요합니다. 학급 아이들에게 어떤 알레르기가 있는지 꼭 알고 있어야 하지요. 급식 안내문 중 알레르기를 일으킬 수 있는 음식에 형광펜으로 표시해 놓으면 아이들이 알아서 걸러내기도 합니다. 앞 게시판에 급식 안내문을 꼭 붙여주세요.

1인 1역 표

교사 혼자서 교실의 모든 일을 하는 것은 정말 어렵습니다. 아이들의 자율성을 길러주기 위해서라도 교실에서 해야 할 역할을 하나씩 부여합니다. 자신의 역할을 잊어버리지 않도록 역할 표를 앞 게시판에 붙여주세요. 역할 표를 보고 자기 일을 스스로 하는 아이들의 모습을 발견할 수 있을 거예요.

학급 시간표

앞 게시판이나 칠판에 학급 시간표를 붙입니다. 아이들 눈에 잘 띄는 곳에 붙여두면 아이들이 아침마다 시간표를 보며 스스로 교과서를 준비합니다. 시간표는 종류가 다양합니다. 직접 만들어도 되고, 교사 복지몰에서 구매해도 좋습니다.

뒤 게시판 꾸미기

게시판 꾸미기 세트

게시판 꾸미기 세트를 하나 정도 사두면 넓은 게시판을 쉽게 꾸밀 수 있습니다. 잘 보관하면 내년에 다시 사용할 수도 있지요. 구성품이 많지 않기 때문에 하나만으로는 게시판을 꽉 채울 수 없습니다. 욕심 부리지 말고 해마다 하나씩 차곡차곡 쌓아가는 것을 추천합니다.

뒤 게시판 타이틀

뒤 게시판의 타이틀은 정하기 나름입니다. 아이들과 함께 정한 급훈을 붙일 수도 있습니다. 한번 사두면 몇 년 동안 사용할 수 있으니 사는 것도 좋고, 크게 인쇄해서 예쁘게 붙이는 것도 좋습니다. 뒤 게시판에는 아이들의 작품을 전시하는 경우가 많으므로 '우리 반 미술관', '우리들 솜씨' 같은 타이틀을 많이 사용합니다.

환영 메시지

학기 초에는 뒤 게시판을 채우기 어렵지만, 학기가 시작되면 금방 아이들의 작품으로 가득 찹니다. 처음에는 간단히 '환영합니다' 문구로 뒤 게시판을 채워도 좋습니다. 글자를 하나씩 인쇄하고 게시판 중앙에 붙여주세요.

독서 게시판&생일축하 게시판

빈 부분은 독서 게시판으로 꾸밀 수 있습니다. 독서 게시판을 만들어두면 학급 독서 교육 진도를 가시화할 수 있다는 장점이 있습니다. 이 역시 직접 만들 수도, 교사 복지몰에서 구매할 수도 있습니다. 아이들 생일축하 게시판도 좋은 아이템입니다. 서로 생일을 축하해주면서 훈훈한 학급 분위기를 만들 수 있습니다. 생일축하 게시판은 학급 상황에 맞춰 직접 만드는 것을 추천합니다.

기본 준비물

학급운영 안내문을 담은 L자 파일

첫날 아이들에게 나눠줘야 할 필수
품으로는 학급운영 방침이나 학급
SNS 플랫폼을 소개하는 안내문, 학
부모님들에게 보내는 편지 등이 있습
니다. 이렇게 1년 동안 학급을 어떻게

운영할지 정리한 안내문을 통틀어 '학급운영 안내문'이라고 합니다.

학급운영 안내문은 아이들과 1년 동안 생활하기 위한 가장 기초적
인 설명서입니다. 학급운영 안내문으로 교실이 낯선 아이들을 안내하
고, 학부모님들에게 학급운영 방식을 소개하며 신뢰를 줄 수 있습니
다. 첫날에 꼭 학급운영 안내문을 배부하세요.

학생 명렬표

새 학기 첫날 가장 먼저 할 일은 서로 이름
을 소개하는 것입니다. 하지만 첫날부터 모
든 아이의 이름을 외우기는 정말 어렵습니
다. 이름과 번호를 맞춰서 외우는 것은 더더
욱 힘들지요. 그래도 아이들의 이름을 미리
알고 있으면 첫날 아이들을 지도하는 데 큰

도움이 됩니다. 2월에 학급 명렬표를 만들어 미리미리 아이들 이름을

외워주세요. 이름에 익숙해진 상태로 아이들을 만나면 얼굴과 이름을 연결하기가 훨씬 쉬워지고, 첫날의 부담감을 덜 수 있습니다. 미리미리 학생 명렬표를 만들어서 학급일지에 넣어두세요!

교사 소개 PPT

1교시 입학식이 끝나면, 2교시부터 아이들과의 시간을 보내게 됩니다. 이때 아이들에게 교사를 소개할 PPT 파일을 준비해야 합니다. 교사의 간단한 인적사항 및 교사가 중요하게 생각  하는 규칙, 학급에서의 기본적인 약속 등을 알려줍시다.

수쌤&뽀쌤의 Tip!

게시판을 꾸밀 때 작고 간단한 용품들이 있으면 다양한 게시물을 깔끔하게 붙일 수 있습니다. 여러 번 사용할 수 있으니 학기 초 구매를 추천합니다.

메모홀더

주간 계획표와 급식 안내문처럼 아이들에게 매주 알려줘야 할 것들을 앞 게시판에 게시할 때 메모홀더를 사용하면 게시물 고정이 편리합니다.

압정(구슬핀, 슈파핀 등)

압정으로 뒤 게시판에 작품을 부착합니다. 대형으로 최소 2통은 구매하는 게 좋습니다. 개인적으로 가장 많이 사용하는 압정은 투명 슈파핀인데, 꽂고 뺄 때 힘이 덜 듭니다.

내가 바로 우리 반 CEO!

어느 날 옆 반 선생님께서
책을 한아름 들고 찾아오셨다.

평소에도 책은 잘 안 읽는데….

그런데 이 책들,
제목이 심상치 않다.

이런 책이 있었다니!
역시 사람은 책을 읽어야 하는구나!

유센스

눈치야~ 나 오늘 서점에 갔다가 학급경영에 관한 책들이 정말 많길래 하나 사 봤어!

노눈치

우와! 서점에 그런 책도 있어?

 유센스

응! 진짜 좋더라. 아이들이랑 할 수 있는 놀이 활동 같은 것도 자세히 나와 있어서 월요일에 한번 직접 해보려고!

노눈치

놀이? 놀이는 놀 때만 하는 거 아니야? 그걸 언제 해?

 유센스

요즘은 간단하게 할 수 있는 놀이도 많대. 어떤 때 할 수 있는지도 자세히 나와 있어!

노눈치

진짜? 나도 서점에 가봐야겠다!

뽀쌤의 한마디

신규교사 때 '전문적 학습공동체'나 '교사연수', '학급경영'에 관한 연수가 정말 많았어요. 그게 무엇인지, 왜 필요한지도 모른 채로 의무적으로 참여하며 귀찮게만 생각한 탓인지 첫해는 정말 힘들기만 했어요. 쉬는 시간과 수업 시간이 구별되지 않을 만큼 교실 상황이 안 좋았죠. 게다가 저는 무엇이 잘못되었는지도 모른 채 아이들만 원망했어요. 그러다 문득 '이러다간 교사생활을 오래 못하겠구나' 하는 생각이 들어 학급경영에 관한 책을 찾아 헤매기 시작했어요. 처음으로 만난 책은 정유진 선생님의 《학급운영시스템》이었어요. 이 책을 읽고 "유레카!"를 외쳤답니다. 책 속에 제 고민의 본질과 해결 방법까지 적혀 있었거든요. 그래도 책만 읽고 무작정 실천하기에는 두려웠기에 정유진 선생님의 블로그를 찾아서 연수를 신청했어요.

2월 내내 교사연수에서 열심히 학급경영에 대해 배웠어요. 함께 연수를 듣던 선배들에게 고민을 털어놓고 상담도 받았고요. 덕분에 다음 해에는 평화로운 1년을 보낼 수 있었답니다. 책과 연수의 도움으로 아이들과 함께하는 행복을 느끼게 된 거예요. 여러분도 좋은 책과 만나 학급운영의 어려움을 덜어냈으면 좋겠습니다.

라떼는 말이야

우리 반 CEO는 바로 나! 내가 어떤 방향으로 반을 이끄느냐에 따라서 아이들과 함께 보낼 1년이 크게 달라진답니다. 라떼는 말이야…. 학급 준비에 관한 책을 찾기가 정말 힘들었어요. 하지만 요즘 서점에는 선배들이 쓴 학급경영 책이 많이 있답니다. 그중 내 스타일에 가장 잘 맞는 책을 골라 활용해보세요.

학급경영에 힘을 실어주는 책들

《승승장구 학급경영》

허승환, 나승빈 지음. 아이스크림, 2018.

3월의 첫 만남을 위해 2월에 준비할 것을 상세히 설명한 책입니다. 아이들과의 관계를 원만하게 만드는 교사의 마음가짐과 태도까지 알려주죠. 다양한 교실 놀이와 수업 기술 내용이 담겨 있어 수업 준비에 큰 도움이 됩니다.

《학급운영시스템》

정유진 지음. 에듀니티, 2015.

아이들과의 첫 만남부터 시작해 학급운영시스템의 큰 틀을 설명하는 책입니다. 3월 첫 주 활동이 표로 잘 정리되어 있고, 아이들에게 해 줄 교사의 말까지 상세하게 적혀 있어서 따라 하기가 매우 쉽습니다. 아이들과의 첫 만남이 두렵다면, 이 책을 읽고 준비해보세요.

《6학년 담임 해도 괜찮아!》

서준호 지음. 지식프레임, 2016.

첫 학급이 6학년이라면 어떤 기분일까요? 대부분은 두려울 거예요. 6학년은 교사의 노련한 생활지도가 많이 필요하기에 신규교사가 감당하기가 쉽지 않습니다. 이럴 때 도움을 주는 책이 서준호 선생님의 《6학년 담임 해도 괜찮아!》입니다. 첫날, 첫 주를 보내는 방법과 학년 특성에 맞는 학급운영 팁이 자세히 나와 있습니다. 6학년이 두렵다면, 이 책을 펼쳐보세요.

《허쌤의 수업 놀이》

허승환 지음. 꿀잼교육연구소, 2017.

강의식으로만 수업을 하는 건 정말 힘듭니다. 특히 집중력이 약한 초등학생들에게는 다양한 활동이 필요합니다. 이럴 때를 위해 수업 시간에 활용할 수 있는 놀이를 묶어놓은 책이 바로 《허쌤의 수업 놀이》입니다. 다양한 수업 놀이가 소개되어 있어 백과사전처럼 사용할 수 있습니다.

《전학년 수업놀이 2》

나승빈 지음. 맘에드림, 2020.

다양한 수업 놀이가 분류된 책입니다. 수업 진도가 빨리 끝났을 때나 창의적 체험활동 시간에 무엇을 할지 고민된다면 이 책을 추천합니다. 예상 외의 여유 시간은 신규교사를 당황스럽게 만드니까요. 그럴 때 아이들과 함께하는 놀이를 하면 아주 좋아요. 자투리 시간에 이 책을 펼쳐보세요.

수쌤&뽀쌤의 Tip!

서점에 가보면 위에서 소개한 책 외에도 교육철학이나 학교폭력 대처법, 선생님들이 학교에서 겪은 이야기를 담은 에세이 등 다양한 책을 만날 수 있습니다. 시간이 날 때 서점에 들러 선생님에게 딱 맞는 책을 찾아보세요!

당신의 취향을 저격하는 학년은?

아이들이 제일 듣기 싫어하는 말 중 하나가
바로 '아가'라는 호칭이에요.
아이들은 자기가 다 컸다고 생각하거든요.
우리가 보기에는 모두 다 귀여운 어린이들인데 말이죠.
그런 아이들도 저마다 특징이 다르다는 사실을
아시나요? 게임에서도 레벨 1짜리 초보에게는
초보용 퀘스트를 주듯이, 선생님도 아이들의 특성에 맞는
말투와 행동으로 대해야 해요.

저학년[1~2학년]

1학년 아이들은 처음 학교에 온 학생들입니다. 이 사실은 정말 중요해요. 학교에서 어떻게 생활하는지 전혀 모른다는 뜻이거든요. 1학년 아이들에게는 줄 서는 법부터 시작해서 자신의 자리를 찾아서 앉는 법,

아침에 가방을 정리하는 법 등 기본적인 학교생활 규칙부터 천천히 알려줘야 해요. 기본적인 생활지도가 자리 잡힌 후에는 수업에 들어가도 된답니다.

1학년 아이들은 선생님을 굉장히 자주 불러요. 그만큼 선생님에게 관심도 많고, 사랑받고 싶은 마음이 크기 때문이죠. 매일 아침 선생님께 어제 일을 재잘재잘 떠드는 경우가 많습니다. 사소한 질문도 많이 하고요. 모르는 것도, 알고 싶은 것도 많은 귀여운 아이들에게 인내심을 가지고 차분히 알려주세요.

1학년 아이들은 아직 소근육이 덜 발달해 조작 활동에 어려움을 겪기도 해요. 연필을 잡고 글 쓰는 것을 힘들어하는 아이들도 있고, 가위질하는 것도 힘들어하지요. 선생님이 보기에는 너무 쉬운 활동인데, 막상 수업에 넣으면 아이들이 힘들어할 수도 있어요. 간단한 활동으로 시작해서 조금씩 어려운 활동으로 넘어가도록 수업을 구성하세요.

2학년 아이들은 1학년보다는 살짝 여유가 있습니다. 여전히 귀여운 꼬마들이지만, 나름 1년 동안 학교생활을 해서 학교에 꽤 적응한 상태입니다. 기본적인 학교생활 규칙을 이해하고 있고, 수업 시간에 해야 할 일과 하지 말아야 할 일도 알고 있습니다. 하지만 2학년도 여전히 저학년이라 선생님에 대한 궁금증과 애정이 가득하고, 같은 질문을 반복하는 경우가 많습니다. 또 만들기와 그리기 활동을 굉장히 좋아해요. 쉬는 시간에 연습장을 꺼내서 그림을 그리거나 종이로 만든 칼로 노는 상황을 종종 볼 수 있습니다. 이런 특성을 고려해서 학기 초에 연습장을 챙겨오라고 하면 좋아요.

저학년 아이들은 발표도 굉장히 좋아합니다. "누가 발표할까요?"라고 질문하면 앞다퉈 손들 거예요. 저학년을 맡은 선생님이라면 발표만으로 수업 시간을 꽉 채울 수도 있답니다. 방해되지 않는 선에서 가능한 한 많은 아이가 발표할 수 있게끔 수업을 끌어가면 아이들에게 자신감을 심어줄 수 있을 거예요.

중학년[3~4학년]

LV. 3~4

3학년은 선생님들의 인기를 독차지하는 학년입니다. 3학년 아이들은 학교생활도 잘하고, 저학년 아동의 특성도 남아 있어 수업 시간에 발표도 열심히 하거든요. 선생님의 말씀을 잘 듣고, 수업 시간에 진행하는 활동의 설명도 잘 이해해요. 적극적으로 참여하는 생기 있는 수업을 만들어가죠. 정도의 차이는 있지만 3학년 아이들은 대체로 친구들의 주목을 받고 싶어 해요. "누가 심부름을 할래요?"라고 물어보는 순간 다 같이 손드는 모습을 볼 수 있어요.

4학년 학생들도 학교생활을 굉장히 잘한답니다. 학급 정비에 드는 시간이 확 줄어들어요. 그러나 4학년 2학기가 되면 사춘기 학생들이 조금씩 나타납니다. 다툼이 일어나기도 하고, 서로 견제하기도 해요. 이런 상황에서는 선생님이 갈등을 중재해야 해요.

고학년[5~6학년]

LV. 5~6

고학년을 선호하는 선생님들도 많아요. 아이들과 대화가 잘 통하고, 깊은 라포를 형성할 수 있기 때문이지요. 선생님의 농담을 이해하고, 한 번만 설명해도 바로 이해한다는 점, 아이들과 공감대를 형성하며 학급을 운영할 수 있다는 점에서 5~6학년은 굉장히 매력적인 학년입니다. 하지만 고학년은 본격적으로 사춘기가 시작되는 시기이기도 해요. 선생님보다 친구들에게 더 많은 관심을 쏟기 때문에 아이들과의 관계가 좋지 않다면 학급운영이 매우 어려워집니다. 또 다툼도 많이 일어나고, 아이들의 감정이 깊고 복잡해져서 방과 후 시간이 상담으로 가득 찰 수도 있어요.

수업 참여도는 다른 학년에 비해서 많이 낮아요. 발표하는 아이들 수가 현저히 적어지고, 가끔은 선생님 말에 대답하지 않는 아이도 있어요. 그렇다고 너무 슬퍼하지는 마세요. 사춘기 아이들에겐 당연한 일이니까요. 그래도 고학년을 대상으로는 좀더 고차원적인 프로젝트 수업을 할 수 있으니 아이들의 수업 참여도를 높일 수 있는 다양한 수업 활동을 시도하는 것이 좋습니다.

초등학교 고학년은 이성에 관한 관심이 굉장히 커지는 시기이기도 합니다. 아이들끼리 교제하기도 하니, 수업 시간에 건전한 연애에 관해 이야기해보는 것도 좋아요. 호기심 많은 사춘기 아이들이 올바른 성 지식을 가지는 데는 교사의 지도가 필요하니까요. 고학년을 맡았다면 성교육에 관한 연수를 꼭 들어보세요.

3월

2월에 열심히 개학을 준비했지만, 진짜 시작은 3월이었다.
내 휴대폰은 울리지 않는데 왜 업무 쪽지는 시도 때도 없이 오는지!
아이들을 마음껏 사랑하기에도 부족한 시간에 급한 업무가 쏟아지니
아이들이 슬슬 내 눈치를 보며 떠들기 시작한다.
업무와 학급운영 속에서 아슬아슬 줄타기하는 느낌.
그래도 우리 반이 무사하길!

우리 반이 무사하길

공문, 생각보다 쉽네?

매일 아침 학교에 오면 가장 먼저 컴퓨터를 켜고,

오늘 미션은 공문 확인!!

아이들이 오기 전에 재빨리 공문을 확인한다.

그런데 부장님께서 공문들 빨리 확인하라고 말씀하신다.

어라...? 저 공문 확인했는데요?

유센스

눈치야, 나 오늘 큰일 날 뻔했어. 부장님 이랑 같이 봐야 하는 공문인데 공람 처 리를 안 해서 제출 기한을 넘길 뻔했지 뭐야. ㅠ_ㅠ

노눈치

공람 처리? 그게 뭐야? 앗! 그러고 보니 오늘 낮에 부장님이 오셔서 이제 공문도 확인하라고 했는데, 나 매일 공문 확인 했거든. 그래서 뭔가 억울했는데 그거랑 관련된 건가?

 유센스

눈치 너, 아직 공문 접수도 안 해봤구나?

노눈치

큰일 났다…. 뭐가 뭔지 하나도 모르겠 네!

 유센스

일단 내일 학교 가면 K-에듀파인 사용 법부터 배워봐!

수쌤의 한마디

제 신규 시절, 3월은 매일 비슷한 일과의 반복이었습니다. 아침에 오자마자 컴퓨터를 켜서 업무포털과 메신저를 확인하고, 아이들과 정신없이 하루를 보낸 뒤 다시 업무포털과 메신저를 확인했지요. 업무포털과 메신저는 아무리 자주 확인해도 볼 때마다 새로운 문서와 쪽지가 쌓여 있는 마법 상자 같았어요. 그래도 밀리면 안 된다는 생각에 매일 모든 공문을 성실하게 읽었어요.

대망의 첫 공문 작성일. 친절한 부장님이 도와주러 오셨어요. 같이 열심히 공문을 작성하고 뿌듯한 마음으로 업무포털을 닫으려는 순간, 부장님이 제 업무포털을 보고 깜짝 놀라셨어요. 공람 문서와 접수하지 않은 문서가 쌓여 있었거든요. 심지어 접수하지 않은 문서 중 대부분이 다른 선생님들과 함께 확인해야 하는 것들이었습니다. 공문은 그냥 읽기만 하면 되는 게 아니라는 걸 깨달은 순간이었어요. 공문이란 말이 어렵게 느껴지겠지만 실제로 해보면 어렵지 않습니다. 공문을 작성할 때 꼭 필요한 꿀팁을 소개할 테니 천천히 살펴보세요!

라떼는 말이야

드디어 업무의 꽃, 공문을 작성할 시간이군요. 선생님도 학교에 오면 업무포털로 공문부터 확인하는 습관을 들이게 될 거예요. 공문 작성도, 접수하고 공람하는 것도, 공람된 공문을 확인하는 일도 모두 중요하답니다. 공문을 잘 확인하기만 해도 필요한 정보를 많이 얻을 수 있어요. 라떼는 말이야… 공문을 일일이 수기로 작성해서 결재받아야 했어요. 그런데 지금은 전산시스템으로 처리할 수 있어서 정말 편리하답니다. 생각보다 어렵지 않은 공문의 세계로 함께 떠나봅시다!

공문 접수하기

공문이란 말 그대로 '공적인 문서'입니다. 업무적으로 진행되는 많은 내용이 공문으로 작성되고 전달되지요. 회의 개최를 알리거나 회의에서 정해진 내용을 전달하기도 하고, 새로운 사업 소식을 알리거나 신청을 받기도 합니다. 대회 개최나 새로운 정책 홍보, 주의사항 전달, 연수 신청 등 공문의 내용은 아주 다양해요. 처음 공문을 접할 땐 형식이 낯설겠지만, 한번 구조를 익히고 나면 그 틀에서 크게 변하지 않기 때문에 오히려 해석하기가 더 편해진답니다.

공문을 접수한다는 것은 공문의 내용을 확인하고, 필요한 경우 관련 문서를 제출하거나 사업을 신청한다는 의미입니다. 학교에는 매일 수많은 공문이 도착하는데, 행정 실무사들이 내용에 따라 분류해 관련 업무담당 선생님에게 공문을 배부합니다. 공문 내용에 해당 사항이 없더라도 공문을 접수해야 해당 공문을 확인한 것으로 취급되므로 받은 공문은 꼭 접수해야 합니다.

1. 공문은 업무포털 상단의 K-에듀파인 메뉴에서 확인할 수 있습니다.

2. K-에듀파인에 접속하면 아래와 같은 화면이 팝업으로 뜹니다. 그중 가장 자주 사용하게 되는 기능이 빨간색으로 표시한 **[문서관리]**에요. 문서관리를 누르면 그림과 같이 공문과 관련된 모든 메뉴가 열립니다. 이 중 공문 접수는 **[결재]**에서 할 수 있습니다. 맨 위의 **[결재]**나 **[결재대기]** 탭 중 하나를 선택해서 들어가세요.

3. [결재대기]의 공문 목록이 바로 접수해야 할 공문들입니다. 접수 처리를 해야만 공적으로 문서를 확인했다고 인정됩니다. 접수할 공문의 제목을 눌러주세요.

4. 다음과 같은 팝업이 열리면 먼저 [본문]의 내용을 확인한 후 다시 결재 정보 탭으로 돌아옵니다. 과제카드 옆 돋보기 아이콘을 클릭하여 본문의 내용에 맞는 과제카드를 선택합니다. 과제카드가 없는 경우 실무사에게 권한을 요청합니다. 마지막으로 [문서처리] 를 누르면 팝업창이 나오는데, 팝업창의 확인 버튼을 누르면 접수 가 완료됩니다.

공람 처리하기 [문서관리]-[내문서함]-[접수한문서]

연수나 사업 신청처럼 다른 선생님들과 함께 확인해야 하는 공문도 있습니다. 이때 공문을 함께 열람할 수 있도록 **[공람]** 처리를 해야 합니다. 방법은 아주 간단합니다.

1. 먼저 공문 접수와 함께 공람을 진행하는 방법입니다. 과제카드를 정한 뒤 **[공람]** 버튼을 누르고 **[공람자지정]**을 선택하면 팝업창이 열립니다. 팝업창에서 **[공람대상]**을 선택한 후 화살표를 눌러 공람 목록에 포함시킵니다. 공람자를 모두 지정한 다음 **[확인]** 버튼

을 눌러 팝업창을 닫고, 접수를 진행합니다.

2. 공문 접수 시 미처 공람 지정을 하지 못했다면 이런 방법도 사용할 수 있습니다. 먼저 [문서관리]-[내문서함]-[접수한문서]로 들어가 접수한 공문의 목록을 확인합니다. 제목을 눌러 공람 처리를 해도 되지만, 공람할 문서 옆의 체크박스를 선택한 후 [공람] 버튼을 누르면 더욱 간편하게 공람을 할 수 있습니다. 공람 대상자를 지정하는 법은 앞서 설명한 것과 같습니다.

공문 기안하기 [문서관리]-[기안]-[공용서식]

공문을 작성하여 결재받는 것을 **[기안]**이라고 합니다. 가정통신문, 자료 및 신청서 제출, 계획서 및 연수 계획 등 공적으로 이루어지는 행정업무는 모두 기안을 올려 결재받아야 합니다. 공문 기안은 모든 공문에 똑같이 적용되기 때문에 한번 익히면 내용만 바꿔 간단하게 작성할 수 있습니다.

1. 먼저 **[문서관리]-[기안]-[공용서식]**을 선택합니다. 결재받을 인원에 따라 표준서식 중 해당하는 서식을 선택합니다. 4인 이상의 결재를 받는 경우는 흔하지 않기 때문에, 대부분 **[결재4인, 협조4인]**을 형식을 선택하지만 넷 중 무엇을 선택해도 무방합니다.

2. 다음으로 **[본문]**을 눌러 공문 내용을 작성합니다. 제목은 내용을 모두 작성한 후 **[결재정보]**의 **[제목]**을 입력하면 자동으로 작성됩니다. 본문 내용은 다음과 같이 작성합니다.

첫째, [관련] 부분에는 공문을 작성하는 근거가 된 공문의 부서명과 번호, 날짜를 기재합니다. 예를 들어 가정으로 보내는 개인정보동의서 안내문을 기안한다면, 학교의 개인정보계획서 공문을 찾아 [관련]란에 기재합니다. 외부기관에서 온 공문에 따라 자료나 신청서를 제출하는 경우라면 해당 공문을 기재합니다. 공문을 검색하는 방법은 뒤에 나올 [공문 재작성]을 참고하세요.

둘째, [내용] 부분은 관련 공문과 제목을 참고하여 작성합니다. 자료를 제출하는 공문이라면 '○○에 대한 자료를 다음(혹은 붙임)과 같이 제출합니다'라고 작성하는 식입니다. 공문의 종류가 다양하여 모두 설명하기는 어렵지만, 작성하고자 하는 공문과 같은 유형의 공문을 참고하면 쉽게 작성할 수 있습니다.

마지막으로 붙임 파일이 있는 경우 [파일추가] 버튼을 눌러 추가하고, 공문의 내용에 [붙임]을 작성합니다. 붙임 파일 제목을 적은 뒤 '○부.' 형식으로 부수를 붙이는 것을 잊지 마세요. 특히 온점을 빠뜨리기 쉽습니다.

공문을 작성할 때 가장 많이 틀리는 부분이 공문의 마무리 부분입니다. 붙임이 있다면 붙임 파일 제목 뒤에, 없다면 내용의 가장 마지막 문장 뒤에 띄어쓰기를 두 번 하고 '끝.'이라고 꼭 적어야 합니다. '끝.' 뒤에는 띄어쓰기가 없습니다. 가장 많이 실수하는 부분이니 공문을 제출하기 전에 한 번 더 확인하세요!

3. 문서 작성이 끝나면 다시 [결재정보] 탭으로 돌아옵니다. 먼저 제목을 적은 후 과제카드를 고릅니다. [대국민공개여부]의 경우, 공문의 내용이 외부에 공개되면 곤란한 학교의 주요 사안을 다루고 있거나 개인정보를 포함하고 있는 경우에는 비공개를 누르고, [공개제한근거] 중 알맞은 것을 선택합니다. [관계법령]을 눌러 근거를 확인할 수 있으며, 대부분 주요 사안인 5호나 개인정보가 포함된 6호에 해당하는 경우가 많습니다. [목록공개]를 체크하고 본문 내용에는 중요한 사안이 없지만 붙임 파일에 중요한 사안이 있는 경우 [부분공개]를 선택합니다.

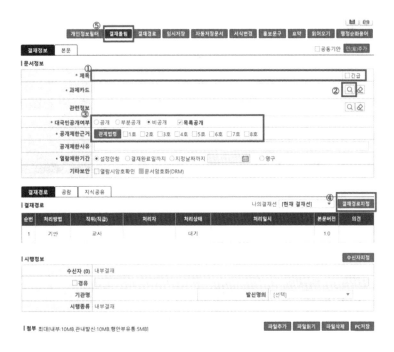

4. 마지막으로 [결재경로지정] 버튼을 클릭하면 결재 팝업창이 생깁니다. 공문 내용에 따라 결재받을 대상이 다르므로, 학교의 전결 규정을 확인하여 결재선을 설정합니다. 보통 해당 공문과 관련된 부장 선생님, 교감 선생님, 교장 선생님 순으로 결재를 받으며, 교감 선생님까지만 결재받는 경우도 있습니다. 학년 관련 내용에 대해 기안할 때는 학년부장 선생님을, 업무분장과 관련된 내용을 기안할 때는 해당 부서의 부장 선생님께 결재를 받습니다. 결재선을 모두 지정한 뒤 확인 버튼을 누르고 [결재올림]을 선택하면 끝입니다.

공문 재작성 [문서함]-[문서등록대장]

공문 재작성 기능을 활용하면 공문을 편하게 작성할 수 있습니다. 재작성은 이미 작성된 공문의 형식을 그대로 다시 사용하는 기능입니다. 빈칸에 공문을 작성하면 어렵게 느껴지는데, 재작성 기능으로 내용만 바꾸면 공문 작성이 훨씬 수월해집니다.

1. 문서관리의 [문서함]-[문서등록대장]을 클릭하면 아래 같은 검색창이 생깁니다. 문서등록대장은 학교의 모든 공문을 검색할 수 있는 곳입니다. 이곳에서 붉은색으로 표시한 [펼치기]를 눌러주세요.

2. 아래같이 검색창이 나오면 제목, 기안자, 등록일자 등을 입력하고 **[조회]** 버튼을 누릅니다. 제목으로 작성한다면 키워드를 넣어주는 편이 더 잘 검색됩니다. 작년에 해당 업무를 맡은 선생님 이름을 기안자에 적은 뒤, 등록일자를 작년으로 설정하면 작년에 작성된 문서들을 확인할 수 있습니다. 그중 작성하고자 하는 공문을 선택해서 재작성하면 편리합니다. 이 기능은 한 해의 업무 흐름을 확인하는 데에도 도움이 됩니다.

3. 검색으로 재작성할 공문을 선택했다면 공문을 열어 **[재작성]**을 누릅니다. 그러면 본문의 내용 및 제목이 그대로 적힌 공문 작성 팝업창이 열립니다. 내용을 목적에 맞게 수정하여 결재를 올려주세요.

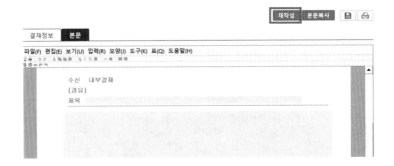

수쌤&뽀쌤의 Tip!

공람할 선생님들을 일일이 클릭하는 건 굉장히 번거롭죠. 특히 교원연수같이 공람
을 자주 하는 업무라면 실수로 몇몇 선생님이 누락될 수도 있습니다. 이를 방지하
기 위해 학기 초에 **[나만의 공람 그룹]**을 설정하면 공람을 할 때마다 그룹만 클릭
하면 되어 편리합니다. K-에듀파인의 **[개인설정]-[개인수신그룹관리]**를 클릭해보
세요.

[개인수신그룹등록]-[신규]의 팝업창에서 평소 자주 공람 지정을 하는 선생님 목
록을 확인하여 오른쪽 목록으로 옮깁니다. **[수신그룹명]**은 '20XX년 OO초 교사'
처럼 알아보기 편한 제목으로 설정합니다. **[수신그룹유형]**을 **[공람]**으로 선택한 뒤
저장을 누르면 다음부터 일일이 선생님들을 클릭하는 대신 그룹을 선택하여 한 번
에 추가할 수 있습니다.

공문이 아니라도 당황하지 말고!

어릴 때 아빠가 엄마 몰래 마트에서
비싼 장난감을 사주신 적이 있다.

하지만 갑자기 생긴 장난감을
엄마가 눈치채지 못할 리가 없었고….

그 후 엄마는 나와 아빠가 마트에 갈 때마다
쇼핑 리스트를 주셨다。

그때는 리스트대로 사면 됐는데….
학교 예산으로 쇼핑할 때는 어떻게 해야 하지?

유센스

학습 준비물 품의를 올렸더니 하루가
다 갔네….

노눈치

품의? 품의가 뭐야? 우리는 엑셀 파일을
보내면 담당 선생님께서 모아서 올려주
는데….

유센스

나도 오늘 배운 건데, '제가 이런 물건을
사겠습니다' 하고 기안하는 게 품의래.
그런데 평소 기안하는 공문이랑 형식이
완전 다르고, 심지어 기안하는 곳도 달
라서 낯설었어.

노눈치

그래? 나도 언젠가 해야 할 텐데 벌써 걱
정이네. ㅠ_ㅠ

유센스

그래도 공문 기안하는 거랑 크게 다른
건 아니니까 너무 걱정하지 마~

수쌤의 한마디

발령 첫해, 업무 특성상 3월 내내 정신없이 기안을 올리던 저는 한 달쯤 지나자 망설임 없이 기안을 올릴 수 있게 되었답니다. 하지만 역시 자만은 금물! 모르는 것은 다른 선생님께 물어봐야 했어요.

3월이 끝나갈 무렵 학년에서 필요한 물품을 기안할 때였습니다. 저는 공문 안에 표를 만들어 사야 할 물품의 종류와 개수, 가격을 적고 자신만만하게 기안했어요. 보기 좋게 표로 만들어서 올렸다는 생각에 스스로 기특해하고 있는데, 부장님이 웃으며 반으로 찾아와 '품의'에 대해 알려주셨습니다. 혼자 뿌듯해하던 제가 부끄럽기도 하고, 우습기도 해서 친구들과 실수담을 나눌 때마다 이 이야기를 하곤 한답니다.

품의와 자료집계 제출은 자주 사용하는 공문 작성과 형식도, 내용도, 결재선도 다르답니다. 저는 아직도 품의와 자료집계를 올릴 때마다 긴장이 돼요. 숫자가 틀리지는 않았는지, 0이 하나 더 붙어 있지는 않은지 꼼꼼히 확인하세요!

라떼는 말이야

일반적인 공문 작성에 익숙해질 때쯤, 품의와 자료집계를 만나게 될 거예요. 라떼는 말이야⋯. 품의를 하려면 행정실장님께 전화하고 이리저리 종이에 적어가며 바쁘게 돌아다녀야 했는데, 요즘은 컴퓨터로 한 번에 확인할 수 있어 정말 편하답니다. 자료집계도 클릭 몇 번이면 간단히 보낼 수 있으니 긴장할 필요 없어요. 품의와 자료집계, 어떻게 하는지 지금부터 차근차근 확인해볼까요?

품의 [K-에듀파인]-[업무관리]-[학교회계]

학교 예산은 목적에 따라 부서에 배정되며, 선생님들은 예산 안에서 필요한 물품을 구매하거나 강사료를 지급합니다. 이때 물건 구매 전에 예산 계획에 대해 결재받는 것을 품의라고 합니다.

1. [K-에듀파인]-[업무관리]-[학교회계]를 클릭합니다. [사업관리]-[품의
   등록]을 누르면 품의를 작성할 수 있는 팝업창이 생성됩니다.

2. 팝업창이 뜨면 품의서의 제목과 개요를 작성합니다. 제목은 문서
   등록대장을 확인하여 다른 선생님들이 쓴 내용을 참고하는 것을
   추천합니다. 보통 '○○비 지출' 혹은 '○○비 지급' 등으로 많이 적
   습니다. 개요는 기안문을 작성하듯 1번에는 관련 공문을, 2번에
   는 내용을 작성합니다. 내용의 경우, '○○을 위해 다음과 같이 ○
   ○을 지출하고자 합니다' 같은 형식으로 작성하면 됩니다. 제목과
   개요를 모두 작성했다면 [예산선택]을 눌러 가용할 예산을 선택합
   니다. 만약 창이 비어 있다면 행정실장님에게 권한을 요청하세요.

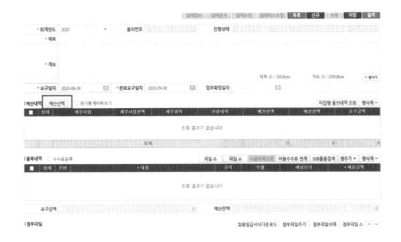

3. 맡은 업무와 관련하여 사용할 수 있는 예산 목록이 나오면, 해당하는 예산의 체크박스를 선택한 후 확인을 누릅니다.

선택한 예산이 선택란에 나타나면, 아래 있는 품목내역을 작성합니다. 내용에는 물건의 이름과 같은 지출 내용을, 규격에는 상자나 시간 등의 단위를 적고 수량 및 예상 단가를 작성합니다. 예상 단가를 작성하면 예상 금액 및 요구 금액, 예산 잔액이 자동으로 작성됩니다. 품목별로 한 줄씩 작성해야 하며, 다음 품목을 추가하려면 [행추가]를 누르면 됩니다.

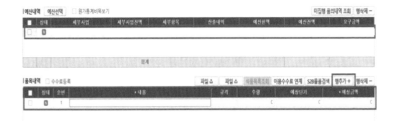

4. 제목과 개요, 예산의 내용까지 모두 작성했다면 **[결재요청]**을 클릭합니다.

5. **[결재요청]**을 누르면 다음과 같은 화면으로 넘어가며, 방금 작성한 내용이 지출품의서 형태로 바뀌고 '지출품의서.ozd' 파일이 자동으로 생성됩니다. 잘못된 부분은 없는지 확인하고 결재 창으로 넘어갑니다. 결재선은 공문과 같은 방식으로 지정합니다.

6. 단, 품의서의 경우, 예산에 관련된 일이므로 행정실장님의 협조가 필요합니다. 학교의 전결 규정에 따라 행정실장님을 결재선에 추가하여 결재를 올립니다.

자료집계 [K-에듀파인]-[자료집계]-[제출요청자료]

교육청 및 타 기관에서 간단한 수요나 자료를 조사할 때 엑셀같이 간단한 표 형식으로 결과를 받을 수 있도록 요청하는 것을 **[자료집계]** 라고 합니다. 보통 타 기관에서 자료집계를 요청하기 전, 그와 관련된 안내 사항을 담은 공문을 보냅니다. 접수한 공문에서 자료집계를 요구할 시, 해당 공문에 적힌 제목과 같은 내용의 자료를 **[문서관리]** 와는 별도로 **[자료집계]** 탭에서 찾아 제출해야 합니다.

1. **[K-에듀파인]-[자료집계]-[제출요청자료]** 를 클릭하여 나온 제출요청 자료 중 작성하고자 하는 항목을 클릭합니다. 자료의 내용에 따라 표 형식이 다르고, 필요한 경우 엑셀 파일로만 제출하기도 합니다. 표가 있는 경우에는 표에 간단히 숫자나 내용을 적고 파일

이 필요한 경우 아래의 **[파일추가]** 버튼을 눌러 추가합니다. 내용 작성이 끝나면 위의 **[접수저장]**을 선택합니다.

자료 제출은 해당하는 자료에 따라 그 방식이 달라집니다. 제출 자료가 어떤 것에 해당하는지 살펴보고 설명에 따라 제출합니다. 결재자를 지정할 때는 학교의 전결 규정을 살펴보세요.

수쌤&뽀쌤의 Tip!

물건 구매 품의서를 작성할 때 배송비를 빠뜨리는 경우가 많아요. 배송비 역시 하나의 품목으로, 행을 추가하여 작성해야 한답니다. 숫자를 잘못 적거나 뒤에 0을 하나 더 붙이는 경우도 자주 있으니 꼭 꼼꼼하게 확인해야 합니다. 품의한 품목을 직접 인터넷 쇼핑몰 장바구니에 넣어두어야 하는 경우, 행정실장님이나 주무관님께 학교 공용 아이디와 비밀번호를 물어보고 본인 아이디가 아닌 학교 아이디의 장바구니에 넣어주세요.

작고 소중한 내 연가 사용법

3월 내내 너무 긴장한 걸까?

평소 건강 체질로 유명한
나인데….

무려 몸살이 났다!

너무 아픈데, 병원에 가도 괜찮을까?

유센스

눈치야! 3월 잘 보내고 있어?

노눈치

센스야…ㅠ_ㅠ 나 오늘 너무 아파…. 아무래도 3월 내내 너무 긴장했는지 몸이 으슬으슬하고, 열도 많이 나는 것 같아.

유센스

헉, 정말!? 얼른 병원 가야겠다. 조퇴는 상신했어?

노눈치

조퇴? 학생도 아닌데 무슨 조퇴야…. 퇴근하고 가기엔 몸 상태가 너무 안 좋은데 어떡하지?

유센스

너 아직 잘 모르는구나? 얼른 부장님께 가서 말씀드려!

수쌤의 한마디

　평소 건강 체질로 대학생 때만 해도 체력왕으로 유명한 저였지만, 신규교사로 발령을 받고 한 달 동안은 퇴근하고 집에 오면 저녁도 못 먹고 쓰러지듯이 잠들었어요. 육체적으로도 힘들었지만, 아무래도 온종일 긴장한 채로 수업한 후 익숙하지 않은 행정업무를 처리하느라 정신적으로 더 피곤했어요. 저녁도 못 먹고 잠들었다가 겨우 일어나서 세수만 하고 다시 자는 저를 부모님도 안쓰러워했답니다. 그러다 결국 몸살에 걸렸어요. 추운 날씨도 아니었는데 몸이 으슬으슬하고 두통이 심했죠. 당시 저는 아파도 퇴근하기 전까지는 집에 갈 수 없다고 생각해서 교실 책상에 엎드려 끙끙 앓고 있었답니다. 그 모습을 동학년부장님이 발견하고는 놀라서 얼른 조퇴하고 병원에 다녀오라고 했어요. 조퇴가 뭔지 몰라서 눈만 동그랗게 떴던 기억이 지금도 새록새록 납니다.

　아이들과 잘 지내고 학교 일도 열심히 하기 위해서 가장 기본이 되는 것은 역시 건강이에요. 교사가 건강해야 수업도 열심히 할 수 있고, 아이들 말도 더 귀 기울여 들을 수 있으니까요. 상태가 너무 안 좋을 때는 현명하게 조퇴하는 신규교사가 되세요!

라떼는 말이야

혹시 업무와 관련된 연수로 출장을 가거나 몸이 너무 아파 조퇴해야 하는 상황이 생겼나요? 라떼는 말이야…. 조퇴 신청하고 결재받는데 고생이 이만저만이 아니었어요. 하지만 이제는 나이스 시스템 덕분에 간편하게 복무를 상신하고 결재받을 수 있지요. 한번 사용 방법을 익히고 나면 바뀌는 것이 거의 없이 사용할 수 있으니 이번 기회에 확실히 익혀볼까요?

복무 상신 [나이스]-[복무]-[개인근무상황신청]

K-에듀파인이 공문, 품의 및 자료집계 등 행정업무를 할 때 사용된다면, 나이스는 복무, 급여, 학생생활 등 학교생활과 관련된 영역을 다룹니다. 이 장에서는 선생님들의 출장, 조퇴, 연가 등 근무 상태를 기록하는 복무에 대해 알아보겠습니다.

복무를 나이스에 올리는 것을 '상신'한다고 합니다. 복무 상신 과정은 다음과 같습니다.

1. 먼저 [나이스]-[복무]-[개인근무상황신청]에 들어갑니다. 아래 그림과 같이 [개인근무상황신청] 화면이 나오면 [신청] 버튼을 눌러주세요.

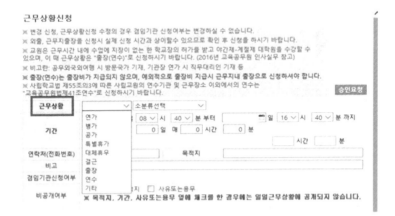

2. 근무상황신청 팝업에서 상황에 맞는 [근무상황]을 선택한 후 기간, 연락처, 목적지, 비고 등의 내용을 입력합니다. 그리고 비공개 여부를 선택한 후 [승인요청]을 누릅니다. 참고로 [일일근무상황조회]는 전 교직원의 근무상황을 조회할 수 있는 탭입니다.

출장 [근무상황]-[출장]-[근무지 내 출장]

교사들은 기본적으로 학교에서 근무하기 때문에 출장이 적을 것 같지만, 맡은 업무에 따라 출장이 잦은 경우도 있습니다. 대체로 업무 관련 연수를 듣기 위해 출장 가는 일이 많으며, 교육청에 방문하기도 합니다. 출장 갈 때는 교감 선생님에게만 말씀드리는 것이 아니라 나이스 시스템에 학교가 아닌 출장지에서 근무한다는 것을 기록해야 합니다.

1. 근무상황 신청 팝업에서 **[근무상황]-[출장]-[근무지 내 출장]**으로 설정한 후, 기간과 연락처, 목적지를 작성합니다. 사유 또는 용무는 '○○연수 이수', '○○업무로 인한 교육청 방문' 등으로 작성합니다. 함께 출장 가는 선생님이 있다면 **[동행자]** 탭을 클릭하고, 함께 가는 선생님을 추가한 다음 한 번에 출장 복무를 상신하면 동행자 선생님은 따로 상신하지 않아도 됩니다. 항목 작성을 마치고 나면 **[승인요청]** 버튼을 눌러 결재자를 지정합니다.

2. [승인요청] 버튼을 눌렀을 때 나오는 [기안문서상신] 탭의 제목 및 세부사항은 이미 작성한 내용에 따라 자동으로 채워집니다. 화면 오른쪽의 [결재자 지정]을 누르면 전 교직원 목록이 나옵니다.

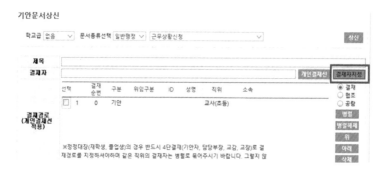

3. 학교에 따라, 복무의 종류에 따라 결재받을 대상이 다릅니다. 결재 전 동료 선생님께 해당 학교의 '전결위임규정'에 대해 여쭤보면 기안문 작성 및 복무 상신 시 결재받아야 하는 범위를 정리한 표를 받을 수 있습니다. 학교 규정에 따라 출장 시 결재받아야 하는 대상을 선택하고 닫기를 누릅니다.

결재자가 등록되면 잘못 적은 내용은 없는지 다시 한번 확인한 후 [상신]을 눌러 완료합니다.

연가 [개인근무상황]-[신청]-[근무상황]-[연가]

피치 못할 사정으로 근무일 또는 근무 시간 일부에 학교를 비운다면 '연가'를 사용할 수 있습니다. 연가는 회사원의 연차에 해당하는 제도로, 반일 연가는 반차 개념과 비슷합니다. 연가는 근무 시작부터 종료까지 개인적 사유로 근무하지 않는 것이며, 반일 연가는 13:00를 기준으로 오전과 오후로 구분됩니다. 조퇴는 시작과 종료 시각을 분 단위로 설정할 수 있으며, 조퇴를 8시간 사용할 시 연가 1일로 치환됩니다.

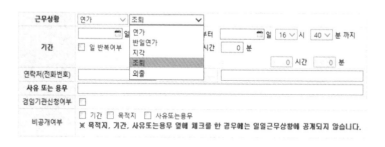

연가 상신 방법 역시 출장과 크게 다르지 않습니다. [개인근무상황]-[신청]을 클릭한 다음 [근무상황]을 [연가]로 설정하면 이번에는 연가와 관련된 복무 목록이 나옵니다. 이 중 해당하는 것을 선택하고, 나머지 세부 항목을 채워줍니다. 결재자 지정 및 기안 문서 상신 방법은 출장과 같습니다.

연가 일수는 재직기간에 비례하여 늘어나며, 재직기간이 6개월 미만인 신규교사는 앞으로 받게 될 연가 중 최대 3일까지 미리 사용할 수 있습니다. 교직원에게 남은 연가 일수가 없는 경우 또는 당해 재직기간의 잔여 연가 일수를 초과한 경우에는 이듬해 재직기간의 연가 일수를 다음 표에 따라 미리 사용할 수 있습니다.

재직기간	미리 사용할 수 있는 최대 연가 일수	재직기간	미리 사용할 수 있는 최대 연가 일수
6월 미만	3일	2년 이상 3년 미만	7일
6월 이상 1년 미만	4일	3년 이상 4년 미만	8일
1년 이상 2년 미만	6일	4년 이상	10일

수쌤&뽀쌤의 Tip!

결재를 받을 때는 순서가 있습니다. 만약 교장 선생님과 교감 선생님, 부장 선생님에게 결재를 받아야 한다면, 부장 선생님→교감 선생님→교장 선생님 순으로 올립니다. 순서를 잘못 올리거나 결재자를 빠뜨리면 재상신해야 하니 결재 전에 한 번 더 확인하세요.

[일일근무상황조회]는 해당 일자에 어떤 선생님이 학교가 아닌 곳에서 근무하는지 확인할 수 있는 탭입니다. 만약 오늘까지 결재를 받아야 하는데 결재할 선생님이 학교를 비운다면 그 선생님이 학교를 나서기 전에 결재를 올려야 하니 서두르는 것이 좋습니다.

개인적인 용무로 조퇴 및 연가를 사용했는데, 모든 교직원에게 정보를 공개하기가 부담스러울 수도 있습니다. 이때는 근무 상황을 신청하면서 목적지, 기간 및 사유 항목의 '비공개'를 체크하면 일일근무상황조회에 공개되지 않습니다.

드디어 오셨다, 월급날!

누군가 그 이름을 불러주기 전까지

그날은 다만 하나의 숫자에
지나지 않았다.

그러나 교육청이
그날의 이름을 불러주었을 때

17일은 내게로 와서 월급날이 되었다!

유센스

눈치야~ 드디어 그날이 오고 말았어!

노눈치

그날? 오늘 무슨 날이야?

유센스

헉! 너 진짜 몰라?! 오늘 월급날이잖아! 난 아침에 일어나자마자 통장부터 확인 했는데. 이런 중요한 날은 잊으면 안 돼!

노눈치

헐. 나도 빨리 확인해야겠다! 그런데 급여 명세서를 봐도 하나도 이해가 안 가더라.

유센스

나도 처음엔 뭐가 뭔지 몰랐는데, 우리는 행정실 주무관님이 용어를 설명해줬어! 일단 급여명세서부터 확인해봐!

뽀쌤의 한마디

첫 월급을 받았을 때 정말 감격스러웠어요. 드디어 월급을 받다니! 감동의 물결이 파도처럼 밀려왔습니다. 지금은 그날처럼 설레지는 않지만, 여전히 17일 월급날을 기다리고 있답니다. 그날은 월급이 들어온다는 사실만으로도 행복해요.

처음 월급을 받았을 때는 명세서를 꼼꼼히 보지도 않았어요. 그저 돈을 받는다는 사실에 기쁨을 느꼈죠. 하지만 연차가 쌓이면서 어떤 이유로 월급이 들어오는지 궁금해지기 시작했고, 세금은 얼마나 내는지, 명세서에 있는 용어는 어떤 의미인지 세세히 살펴보기 시작했어요. 그러나 명세서를 아무리 봐도 이해가 잘 안 돼서 선배 선생님들께 많이 물어봤어요.

급여명세서를 꼼꼼히 확인하면 자칫 지나칠 수 있는 혜택을 챙길 수도 있어요. 예를 들어, 만 60세가 넘는 부모님과 같이 산다면 한 분당 2만 원씩 봉양 비용이 월급에 추가된답니다. 반대로 전담교사인데 담임교사로 설정되어 있어 이전에 받은 몇 달 치 담임수당을 한 번에 반환해야 하는 경우도 생길 수 있어요. 매달 월급을 확인하면서 보람을 느끼는 동시에, 월급을 제대로 받고 있는지도 확인하세요!

라떼는 말이야

라떼는 말이야⋯. 첫해 월급이 매우 적었어요. 지금 들으면 깜짝 놀랄 정도로요. 요즘 신규교사들의 월급은 넉넉한 편이에요. 교사의 월급은 매달 17일에 들어오는데, 그날은 모든 교사의 마음이 넉넉해지지요. 하지만 급여명세서를 자세히 이해하는 것은 은근히 어렵답니다. 지금부터 우리가 받는 월급을 차근차근 파헤쳐봅시다.

급여명세서 확인하기 [급여]-[지급명세서]

교사 월급은 매달 17일에 입금되며, 17일이 주말이라면 그 전 금요일에 미리 들어옵니다. 초등교사는 준7급 공무원이기 때문에 9호봉 월급부터 시작하고, 군복무 경력도 월급에 반영됩니다. 급여명세서에는 급여명세, 세금명세, 공제명세가 기록됩니다. 우리가 받는 월급은 '급여명세-(세금명세+공제명세)'라고 생각하면 됩니다. 급여명세서는 나이스의 기본메뉴에서 [급여]-[지급명세서]를 누르고 확인하고 싶은 연도와 달을 설정한 후, [조회]를 누르면 볼 수 있습니다.

급여 내역 살펴보기

교사의 초봉은 9호봉부터 시작합니다. 먼저 급여명세를 살펴보겠습니다. 혹시 교과전담을 맡으셨다면, 보직 구분에 '담임교사' 대신 '교사'라고 적혀 있을 것입니다.

급여명세서

[　초등학교][특정직/교사/ 호봉/ 년]

공무원 구분	행정부국가 공무원	급여관리 구분	호봉제	급여직종 구분	국공립교원	최초 임용일	
기관명		급여관리 기관		직위	교사 (초등)	현 직급 임용일	
보직 구분	담임교사	담당 과목		교원 구분	교사(초등 학급담임)	현 직위 임용일	

[세부내역]

급여내역		세금내역		공제내역	
본봉		소득세		일반기여금	
정근수당		지방소득세		건강보험	
정액급식비				노인장기 요양보험	
교직수당				교직원 공제회비	
교직수당(가산금4)				기타공제	
시간외근무수당 (정액분)					
교원연구비 (유.초등5년이상)					
급여총액		세금총액		공제총액	
실수령액					

본봉

교사가 받는 가장 기본이 되는 월급으로, 아래 설명할 정근수당의 기준이 됩니다. 봉급표에는 매년 물가인상률에 따라 결정되는 봉급이 나와 있습니다. 호봉에 따라 본봉이 지급되며 새로 발령받은 신규 교사들의 월급은 9호봉부터 시작합니다.

정근수당

정근수당은 1년 이상 근무한 교사들이 받을 수 있습니다. 정근수당이란 업무노고에 대한 보상과 권장을 위한 취지에서 지급되는 수당으로 1월과 7월에 두 번 지급되며 군대를 다녀왔다면 3년 미만으로 경력을 계산해서 월급의 10% 정도를 받을 수 있답니다. 정근수당은 본봉을 기준으로 계산하고, 매년 5%씩 늘어납니다.

근무 연수	월봉금액의 해당 지급률	근무 연수	월봉금액의 해당 지급률
1년 미만	미지급	7년 미만	30%
2년 미만	5%	8년 미만	35%
3년 미만	10%	9년 미만	40%
4년 미만	15%	10년 미만	45%
5년 미만	20%	10년 이상	50%
6년 미만	25%		

정근수당가산금

정근수당가산금은 5년 차부터 받기 시작하며 연차가 올라갈수록 액수가 늘어납니다.

근무 연수	월 지급액
5년 이상 ~ 10년 미만	5만원
10년 이상~ 15년 미만	6만원
15년 이상~ 20년 미만	8만원
20년 이상	10만원

정액급식비

정액급식비는 교사들의 점심값으로 지원받는 금액입니다.

교직수당

초등교사뿐만 아니라 모든 교사가 받는 수당입니다.

교직수당(가산금4)

교직수당(가산금4)는 담임교사가 받는 학급 담당 수당입니다. 이외
에도 부장교사는 추가로 보직수당을 받으며, 교사의 역할에 따라 다
양한 가산금수당이 있습니다.

시간외근무수당

교사들의 퇴근 시간은 4시 40분이지만 수업 준비와 업무로 인해
퇴근 시간이 늦어지는 경우가 종종 발생합니다. 늦게 퇴근하는 경우
가 한 달에 열흘 정도 되는 것을 고려하여 일괄적으로 시간외근무수
당을 받습니다.

교원연구비

경력 5년 미만과 5년 이상의 교직원이 받는 교원연구비가 다릅니다. 5년 차 미만의 교사들은 7만 원, 5년 차 이상 교사들은 5만 5천 원씩을 받습니다.

공제내역 살펴보기

공제명세는 연금 및 보험과 관련된 영역입니다. 세금명세와 더불어 급여 총액에서 제외되는 금액입니다.

일반 기여금

세전 월급의 약 9%를 냅니다. 연금으로 받을 수 있도록 월급에서 원천징수되는 돈입니다.

건강보험

직장가입자와 지역가입자(자영업자)로 나눠집니다. 교사는 직장가입자로 급여의 6.67%가 건강보험료로 산정됩니다. 노인 장기요양보험료는 건강보험료의 10.25%로 계산됩니다.

친목회비(기타 공제)

학교마다 친목회비가 다르며 2~5만원 정도를 걷습니다. 보통 연초에 친목회비 원천징수에 동의하게 되는데, 환영회, 퇴임식, 송별회, 회식 등 친목 행사 비용으로 사용됩니다.

식대
정액급식비로 지급받은 금액을 초과하는 비용은 교사가 지불합니다.

교직원공제회
교직원공제회의 '장기저축급여'에 가입하면, 신청한 액수에 맞게 월급에서 자동으로 빠져나갑니다.

세금내역 살펴보기

교사는 세금을 따로 내지 않고, 월급에서 원천징수합니다. 처음부터 들어온 적이 없게 느껴지니 빠져나간다는 느낌이 덜한 편입니다.

소득세
소득세는 연봉에 따라 다릅니다. 4,600만 원 이하라면 15%의 세율로 108만 원이 공제되고, 4,600만에서 8,800만 원 이하라면 24%의 세율로 522만 원이 공제됩니다. 만약 세전 4,000만 원을 받는다면 4,000만×15%-108=492로 492만 원의 세금을 냅니다.

지방 소득세

지방 소득세는 소득세의 10%를 냅니다. 위의 예시로 보면 492만 원이 소득세이니 49만 2,000원이 지방 소득세가 됩니다.

수쌤&뽀쌤의 Tip!

장기저축급여를 위해서 교직원공제회에 가입하는 교사들이 많습니다. 교직원공제회는 단리가 아닌 복리로 운영되기 때문에 시중 은행보다 조건이 좋습니다. 현재는 연 복리 3.74%로 운영 중입니다. (금리는 시장 상황에 따라 바뀌니 홈페이지를 참고하세요.) 한번 신청했다가 중간에 액수를 줄이거나 끊으면 손해를 볼 수도 있으므로 자신의 고정 지출을 고려해서 신청하는 것이 좋습니다. 장기저축급여는 최소 3만 원부터 가입할 수 있습니다.

나이스? 아직은 Not Nice!

이제는 익숙해진 업무 쪽지인데….

이건 무슨 말이지? 출결을 마감하라고?

출은 출석! 결은 결석! 마감은 마감!
따로따로는 알겠는데 왜 이해가 안 되는 거지?!

나이스는 기능도 너무 많고!
Nice하지 않아!

유센스

눈치야~ 나이스 인증서 받았어? 나이스가 뭔지도 잘 모르겠는데 당장 써야 한다니 막막하다. ㅠ_ㅠ

노눈치

맞아. ㅠ_ㅠ 모르는 게 있을 때마다 동학년 선생님들께 찾아가는 것도 이젠 좀 민망해….

유센스

나는 동학년 선생님들이 먼저 모르는 것은 없는지 물어보기도 해서 감사해. 어제는 반별 시간표를 넣었는데, 그것도 한참 걸리더라!

노눈치

역시 선생님들은 따뜻하구나. 그런데 시간표라니? 나이스에 시간표도 넣어야 해?

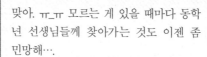
유센스

앗! 아직 안 넣었어? 반별 시간표를 미리 넣어둬야 시수도 맞춰두기 편하고, 나중에 보결이 생길 경우에도 변경할 수 있어!

노눈치

나는 반 아이들이랑 나눠가질 시간표만 인쇄했는데, 나이스에 시간표도 넣어야 한다니… 나이스에 들어가는 정보는 어디까지인 걸까? 나이스의 세계는 복잡하다. ㅠ_ㅠ

뽀쌤의 한마디

처음에는 아이들을 가르치는 것만이 교사의 업무라고 생각했지만, 교사에게는 수업 외에도 행정업무가 무궁무진했어요. 교대 다닐 때 행정업무 하는 법을 조금이라도 배웠다면 신규 때의 어려움이 조금은 줄지 않았을까 싶기도 해요. 처음 인증서를 받고 나이스를 시작할 땐 눈이 빙글빙글 돌았어요.

탭도 너무 많고, 카테고리도 많아서 하나하나 눌러보기 바빴죠. 용어도 제대로 몰라서 잘못 눌렀다가 크게 실수할까 봐 무서웠답니다. 실제로 저도 대형 실수를 한 번 저질렀어요. 출결 마감이 뭔지 몰라서 몇 달 동안 아이들 조퇴 및 결석을 기록하지 않은 거죠. 교사일지 적는 법도 몰라서 손으로 기록도 안 한 터라 일일이 떠올리며 나이스에 출결을 입력하느라 고생했답니다. 나이스를 밀리면 큰 업무가 되니 그때그때 모든 것을 기록해두세요.

라떼는 말이야

라떼는 말이야…. 모든 업무 내용을 손으로 다 썼어요. 아이들의 출결도 손으로 써서 종이로 보관했죠. 지금은 컴퓨터 하나로 모든 게 해결되는 참 좋은 세상입니다. 물론 신규교사가 처음부터 나이스를 능숙하게 다루기는 쉽지 않죠. 하지만 걱정하지 마세요. 이것저것 눌러 보다 보면 점점 익숙해져서 척척 다룰 수 있게 된답니다. 나이스 사용법, 같이 살펴볼까요?

시간표 관리 [교육과정]-[시간표관리]-[기초시간표관리]

나이스에는 반별로 시간표를 관리하는 기능이 있습니다. 나이스 시간표는 학생들의 수업일수와 과목별 시수를 맞추기 위해 입력하는 것이기 때문에 꼼꼼하게 작성해야 합니다.

[교육과정]-[시간표관리]-[기초시간표관리]에 들어가면 기본적인 시간표를 구성할 수 있습니다. 기초시간표 사용 여부는 학교에 따라 다릅

니다. 기초시간표를 입력하면 시간표 관리가 편하지만, 입력하지 않더라도 수업일수 반영에는 문제가 없습니다.

반별시간표를 입력할 땐 [시간표관리]-[반별시간표]를 클릭합니다. 그러면 아래와 같은 화면이 나옵니다. 맡은 학년과 반, 날짜를 맞추고 조회 탭을 누르면 시수와 시간표 내용이 나타납니다. 빈칸에 해당 요일, 교시에 맞는 교과목을 넣으면 됩니다. 마우스를 우클릭하면 나오는 과목 목록에서 해당하는 과목을 클릭해서 넣어주세요. 그 주의 시간표를 다 넣으면 마지막으로 저장 버튼을 누르고, 위쪽 표에 시수가 반영됐는지 확인하세요. 반별시간표는 매주 같은 요일에 입력하는 것이 좋습니다. 시간표를 학기 말에 한 번에 입력하다 보면 실수로 잘못 입력할 수도 있으니까요. 과목별 시수는 시간표 위 표에서 볼 수 있는데, 시수가 틀리면 잘못 입력한 부분을 일일이 찾아야 해서 번거로워집니다.

출결 관리 [학적]-[출결관리]

출결에는 결석, 지각, 조퇴, 결과까지 네 종류가 있습니다. 결석은 학생들이 사정상 학교에 나오지 않은 경우입니다. 지각은 지정된 등교 시간보다 늦게 등교했을 경우, 조퇴는 등교는 하였으나 하교 시간 이전에 하교한 경우이며, 결과는 수업 시간의 일부 또는 전부에 참여하지 않거나 고의로 교육활동을 방해하는 상황에 해당합니다. 결과를 사용하는 경우는 많지 않습니다. 출결 구분란에는 질병, 미인정, 기타, 출석 인정 총 네 가지가 있습니다.

1. **[학적]-[출결관리]**에 들어가서 학년, 반, 월을 맞춰 조회합니다. 체크할 출결 종류와 구분을 선택하고, 출결 날짜와 학생 이름이 교차하는 칸을 클릭하여 표시한 후 저장을 눌러주세요.

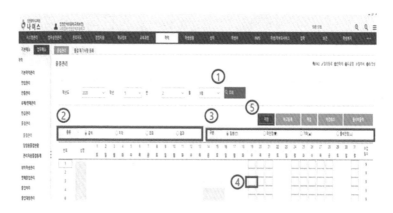

2. 저장 버튼을 누르면 나오는 **[출결비고입력]** 비고란에 출결 사유를 적습니다. 예를 들어, 학생이 감기로 결석했다면 감기라고 입력하고 저장 버튼을 누르면 자동 반영됩니다. 매달 말일에는 출결 마감 처리를 해야 합니다. **[출결관리]-[마감]**을 누르면 팝업창이 뜹니다. 기간에 해당 월의 마지막 일을 입력하고, **[마감]**을 눌러 저장합니다. 마감 처리를 하면 자동으로 수업일수가 계산되어 학생기록부에 반영됩니다. 가능하면 매일 아이들의 출결을 확인하여 바로 나이스에 입력하고, 그러기 어렵다면 교사일지에라도 아이들의 출결 사항을 꼭 꼼꼼하게 기록하세요!

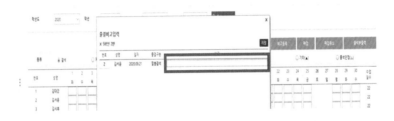

[동아리활동]

[학교생활]-[창의적체험활동]-[동아리활동부서만들기]-[등록]

1. 동아리활동 부서를 만드는 방식은 학교마다 다릅니다. 보통 학급 담임 선생님이 동아리활동 부서를 나이스에서 생성하고, 때로는 동아리 담당 선생님이 생성하기도 합니다. **[학교생활]-[창의적체험활동]-[동아리활동부서만들기]-[등록]**을 누르면 **[동아리활동 부서반 수**

정/삭제] 창이 활성화되는데, 여기서 **[담임교사 추가]** 탭을 눌러서 동아리 담당교사를 추가합니다. 다음으로 동아리 활동 부서명을 입력하고 동아리부서구분에서 동아리활동을 선택하여 저장합니다.

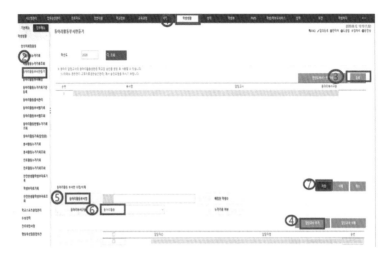

2. **[창의적체험활동]-[동아리활동부서배정]**을 클릭하고 학년과 반을 조회하여 학생 명단을 불러옵니다. 오른쪽에 생성해둔 동아리 부서 명이 뜨면 해당하는 학생들을 체크한 후 저장을 눌러 배정하세요. 동아리 운영 방식은 학교마다 다릅니다. 학급 내에서 동아리를 운영하기도 하고 학년 내에서 동아리를 만들어 학생들에게 원하는 동아리 활동을 선택하도록 하기도 합니다. 학년 내에서 동아리 부서를 운영할 시, 학생과 동아리 부서 배정이 잘못되지 않도록 꼼꼼히 확인하면서 배정해야 합니다.

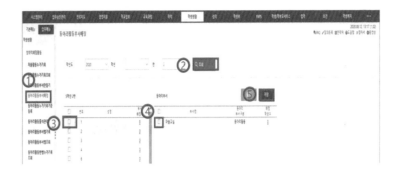

[학교스포츠클럽 운영] [체육]-[학교스포츠클럽]-[학교스포츠클럽]

----

1. 스포츠클럽 운영 방식은 학교별, 학년별로 다양하지만 언제나 나이스 기록은 필수입니다. 나이스의 **[체육]-[학교스포츠클럽]-[학교스포츠클럽]-[등록]**을 누르면 팝업창이 뜹니다.

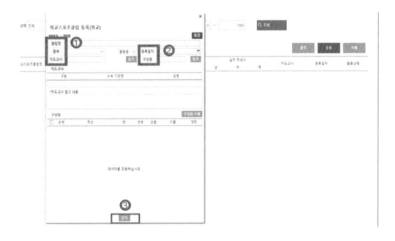

클럽명, 종목, 등록일자, 지도교사, 구성원을 모두 설정하고 저장합니다. 이때 모든 학생이 구성원에 들어왔는지 꼼꼼히 확인해야 합니다. 저장을 누르면 학교스포츠클럽이 생성되며, 이후에 입력하는 세부 내용은 각 학교의 계획안에 따라 작성합니다.

2. **[학교스포츠클럽관리]-[활동내역 관리]** 탭에서 활동 중인 학교스포츠클럽을 확인하고 등록을 누르면 팝업창이 뜹니다.

체육부장님이 배부한 계획표를 바탕으로 참가일시, 활동시간, 활동명, 활동 내용을 입력합니다. 그다음에 **[참가자 추가]** 버튼을 눌러 반 학생들을 모두 추가합니다. 마지막으로 **[활동 내용 일괄적용]**과 **[활동시간 일괄적용]**을 눌러서 내용을 일괄 적용합니다.

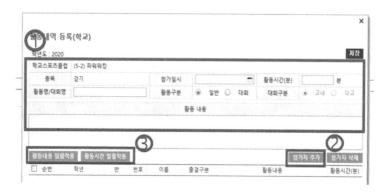

선생님도 선생님이 처음이야

8시 40분.
드디어 첫 제자들이 교실에 들어왔다.

아이들은 처음엔 나에게 관심이 없는 듯 둘이서
대화했지만

곧 나를 바라보며 눈을 반짝이기 시작했다.

그렇게 하나둘씩 늘어나 어느새 20명이 넘는
아이들이 나를 쳐다보고 있었고, 나는 얼어버렸다…!

유센스

눈치야~ 아이들이랑 할 활동 준비했어?
첫날부터 과목별 수업을 할 수는 없잖아.

노눈치

선생님이 수업하는 게 당연한 거 아니야?
너 설마 놀기만 하려고 한 건 아니지?

유센스

놀다니~! 3월에는 아이들과 함께 학급을
만들어가야지! 처음 만나는 건데, 우리끼
리 규칙도 정하고 의사소통을 하는 방법
도 알아야 하지 않겠어?

노눈치

무슨 말인지 모르겠어. ㅠ_ㅠ 교실에서 조
용히 하기, 복도에서 뛰지 않기, 이런 건
다 아는 거 아니야? 의사소통도 다 한국
어 쓰는 데 무슨….

유센스

안 되겠다! 눈치야, 너 빨리 부장님께 가서
내가 말한 거 여쭤봐!

뽀쌤의 한마디

첫 제자들을 맞이하고, 자기소개를 한 다음 규칙을 정했습니다. 이때 문제가 하나 있었는데, 저 혼자 규칙을 정하고 통보했다는 거예요. 아이들과 함께 규칙을 정할 생각은 차마 못한 탓에 '왜요?'라는 질문을 정말 많이 받았습니다. 첫날 저지른 실수는 또 있습니다. 2교시에 교과서를 나눠주고 바로 수업에 들어간 거예요. 첫날부터 수업이라니! 아이들에게 제 이미지가 좋았을 리 없죠.

학급의 정확한 규칙도, 의사소통 방법도 제대로 정하지 못한 상태에서 어영부영 3월을 보내는 것은 만만치 않았습니다. 시간이 지날수록 다툼이 잦아졌고, 규칙도 계속 변했습니다. 1학기 말이 되어서야 3월이 매우 중요한 시기라는 것을 깨닫고 2학기는 제대로 보내고 싶어 여러 연수를 들었습니다. 그 중 하나가 '지니쌤의 행복한 교실 만들기'인데, '첫 만남 프로젝트'는 제게 특히 큰 충격을 주었습니다. '첫 만남 프로젝트를 했다면 우리 반이 어땠을까?' 하는 생각이 계속 들었어요. 다들 건강한 학급을 세울 수 있는 첫 만남 프로젝트를 모두가 배우고 실천해보면 좋겠습니다. 초기에는 시행착오가 있더라도 조금씩 나에게 맞춰 바꾸면 됩니다.

라떼는 말이야

아이들을 맞이할 준비는 다 했나요? 수업은 아이들과의 상호작용으로 이루어지지만, 첫날은 선생님의 역할과 비중이 아주 큽니다. 라떼는 말이야⋯. 첫날 바로 수업에 들어가지 않았어요. 줄 서는 방법, 책상 및 사물함 정리 방법 등 아주 기초적인 생활 규칙을 차분하게 알려주고 자기소개를 하다 보면 하루가 뚝딱 지나갔거든요. 아이들과의 첫날! 두근거리는 마음으로 잘 보낼 수 있을 거예요!

첫 만남 프로젝트

첫 만남 프로젝트란 학급을 정비하기 위한 활동으로 구성된 프로젝트를 말합니다. 학급 규칙 정하기, 긍정적 관계 쌓기, 학급 생활 루틴 정하기 등 학급운영을 위한 활동을 3월 중에 해내야 합니다. 그중에서도 첫날은 아이들과의 첫인상을 결정하는 날이기 때문에 더욱 꼼꼼하게 준비할 필요가 있습니다.

교육철학 세우기

교사로서 꿈꾸는 학급의 모습 : 민주주의 교실 1) 말할 수 있는 용기 2) 스스로 하는 어린이 (자율) 3) 책임감 있는 어린이 4) 자신을 사랑하고 남을 존중할 줄 아 는 어린이	꿈꾸는 교실을 위해 하고 싶은 활동 1) 학급회의를 통해 용기, 책임감 배우기 2) 놀이를 통해 소속감 높이기 3) 버츄 프로젝트 활동을 통해 다양한 미덕 배워나가기 4) 토론 토의 수업을 통해 문제해결력 기르기
꿈꾸는 학급을 위해 교사가 할 수 있는 노력 1) 찾아가며 배우고 나누기 (연수 참여) 2) 수업으로 아이들에게 다가가기 (수업 준비) 3) 아이들에게 관심을 갖고 공감해주기 4) 교사가 행복해야 아이들도 행복하다.	나의 강점과 약점 **강점** : 배우는 것을 좋아한다. **단점** : 말실수가 많다.

신규교사에게는 너무 어려운 말일지도 모르지만, 아이들을 만나기 전에 자신의 교육철학을 생각하는 시간을 꼭 가졌으면 합니다. 위 표는 전문적 학습공동체에서 활동한 교육철학 결과물입니다. 첫 번째 칸에는 '교사로서 꿈꾸는 학급의 모습'을, 두 번째 칸에는 '꿈꾸는 교실을 위해서 하고 싶은 활동'을, 세 번째 칸은 '꿈꾸는 학급을 위해서 교사가 할 수 있는 노력'을, 마지막 칸에는 '교사로서 자신의 강점과 약점'을 적었습니다.

저는 아이들이 교실 속에서 선생님, 친구들과 관계를 다지면서 민주주의를 직접 체험하는 학급으로 이끌고 싶었습니다. 이를 위해서

'미덕 교실, 학급회의, 놀이 수업' 등의 활동을 한 해 동안 진행하기로 마음먹었죠. 교육철학은 학급을 여러 번 운영하면서 바뀌기도 하고, 점점 명확해지기도 합니다. 신규교사들에게는 낯설겠지만, '내가 꿈꾸는 교실의 모습'과 '꿈꾸는 교실을 만들기 위한 활동'을 꼭 생각해 보면 좋겠습니다. 이런 생각들이 첫 만남 프로젝트 운영의 기준이 되어줄 테니까요.

3월 첫 주 계획 세우기

3월 첫 주의 계획을 미리 세워놓으면 매우 든든합니다. 처음에는 선배들의 자료들을 그대로 따라 했지만, 점차 저에게 맞게 활동들은 더하고 빼면서 저만의 계획표를 완성해나갔습니다. 매년 다른 학년을 맡기 때문에 학년 특성에 맞게 바꾸기도 했습니다.

다음 표는 2학년 학생들과 함께한 첫 만남 프로젝트 계획입니다. 표를 보고 학습 진도가 걱정되는 선생님도 있겠지만, 그래도 뽀쌤은 일주일 동안 과목 수업 대신 첫 만남 프로젝트를 진행합니다. 개인적으로 수업 진도보다 더 중요한 것이 평화로운 학급 분위기라고 생각하기에 사전에 학부모님들에게도 첫 만남 프로젝트 계획표와 프로젝트 이유에 대해 공지합니다. 여러 활동 중에서도 가장 추천하는 활동을 소개할게요.

3월 첫 만남 프로젝트 계획표

부서명	월 (4일)	화 (5일)
행사	개학식	아침인사 + 미덕통장 쓰기
아침	자기소개서 쓰기	
	개학식	**성품**
1교시	□ 방송 조회 시업식 **첫 만남** **1. 환영하기** □ 첫 만남 이야기 □ 교사 소개/기본 규칙 □ 인사 나누기 □ 첫 시간 정리	**1. 하루 일과 가르치기** □ 하루 일과 제시 □ 서랍, 사물함 정리 □ 아침 준비, 하교 준비 □ 줄 서는 방법
2교시	**2. 친해지기** □ 자리 배치 □ 책상 배치 연습 □ 과일가게, 반갑습니다! 놀이, 　의자가 사라진다 □ 주제돌림 말하기	**2. 인성놀이(좋은 친구)** □ 좋은 친구가 되는 방법 　알아보기 **3. 나를 소개해요.** □ 나만의 티셔츠 만들기 □ 친구들에게 나를 소개하기
3교시	**3. 내 마음 속 보석, 미덕** □ 큰 나로 성장하기 □ 52가지 미덕 알아보기	□ QUIZ! **4. 인성놀이(도덕성)** □ 다큐 감상 □ 도덕성 6단계 배우기
4교시	**4. 정리하기** □ 미덕 이름표 만들기 □ 개별사진 찍기 □ 원으로 둘러 앉아 소감 나누기	
5교시	□ 숙제 : 부모님에게 오늘 있었던 　일과 자신의 감정 이야기하기	

수 (6일)	목 (7일)	금 (8일)
미덕 필사 쓰기 아침 독서	학급임원선출 감정 노트 쓰는 법	미덕 필사 쓰기 아침 독서
학급 세우기	**의사소통 훈련**	**문제해결훈련**

1. 하루 일과 가르치기
☐ 하루 일과 정하기
☐ 아침 시간
☐ 쉬는 시간
☐ 수업 시간
☐ 점심 시간
☐ 청소 시간

2. 우리가 원하는 반
☐ 가치 나무 만들기
☐ 규칙 정하기 / 급훈
☐ 규칙상기 활동

3. 우리가 원하는 반
☐ 길잡이 약속 만들기
☐ 서명

4. 모둠세우기
☐ 협동 놀이
☐ 모둠 약속 정하기

1. 의사소통 기초
☐ 가라사대 놀이
☐ 경청에 대해 배우기
☐ 말하는 방법 배우기

2. 다섯 글자, 예쁜 말
☐ 다양한 감정에는
　무엇이 있을까?
☐ 감정을 바르게
　표현하는 방법 배우기

3. 학습
☐ 공부를 왜 하는 거지?
☐ 두뇌 이해하기
☐ 학습 노트 정리법

**1. 문제를 이렇게
　해결합시다.**
☐ 내가 왜 잘못된 행동을
　하는 거지?
☐ 문제해결 5단계
☐ 화가 날 때 대처법
　배우기

2. 학교폭력 STOP
☐ 장난과 폭력의 차이는
　무엇일까?
☐ 올베우스 4대 규칙

3. 감격짱 학급회의
☐ 회의 순서 배우기
☐ 첫만남 마무리하기

(출처: 정유진 《학급운영시스템》)

교사 소개 PPT

매년 3월 첫날은 항상 떨립니다. 아이들에게 제가 낯설듯이, 저 또한 아이들이 낯설기 때문입니다. 이 틈을 메꿔주는 첫 번째 징검다리가 바로 교사 소개 PPT입니다. 교사가 먼저 자기소개를 합니다. 선생님이 자신에 대해 알려주고 싶은 것을 자유롭게 알려주되, 너무 개인적인 정보까지는 공개하지 않도록 주의해야 합니다.

이름을 알려줄 때 초성 퀴즈 같은 형식으로 진행한다면 아이들이 흥미를 느끼고 잘 참여합니다. 선생님에 대해 알려주고 싶은 사항을 OX 퀴즈로 만들어서 진행할 수도 있습니다. 다음으로는 자신이 되고 싶은 선생님 상에 관해 설명합니다. 예시를 들어 아이들이 이해하기 쉽게 설명하는 것을 추천합니다. 뽀쌤은 영양제 사진을 보여주며 마음이 아플 때마다 영양제처럼 도움이 되는 선생님이 되고 싶다고 말합니다. 다음으로 선생님이 중요하게 생각하는 가치를 존중, 예의, 안전, 친구 등 키워드로 제시하고 하나씩 설명합니다. 너무 많은 키워드를 제시하면 아이들이 기억하기 어려우므로, 정말 중요한 몇 가지만 안내하는 것을 추천합니다.

마지막으로 교실이나 복도 등 학교에서 지켜야 할 가장 기본적인 규칙을 설명합니다. 세세한 규칙보다는 복도에서 뛰지 않기, 수업 시간에 집중하기 등 학급의 큰 틀이 되는 규칙을 미리 설명하면 나중에 학급 규칙을 세우는 토대가 됩니다.

학생 소개 활동

3월 첫주에는 아이들이 서로 소개하는 활동을 많이 합니다. 방법은 매우 다양합니다. 활동지를 작성하고 앞으로 나와서 발표하는 방법도 있지만, 앞에서 나와서 하는 발표는 아이들에게 부담이 됩니다. 그래서 놀이로 학생들이 자연스럽게 서로를 소개하는 활동이 좋습니다. 그중 하나인 '점이 생겼어요' 놀이와 의자에 앉아서 할 수 있으면서도 규칙이 간단한 '사과, 배, 딸기' 놀이를 추천합니다.

♥ 점이 생겼어요 -

1. 아이들에게 활동지를 나눠주고, 종이에 적힌 소개 문항을 작성하도록 합니다.
2. 한 사람당 10개씩 스티커를 나눠줍니다.
3. 활동지를 다 쓰면 교실을 돌아다니면서 친구들을 만나 자기소개를 한 후, 가위바위보를 합니다.
4. 가위바위보에서 이긴 친구가 진 친구의 이마, 볼, 손등 등에 스티커를 붙여줍니다. 스티커가 10개 있으니, 최소한 10명의 친구를 만날 수 있습니다.

쑥스러워하는 친구들도 부담 없이 참여할 수 있어서 좋은 활동입니다. 다른 친구를 만나는 것조차 부끄러워하는 아이들은 자리에서 움직이지 않을 수도 있는데, 그럴 때는 선생님께서 다가가서 같이 참여해보세요. 교사도 참여함으로써 서로를 즐겁게 소개하고 긍정적 관계를 쌓을 수 있습니다.

🍒 사과, 배, 딸기 놀이 ----------------------------------

1. 먼저 술래 의자 하나를 빼고 가운데를 향해 의자를 둥글게 놓습니다.

2. 술래는 둥글게 놓인 의자 가운데 서고, 나머지 아이들은 각자 의자에 앉습
   니다.

3. 선생님은 순서대로 아이들에게 '사과, 배, 딸기' 중 하나씩을 지정해줍니다.

4. 아이들이 술래에게 "어떤 과일이 먹고 싶니?" 질문하면 술래는 '사과, 배,
   딸기' 중 자신이 먹고 싶은 과일을 말합니다.

5. 술래가 말한 과일에 해당하는 학생들은 일어나서 다른 자리로 이동하고,
   술래는 친구들이 이동하는 사이에 빈자리를 찾아 앉습니다. 이때 바로 옆
   자리로 옮기면 안 된다는 점을 알려주세요.

6. 자리에 앉지 못한 친구가 다음 술래가 됩니다.

우리 반 규칙 정하기

첫 만남 프로젝트 안에서 가장 중요한 활동입니다. 교사가 혼자 정
하는 것보다 학생들과 함께 정하는 것이 훨씬 효과적입니다. 규칙을
함께 만들며 동의했기 때문에 아이들도 자율적으로 정한 규칙을 잘
지켜나갑니다. 학급의 밑바탕이 되는 규칙을 정하는 방법을 소개할
게요. 이 방법은 정유진 선생님의 '행복교실 연수'와 김성환 선생님의
'학급긍정훈육법 연수'에서 배운 방법을 변형한 것입니다.

1. "여러분이 원하는 학급의 모습이 무엇인가요?", "모두가 행복하기

2019년, 2학년 아이들과 정한 규칙

위해서 어떤 행동과 말을 해야 할까요?"라는 질문을 던지고 포스
트잇에 쓰게 합니다. 저학년은 한 개씩, 고학년은 두 개씩 적는 것
이 적당합니다. 처음에는 아이들이 무엇을 쓸지 몰라서 어려워하
기 때문에 몇 가지 예시를 보여주거나, 교사가 꿈꾸는 학급의 모
습을 학생들에게 이야기해도 좋습니다. 다 적고 나면 포스트잇을
걷어 비슷한 내용끼리 묶습니다. 묶어낸 내용과 관련된 덕목이
학급의 규칙이 됩니다. 예를 들어 '친구와 사이좋게 지내요'와 '욕
이 없는 교실'은 존중이라는 덕목으로 묶어 규칙으로 만들 수 있
습니다. 위 사진은 실제로 이 방법을 사용해 규칙을 정한 예시입
니다. 규칙은 서너 개 정도가 적당하고, 저학년 반의 경우 두 가지
정도만 정하는 것도 좋습니다.

2. 규칙을 정한 후 학급 규칙 안내서를 만듭니다. 모둠마다 2절 도화
지를 나눠주고 우리 반 규칙에 해당하는 덕목을 한 가지씩 정해
줍니다. 그리고 모둠별 토의 후 각 규칙에 맞는 '해야 할 말'과 '해

야 할 행동'을 적도록 합니다. 저학년 학생들에게는 선생님이 다양한 예시를 제시하는 것도 좋습니다.

규칙을 정하고 나면 돌아가며 발표하고, 발표 내용을 교사가 받아 적어 규칙 안내서를 만듭니다. 마지막으로 학급 규칙 안내서 밑에 아이들의 서명을 받습니다. 이 방법은 《학급긍정훈육법》(에듀니티, 2014) 책에도 소개되어 있습니다. 첫 만남 프로젝트 계획 전에 《학급운영시스템》(에듀니티, 2015)과 《학급긍정훈육법》을 읽어보며 나만의 방식을 만들어봐도 좋아요.

시간별 규칙 만들기

간단히 시간별 규칙을 만들어보는 것도 좋습니다. 방법은 다음과 같습니다.

1. 아침 시간, 수업 중, 쉬는 시간, 급식 시간으로 일과 시간을 나눕니다.

2. 아이들에게 모둠별로 시간마다 해야 할 일과 하지 말아야 할 일을 브레인 스토밍하게 합니다.

3. 브레인스토밍 결과를 아이들이 발표하면 교사가 칠판에 내용을 받아 적습니다.

4. 발표가 끝나면 학생들에게 우리 반에 꼭 필요하다고 생각되는 규칙에 투표하게 합니다. 시간별로 한두 개의 규칙을 남겨 우리 반 규칙으로 만듭니다.

5. 여기서 정한 규칙도 게시판에 잘 보이게 게시합니다.

맡은 학년이 고학년이라면 대학에서 배운 '콜버그의 도덕성 6단계'를 아이들에게도 알려주는 것도 좋습니다. 아이들이 스스로 행동을 되돌아보는 기준으로 삼을 수 있기 때문입니다. 아이들과 'EBS 아이의 사생활, 도덕성' 영상 중 도덕성을 측정하는 실험 부분을 시청한 후 아이들과 '나라면 어떤 선택을 했을지' 이야기합니다. 그 후 콜버그의 도덕성 6단계에 관해 설명해줍니다. 아래 표처럼 풀어서 설명하면 아이들이 쉽게 이해할 수 있습니다.

콜버그의 도덕성 6단계

1단계	혼나면 안 되니까 숙제해야지!
2단계	발표하면 스티커를 받을 수 있으니까 해야지!
3단계	열심히 그림을 그리면 선생님이 날 좋아하겠지?
4단계	우리 반 규칙이니까 교실에서 뛰지 말아야지!
5단계	내가 떠들면 친구들의 공부에 방해될 거야. 배려해야지!
6단계	아무도 안 봐도 나는 양심에 따라 행동해야지!

이런 표를 교실에 게시해놓으면 생활지도에도 효과적입니다. 예를 들어, "선생님! 이거 하면 사탕 줘요?"라며 보상을 요구하는 학생이 있으면 표를 가리키며 자신의 행동이 몇 단계에 해당하는지 생각해보게 하세요. 대부분은 뭘 잘못했는지 알아채고 질문을 멈춥니다.

의사소통 활동

의사소통 방법을 알려주는 것은 굉장히 중요합니다. 학생들이 다투는 이유는 대부분 말 때문이므로 의사소통하는 방법을 지도하면 싸움의 빈도가 확 줄어듭니다. 어른들이 생각할 때는 쑥스러울 수 있지만, 아이들에게 한번 가르쳐주면 효과가 확실하니 진지하게 알려주세요. 기분이 나쁠 때 자신의 기분을 솔직하게 이야기하는 방법 '행감바'와 사과하는 방법 '사해약'은 정유진 선생님의 '행복교실 연수'에서 배운 방법입니다.

'행감바'는 상대방의 '행동', 나의 '감정', '바라는 점'을 의미합니다. 예를 들어, 친구가 지우개를 허락도 없이 가져가서 기분이 나쁘다면 "네가 나의 지우개를 허락 없이 가져가서(행동) 기분이 안 좋아(감정). 다음부터는 먼저 이야기해줘(바램)"라고 의견을 전합니다. 그러면 상대는 사과하는 방법인 '사해약'을 이용해서 대답합니다. '사해약'은 나의 '사과', '해결 방법', 앞으로의 '약속'을 의미합니다. "기분이 나빴다면 정말 미안해(사과). 어떻게 하면 너의 기분이 풀릴까(해결)? 다음부터는 이야기하고 빌릴게(약속)"라고 대답합니다.

행감바와 사해약을 알려준 후 교사가 상황을 제시하고 학생들끼리

기분이 나쁠 때 먹는 아이스크림은?	사과할 때 먹는 약은?
행감바	**사해약**
행(행동) : 네가 지우개를 허락 없이 가져가서 **감(감정)** : 기분이 안 좋아. **바(바람)** : 다음부터는 먼저 말해줬으면 좋겠어.	**사(사과)** : 기분이 상했다면 정말 미안해. **해(해결)** : 어떻게 하면 기분이 풀릴까? **약(약속)** : 다음부터는 먼저 이야기를 할게!

역할극 대본을 만들어서 연습해보게 합니다. 참여율이 저조한 고학년 학생들에게도 효과가 있으니 짝이나 모둠 단위로 시연하면서 올바른 대화 방법을 배울 수 있도록 의사소통 활동을 꼭 해보세요!

문제해결의 여섯 단계

정유진 선생님의 《학급운영시스템》을 읽고 실천한 활동입니다. 문제 상황의 각 단계에서 해야 할 행동을 하는지 알려주는데, 학급문화에 정착시키면 교실 속 갈등을 원활히 해결하는 데 큰 도움이 됩니다. 문제 상황이 생겼을 때 단계별로 해결방안을 적용하고, 그래도 해결되지 않으면 다음 단계를 적용합니다.

1단계는 화가 났을 때 1분간 심호흡을 하며 감정을 조절하는 것으로 숨을 들이마시고 내쉬는 방법을 함께 연습합니다.

2단계는 사과입니다. 위에서 설명한 행감바와 사해약을 활용합니다. 서로 사과하려 들지 않는다면 3단계로 넘어갑니다.

3단계는 '감격해 카드'를 활용하는 방법입니다. 김성환 선생님의 '학급긍정훈육법 연수'에서 배운 '감격해 카드'는 감정 카드, 격려 카드,

해결 카드로 이루어져 있습니다. 우선 아이들은 자신의 감정에 맞는 카드를 선택하고 친구와 교환하여 상대의 마음을 살펴봅니다. 다음으로 각자 격려와 해결 카드를 뽑고, 친구가 뽑은 해결 카드 중 마음에 드는 것을 골라 적힌 내용을 실천합니다. 처음에는 아이들이 카드로 갈등을 해결하기 어려워하므로 교사의 도움이 필요하지만, 차차 익숙해져서 스스로 갈등을 해결해가는 모습을 볼 수 있습니다.

4단계부터는 아이들이 스스로 해결할 수 없어 도움이 필요한 상황입니다. 4단계는 선생님과의 상담, 5단계는 학급회의, 6단계는 학부모 상담입니다. 만약 1~3단계에서 해결할 수 없다면 선생님이나 부모님의 도움을 받아야 한다고 진지하게 알려줍니다.

수쌤&뽀쌤의 Tip!

첫날 아침 시간에 아이들이 할 수 있는 활동지를 마련해보세요. 모든 것이 처음인 아이들은 낯설고, 무엇을 해야 할지 몰라 멀뚱멀뚱 앉아만 있습니다. 이런 일이 없도록 자기소개 활동지를 나눠주세요. 활동지에 이름, 좋아하는 과목과 싫어하는 과목, 친한 친구들의 이름, 나의 장단점 등 학생들의 특징을 잘 드러낼 만한 질문을 넣어서 나눠주면 됩니다.

기초부터 탄탄히!

어릴 때 전학 온 친구와 공기놀이를 하다가 규칙이 달라 싸운 적이 있다.

그 후로 모든 게임을 시작하기 전에 규칙을 확인하는 버릇이 생겼다.

아이들은 각자 다른 학급에서 다른 경험을 하고 우리 반에 모인다.

우리 반에서도 아이들과 규칙을 맞춰봐야겠다!

유센스

눈치야! 아이들 잘 만났어? 난 내일 아이들 이랑 규칙을 세우려고 하는데, 내가 생각한 것 말고도 중요한 규칙이 있는 건 아닐까 걱정돼.

노눈치

규칙? 무슨 규칙을 만들어? 무슨 게임도 아니고!

유센스

집에서도 빨래는 어디 둔다든지, 밥 먹을 때 설거지는 어떻게 한다든지…. 이런 작은 규칙들이 있잖아. 아이들이랑 생활할 때도 당연히 규칙이 있어야 하지 않겠어?

노눈치

흠… 그런가…? 하긴, 아까 아이들이랑 줄 서서 이동하는데 아이들이 선착순으로 마구 달려와서 다칠 뻔했어.

유센스

사실 나도 부장님이 우리 반에 오셨다가 쉬는 시간에 아이들이 장난치는 걸 보고 깜짝 놀라서 이것저것 알려주신 거야.

노눈치

규칙 정하는 게 참 중요할 것 같긴 하다. 내일 가서 아이들과 한번 이야기해봐야겠어!

뽀쌤의 한마디

3월 첫날에 떨리는 마음으로 자기소개를 하고, 아이들에게도 자기 소개를 시켰어요. 그런데 사춘기가 온 5학년에게는 그리 달갑지 않은 활동이었는지 내내 표정이 좋지 않더군요. 저는 그만 화를 냈고, 거기서부터 아이들과의 관계가 안 좋아지기 시작했죠.

줄 서는 법부터 여러 규칙을 지도했지만 꾸준하지를 못했고, 이런 빈틈이 1학기 말에 고스란히 드러났죠. 분명 파일을 만들게 했는데도 책상 서랍과 사물함이 구겨진 가정통신문과 활동지로 가득했어요. 놀라운 건 옆 반 선생님이 알려주기 전까지는 지저분한 교실 상태를 자각도 못했다는 거에요. 제 눈에는 그런 흠이 전혀 보이지 않았거든요. 동료 선생님 덕분에 잘못된 부분을 깨닫고 정리 정돈하는 법을 다시 세세히 알려줬지만, 이미 습관이 붙어버려 잘 따라오진 못했어요.

3월은 여러모로 중요한 달입니다. 무질서가 습관이 되기 전에 바로 잡아줘야 해요. 세세한 기본 규칙부터 차분히 알려주세요. 작은 규칙들이 쌓여 학급을 평화롭게 만든답니다.

라떼는 말이야

아이들을 맞이할 준비는 다 되었나요? 기분은 어때요? 너무 걱정하지 말아요. 제가 도와드릴 테니까요. 라떼는 말이야…. 3월 첫날에는 교과서 수업을 안 했어요. 줄 서는 방법, 책상과 사물함을 정리하는 방법 등 아주 기초적인 생활 규칙을 차분하게 알려줬지요. 3월 초에 아이들에게 꼭 지도해야 할 것들을 하나씩 알려줄게요. 저만 믿고 따라와요!

생활 규칙 안내하기

3월은 아이들에게 기초적인 생활 규칙을 차분하고 꾸준하게 안내하는 달입니다. 이 시기를 놓치면 아이들은 각자 자신만의 생활 규칙을 만들어버려서, 학급 규칙을 정비하기가 어렵습니다. 수업 진행도 중요하지만 3월에는 아이들과 함께 학급을 세우는 과정이 꼭 필요합니다.

안전 규칙

학교는 안전한 장소 같지만, 사고가 자주 일어납니다. 복도에서 뛰다가 이가 부러지는 아이도 있고, 교실에서 뛰어다니다가 친구 발에 걸려 넘어져 다치는 아이도 있습니다. 선생님이 최선을 다해 아이들을 지켜보더라도 언제나 모든 상황을 확인할 수는 없기에 아이들이 스스로 안전 규칙을 지킬 수 있도록 3월에 자세하고 확실하게 안내해야 합니다.

안전 규칙은 크게 장소와 시간에 따라 정할 수 있습니다. 장소는 교실, 복도, 급식실 등으로 나눌 수 있고, 시간은 등하교 시간, 쉬는 시간, 급식 시간, 청소 시간 등으로 나눌 수 있습니다. 장소별, 시간별로 자주 일어나는 안전사고와 이를 예방하기 위한 안전 규칙을 설명하면 아이들은 규칙의 필요성을 쉽게 이해합니다.

저학년의 경우 간단한 안전 규칙을 직접 몸으로 실천해봅니다. 예를 들어, '복도에서 뛰지 않아요'라는 규칙을 세웠다면 복도에서 함께 걷기 연습을 하고, 전담 교실로 이동할 때에도 줄을 세운 후 선생님과 함께 걸어가는 활동을 여러 번 반복합니다.

고학년의 경우 이미 규칙을 숙지하고 있어서 지루해하는 경우도 더러 있습니다. 이럴 때는 안전사고 및 안전 규칙과 관련된 동영상 보여주기를 추천합니다. 안전사고가 일어나고 나서 교육을 하면 너무 늦습니다. 학기 초부터 안전에 주의를 기울일 수 있도록 3월에는 꼭 안전 규칙을 안내하세요.

시간별 규칙

학교생활은 크게 아침 시간, 수업 시간, 쉬는 시간, 급식 시간, 청소 시간으로 나뉩니다. 각 시간에 지켜야 할 규칙에 대해 한 번씩은 안내하는 것이 좋습니다. 다만 규칙이 너무 많으면 기억하기 어려우므로 시간마다 지켜야 할 사항을 2개 정도만 간단히 알려주는 것이 좋습니다.

아침 시간	• 오늘의 수업 교과서 준비하기 • 조용히 아침 활동에 참여하기	
쉬는 시간	• 수업 준비부터 하기 • 화장실에서 장난치지 않기	• 복도에서 사뿐사뿐 걷기
수업 시간	• 수업에 열심히 참여하기	• 바른 자세로 발표하기
급식 시간	• 바르게 줄 서기 • 급식실에서 장난치지 않기	• 먹을 만큼만 받기
청소 시간	• 내가 맡은 역할에 최선을 다하기	• 열심히 청소하기

1학년이 아니라면, 아이들은 이미 시간별 규칙을 알고 있습니다. 아이들이 스스로 지켜야 할 규칙에 대해 생각할 수 있도록 선생님께서 안내하는 대신 아이들과 자유롭게 대화를 나누며 나온 아이디어를 칠판에 적어보는 활동으로 대체하는 것도 좋습니다.

책상 서랍과 사물함 정리

초등학교는 아이들에게 기본적인 생활 습관을 알려주는 곳으로, 사소한 것도 꼼꼼하게 알려줘야 합니다. 책상 서랍이나 사물함 정리

도 그중 하나입니다. 학기 초에 생활 습관이 잡히지 않으면 책상 주변이 항상 더럽고 교과서나 공책을 자주 잃어버리는 학생이 생깁니다.

깨끗하게 정리된 책상 서랍과 사물함 사진을 보여주며 정리 정돈하는 방법을 간단하게 설명하세요. 영상을 활용해 지도할 수도 있습니다. 중요한 것은 아이들이 직접 실천하게 만드는 것입니다. 방법을 알아도 실천하지 않는 학생이 많기 때문입니다. 방법을 알려준 후 일주일 정도는 아침 및 종례 시간에 책상과 사물함 정리를 잘했는지 아이들 스스로 확인하는 시간을 주는 것도 좋습니다.

줄 서기

줄 서는 규칙은 다양하지만, 키나 번호순으로 줄을 세우는 선생님이 많습니다. 교사마다 선호하는 스타일이 다르므로 나에게 맞는 방법을 선택합니다. 하지만 줄 서는 방법 자체는 꼭 지도해야 합니다. 전담교실이나 급식실로 이동할 때나, 체육 시간 준비 운동할 때, 현장 체험학습 등 줄 서서 이동하는 경우가 정말 많습니다. 아이들이 줄 서는 방법을 제대로 익히지 못하면 이동할 때마다 혼란스러워집니다.

줄 서는 방법은 한 줄 서기와 두 줄 서기 모두 지도해야 합니다. 교실에서 줄 서는 규칙을 알려주고 연습합니다. 아이들이 자기 순서를 잘 익힐 수 있도록 여러 번 반복합니다. 한번 줄 서는 연습을 잘 해두면 이동 시간도 단축할 수 있을 뿐만 아니라 안전사고의 위험도 줄어들고, 아이들의 인원 파악도 쉬워지니 꼭 3월 중에 지도하세요!

청소

교실마다 청소하는 방법이 다양합니다. 한 사람이 하나의 역할을 맡는 1인 1역으로 정해서 매일 각자가 맡은 부분을 조금씩 청소하는 방법도 있고, 모둠별로 돌아가며 청소할 수도 있습니다.

청소하는 기간이나 역할 교체 시기, 역할을 정하는 방법 역시 교사가 재량껏 설정할 수 있습니다. 1인 1역의 경우 모두가 매일 청소하므로 2주나 한 달을 기점으로 교체하는 것이 좋고, 모둠별 청소의 경우

종류	청소 방법
1인 1역	• 반의 인원수에 맞춰 청소할 구역을 작게 나누고, 한 사람이 구역을 맡아 매일 청소하는 방식 • 단순한 쓸기, 닦기, 칠판 정리뿐만 아니라 우유 배달, 시간표 바꾸기와 같이 학급에 필요한 자잘한 일도 1인 1역으로 배정할 수 있음 • 청소 검사를 1인 1역으로 배정할 수도 있음 • 학급마다 필요한 역할이 다르므로 아이들과 회의해서 정하는 것도 좋음
모둠 청소	• 교사가 청소할 구역을 미리 정하고, 모둠원이 정해진 구역을 돌아가며 청소하는 방법 • 모둠에서 한 명씩 청소 검사를 하는 역할을 맡길 수 있음. 이때 검사 기준을 잘 정하는 것이 중요함
다 같이 청소	• 청소 시간을 정해 학급 모두가 같이 청소하는 방법 • 개별적으로 미니 빗자루를 준비해 자신의 자리를 스스로 청소하고 옆자리도 도와주도록 지도

요일을 정해 돌아가며 청소하거나 한 모둠당 일주일씩 청소하도록 할 수도 있습니다.

청소 지도에서 가장 중요한 것은 선생님도 함께해야 한다는 점입니다. 선생님이 함께 청소하는 모습을 보이면 아이들은 더욱 열심히 청소합니다. 선생님의 스타일에 잘 맞는 방법을 선택해서 다 같이 열심히 청소한다면 깨끗한 한 해를 보낼 수 있을 거예요.

학급운영 방법 추천

아침 활동

학교에 따라 아침 활동 시간이 있을 수도 있습니다. 길지 않아도 수업 준비나 특색 있는 활동으로 아이들에게 수업 외에도 플러스알파를 줄 수 있는 시간입니다. 아침 활동 시간에 하는 활동은 교사마다 다릅니다. 책 읽기, 감정 노트 쓰기, 악기 연주하기, 수학 문제 풀기 등 평소 하고 싶던 간단한 활동을 할 수 있습니다.

수쌤은 아침 활동 시간에 평소 관심이 많은 독서 교육을 했습니다. 아침 활동 시간에는 무조건 하던 일을 모두 멈추고 10분 동안 아이들과 함께 책을 읽었습니다. 일주일에 한 번씩은 동화책을 읽고, 창의적 체험 활동 시간과 연계하여 책을 소개하거나 재미있는 독서활동을 진행했습니다.

평소 아이들의 생활지도에 관심이 많던 뽀쌤은 '감정 노트 쓰기' 활

감정 출석부

동을 했습니다. 매일 아침 아이들이 학교에 오면 '감정 출석부' 게시판에서 자신의 기분과 맞는 항목에 이름 자석을 놓습니다. 그리고 성장 노트를 펴서 오늘의 감정과 그 이유를 적습니다.

아침 활동 시간은 하루에 10분씩이라도 일주일 동안 모으면 50분이나 됩니다. 작지만 쌓이면 큰 도움이 될 수 있으니 선생님만의 특색 있는 아침 활동을 진행해보세요.

자리 배치

아이들의 자리 배치는 면학 분위기에 큰 영향을 줍니다. 어떤 친구와 가까이 앉느냐에 따라 아이들의 교우관계가 바뀌기도 합니다. 짝을 정하는 가장 대중적인 방법은 제비뽑기입니다. 자리마다 숫자를 배정하기도 하고, '톰과 제리'처럼 짝이 맞는 캐릭터 쪽지를 만들어 뽑기도 합니다. 무작위로 짝을 지어주는 컴퓨터 프로그램을 활용할 때도 있습니다. 짝을 뽑기 전에 PPT로 자리마다 번호 혹은 캐릭터 이름을 적은 화면을 보여주고 아이들이 자리로 이동하게 안내해보세요. 무작위로 짝을 배정하면 공평한 뽑기 결과라서 불만을 토하는 아이들도 적고, 짝 찾기 과정 자체에 긴장이 더해져 재미있어집니다.

숙제 관리

신규교사 시절, 열정 가득한 뽀쌤은 아이들에게 숙제를 많이 내주었습니다. 양이 너무 많아서 완벽하게 해오는 학생은 소수에 불과했는데, 못 해온 아이들은 끝까지 남겨서 시키곤 했습니다. 그 과정에서 아이들도 뽀쌤도 많이 힘들었던 기억이 납니다. 지금의 뽀쌤은 일주일에 두 번 정도 꼭 필요한 경우에만 숙제를 내줍니다. 수쌤 역시 꼭 필요한 경우가 아니면 되도록 수업 시간 안에 모든 활동을 끝낼 수 있도록 수업을 계획합니다. 숙제의 양과 숙제에 대한 교육철학은 교사마다 모두 다르니 아이들과 지내면서 자신에게 맞는 방식을 찾는 것이 중요합니다.

숙제 내주는 것보다 더 힘든 것이 관리입니다. 숙제 바구니를 만들

선생님! 다 했어요!				
1	2	3	4	5
6	7	8	9	10
11	12	13	14	15
16	17	18	19	20
21	22	23	24	25

어서 개별적으로 제출한 다음 '다 했어요' 판에 자석을 붙이게 하면 숙제 제출 상황을 확인하기 편리합니다.

'다 했어요' 판은 아이들의 번호 혹은 이름을 적은 표입니다. 칠판에 붙여두고 아이들이 숙제를 제출할 때 자기 이름 또는 번호에 자석을 올려두게 합니다. 숙제뿐만 아니라 신청서 등 각종 서류를 걷을 때도 편리합니다.

숙제 제출 기한을 넉넉하게 주고 아이들에게 자주 상기시켜주면 숙제에 대한 아이들의 부담도 덜해집니다. 기한 내에 제출하지 못한 친구들을 방과 후에 남겨서 시키는 선생님도 있는데, 때로 문제가 될 수 있으므로 학기 초에 미리 학부모님에게 공지하고 동의를 받는 것이 좋습니다.

수쌤&뽀쌤의 Tip!

저학년 학생들은 아직 어려서 차근차근 같이 실천해나가며 생활 규칙을 지도해야 합니다. 규칙을 알려줄 때는 선생님이 예시를 많이 들어줘야 해요. 역할극을 하면서 올바른 말과 행동을 연습할 수도 있습니다. 선생님이 서랍 속과 사물함 안을 정리하는 방법을 직접 보여주거나 아이들과 함께 복도 걷기 연습을 하는 등 지켜야 할 규칙을 아이들이 직접 체험할 수 있게 해줍시다.

준비는 내가 할게, 하고 싶은 거 다 해

9082937494번째 회의가 시작되었다.

이번엔 학습 준비물이라는데….
우리가 준비할 물건도 있다고?

게다가 처음 보는 이 복잡한 엑셀 표는 뭐지?!

그래!
일단 교과서부터 찾아보자!

유센스

아휴 @_@ 오늘도 회의하느라 엄청 바빴네. 학습 준비물 담당이라 학습 준비물 회의 때문에 긴장했는데, 다행히 물건 정하는 데는 시간이 별로 안 걸렸어!

노눈치

고생했다 고생했어. ㅠ_ㅠ 그거 그래도 은근히 할 일이 많던데….

유센스

음… 인터넷 조사를 좀 해야 하긴 해. 규격도 찾고, 판매 사이트에서 가격도 다 찾아봐야 하니까.

노눈치

나라면 최저가 찾기에 도전했을 것 같아 ㅋㅋ. 그래도 물품 정하면서 교과서를 한 번 더 쭉 보니까 재미있더라?

유센스

맞아. 준비물을 사야겠다는 마음으로 보니까 교과서가 새롭게 보이더라!

수쌤의 한마디

처음 학습 준비물 신청 파일을 받았을 때, '헉!' 했습니다. 엄청나게 긴 엑셀 표에 물건의 이름과 규격, 가격 등이 상세하게 쓰여 있었거든요. 그런데 그 준비물을 반마다 정하는 건지, 학년에서 정하는 것인지조차 몰라 무작정 인쇄해서 부장님을 찾아갔답니다.

먼저 동학년 선생님들과 교과서를 살펴보면서 학습에 필요한 준비물을 확인했어요. 생각보다 이것저것 필요한 물건이 많아서 신기했어요. 다음으로 연수실에 가서 회의 때 정한 물품 중 이미 가지고 있는 물건을 확인하고, 마지막으로 회의 때 정한 물품 외에 각 학급에 필요한 물품을 개별적으로 정리했어요. 이때 다른 선생님들이 신청하는 물건을 눈여겨보았다가 따라서 신청했어요. 그리고 업무담당인 제가 취합해서 제출했지요.

취합해서 정리하는 것은 별로 어렵지 않았어요. 예산을 아끼기 위해서 여러 군데에서 가격을 비교하며 최저가를 찾아보는 일은 은근히 재미있기까지 했답니다. 학습 준비물을 잘 신청하면 한 학기 동안 재미있는 활동을 할 때 많은 도움을 받을 수 있으니 교과서를 잘 찾아보고 신청하세요!

라떼는 말이야

라떼는 말이야…. 학습 준비물이라곤 교과서와 필기도구가 전부였어요. 그런데 요즘은 시대가 많이 변해서 클레이도 사고, 뉴 스포츠 용품도 사다 보면 얼마나 신기한지 몰라요. 아이들보다 제가 더 신날 때도 있지요. 이때 주의사항이 있어요. 동학년 연구실에 가보면 작년 선생님들이 남기고 가신 물건이 많은데 중복으로 구매하는 경우가 있거든요. 잘못하면 연구실이 창고처럼 변할 수 있으니 학습 준비물 신청 전에 재고부터 잘 확인해야 해요!

모둠 활동용 준비물

12색 매직펜

12색 매직펜 세트는 학급의 모둠 수보다 하나 더 많이 주문하세요. 12색 매직펜은 모둠끼리 미술 작품을 할 때나 수업 활동 결과물을 적을 때 등 다양한 상황에서 사용할 수

있습니다. 한번 주문하면 2, 3년은 사용할 수 있으니 학습 준비물을
신청할 때 꼭 주문하세요.

화이트보드, 보드마카, 지우개

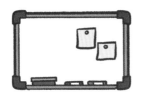

수업 중 모둠끼리 의견을 모아 적는 활
동이 많은데, 이때 자주 사용하는 것이
화이트보드입니다. 모둠 수만큼 화이트
보드가 있으면 수업 중 퀴즈를 할 때나
아이들의 생각을 알아볼 때 종이를 따로 나눠주지 않아도 되어 편리
합니다. 덤으로 칠판에 붙일 수 있는 화이트보드를 사면 아이디어를
공유할 때 모두가 볼 수 있겠죠?

클레이

저학년 담임을 맡았다면 모둠 수만큼
클레이 통을 준비하세요. 통합교과에는
클레이를 활용하는 활동이 아주 많습니
다. 클레이는 찰흙과 달리 손에 묻지 않
아서 아이들이 쓰기에도 편하고 따로 뒷정리할 필요도 없습니다. 미
술 교과에도 활용하기 좋습니다. 큰 용량의 클레이 통을 모둠 수만큼
주문하면 1년 내내 사용할 수 있습니다.

주사위

주사위는 수학 교과를 필두로 여러 과
목에서 활용됩니다. 부루마블 게임을 변
형한 수업활동이나 모둠별 게임 등에서
도 사용할 수 있습니다. 학년별 공동준비물로 구매해서 사용하기도
하지만, 반마다 모둠 수만큼 신청하는 것을 추천합니다. 보드게임을
활용한 수업을 자주 한다면 2명당 하나씩 주사위가 돌아갈 수 있도
록 사는 것도 좋습니다.

개별 활동용 준비물

색종이 세트

저학년 학생들을 가르칠 때 색종이를
빠트릴 수는 없습니다. 저도 저학년 학생
들을 가르칠 때 색종이를 정말 많이 사
용했지요. 통합 교과나 미술 교과에 색종
이를 활용한 활동이 많고, 교실에 색종이를 많이 마련해놓면 아이들
이 쉬는 시간에 친구들과 종이접기를 하면서 재미있게 시간을 보냅
니다.

경질 봉투

경질 봉투는 공지사항을 게시할 때 필
요합니다. 급식 안내표, 주간 학습 계획
표 등 안내 사항을 안에 넣고 앞이나 뒤
게시판에 꽂아놓으면 됩니다.

활동지를 모을 때 경질 봉투를 활용하
기도 합니다. 수업 시간에 사용한 활동지를 경질 봉투 안에 넣어두고
30장씩 개별 포트폴리오 파일에 넣도록 지도하면 서랍 속이 활동지
로 어지러워지는 상황을 예방할 수 있습니다. 다만 학교에 따라 사물
함이나 교실 벽 쪽에 안내문을 붙이지 못할 수도 있으니 미리 확인하
세요.

경질 봉투는 뒤 게시판에 전시할 아이들의 작품을 넣을 때 활용할
수도 있습니다. 압정을 이용해서 일일이 작품을 붙이기란 여간 힘든
일이 아닙니다. 뒤 게시판에 미리 B4 크기의 경질 봉투를 붙여두면
아이들의 작품을 더욱 쉽게 전시하고 교체할 수 있고, 작품이 훼손되
지도 않아 좋습니다.

목공용 풀과 딱풀

목공용 풀과 딱풀을 한 세트씩 교실에 비치해
두면 유용합니다. 테이프처럼 아이들이 개별로
준비해오기는 하지만 금방 다 쓰거나 뚜껑을 잃
어버리는 경우가 많기 때문입니다. 단, 미리 사

용 방법과 주의점, 반의 공용 제품이라는 점을 강조해야 합니다. 금방 없어질 수도 있으니 사전에 잘 지도해야 합니다. 목공용 풀은 실과나 미술 시간에 많이 사용하니 고학년 담임 선생님들께 추천합니다.

가위

풀과 마찬가지로 학기 초에 아이들이 개별적으로 가져오지만 금방 잃어버리는 학생들이 생깁니다. 가위는 수업 시간에 활용할 일이 잦아 가위가 없는 아이들이 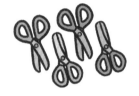 많다면 수업활동에 지장이 생길 수도 있습니다. 미리 교실에 가위를 여러 개 갖춰두면 이러한 문제를 줄일 수 있습니다. 사용 전 안전 지도도 잊지 마세요!

부드러운 피구공

아이들이 제일 좋아하는 시간이 뭘까요? 바로 체육 시간입니다. 그중에서도 피구는 아이들이 가장 선호하는 활동 중 하나입니다. 하지만 신나게 경기하다 보면 부상자가 속출하기 일쑤입니다. 부상  을 방지하기 위해 피구공 중에서도 부드러운 제품을 찾아서 주문해야 합니다. 시중에 초등학생들이 사용하기 좋게 제작된 피구 공이 많으니 잘 살펴보고 구매하세요.

수쌤&뽀쌤의 Tip!

처음 학년 연구실에 들어갔을 때 어떤 느낌이 들었나요? 뭔가 가득 차 있는 것 같긴 한데, 정작 무엇이 있는지 파악하기는 어렵지 않았나요? 학년 연구실은 해마다 사용하는 선생님들이 달라지기 때문에 작년 선생님이 무엇을 두고 가셨는지 알기 어렵습니다. 동학년 선생님끼리 시간을 내어 모든 캐비닛의 남은 물건을 확인하는 것이 중요합니다. 언제 샀는지 알 수 없을 정도로 오래된 물건은 버리고, 어떤 물건이 많이 남아 있는지 확인하면 학습 준비물 예산을 더욱 효율적으로 활용할 수 있어요. 보물찾기를 하는 마음으로 학년 연구실을 열심히 살펴보세요!

미처 사지 못한 학습 준비물이 학기 중에 필요해진다면 어떻게 할까요? 이럴 때도 학년 연구실 방문을 추천합니다. 교육과정이 바뀌어도 필요한 물건은 비슷한 경우가 많아서 연구실 어딘가에 필요한 물건이 있을 가능성이 크니까요. 만약 학년 연구실에도 찾는 물건이 없다면 용기 내서 다른 학년 선생님들에게 물어보세요. 어쩌면 다른 학년 연구실에 찾던 물건이 숨겨져 있을지도 모릅니다.

나도 부모님이 보고 싶다

곧 학부모 총회를 한다.

아직 아이들과도 익숙해지지 않았는데,
부모님이 오신다니!

게다가 우리 반 24명 중 23명의 학부모님이
상담을 신청했다…! 어떡하지?

괜찮아! 잘할 수 있다, 노눈치!

병아리 TALK

유센스

눈치야, 나 너무 떨려. ㅠ_ㅠ 벌써 내일이 학부모 총회야!! 일단 부장님께서 주신 PPT 자료를 내 스타일대로 바꿔봤는데, 교육철학을 쓰는 게 너무 어렵더라.

노눈치

교육철학? 그게 뭐야?

유센스

눈치 너, 대학교 수업 때 집중 안 했구나? 교사가 가진 교육에 대한 큰 방향과 신념 말이야! 예를 들자면, 나는 아이들이 서로 존중하며 행복하게 지내는 학급을 만들고 싶다는 게 교육철학이야.

노눈치

오~ 센스 너 멋진 면이 있었구나? 나도 내 교육철학이 뭔지 진지하게 고민해봐야겠다!

유센스

방향이 잡혀야 길을 잃지 않으니까 잘 생각해봐! 난 한 해 동안 집중적으로 할 학급 활동들도 소개하려고!

수쌤의 한마디

신규 티를 갓 벗은 지금도 학부모 총회 준비는 쉽지 않습니다. 기업에서 신제품을 소개할 때 짧고 굵게 모든 메시지를 전하듯, 학부모 총회는 학급경영에 대한 철학과 방향을 학부모님들께 소개하는 매우 중요한 자리입니다. 교사로서 전문성을 어필할 기회이기도 하지요. 하지만 아직 학급경영의 틀도 제대로 잡히지 않은 신규교사에게는 매우 어려운 행사일 거예요.

제 첫 학부모 총회를 떠올려보니 굉장히 부끄러워지네요. 그때는 단순히 자신과 학교 행사에 대해서만 안내하고 정작 학급경영 이야기는 거의 하지 않았습니다. 교육철학을 세워야 한다는 생각조차 못 해서 이야기할 거리가 없었거든요. 지금 생각하면 학부모님과 학급의 '교육방향'에 대해 이야기할 기회였는데 아쉬움이 많이 남아요.

학부모 총회 전에 나만의 교육철학을 세워보세요. 거창한 것이 아니더라도, '올해 아이들에게 이것만큼은 꼭 전하고 싶다'라고 생각하는 가치나 한 해가 끝났을 때 아이들이 성장하길 바라는 부분, 아이들이 교실에 들어설 때 받았으면 하는 느낌 등을 고민하다 보면 나만의 교육철학이 생길 거예요.

라떼는 말이야

벌써 학부모 총회가 다가오네요. 긴장되나요? 20년 차인 저도 학부모 총회는 언제나 어려워요. 그래도 너무 긴장하지 마세요. 든든한 부장 선생님이 있잖아요. 라떼는 말이야… 한 반에 학생들이 40명 정도였어요. 총회 때면 학부모님이 30명도 넘게 왔죠. 아이들에 대한 학부모님의 관심은 지금도 여전히 높지만, 숫자가 줄어든 만큼 조금 더 아이들에게 집중할 수 있지 않을까요? 너무 걱정하지 말고 같이 잘 준비해봐요!

학부모 총회 준비하기

학부모님들에게 보내는 편지

시간에 맞춰 오는 학부모님도 있지만, 사정이 있어서 늦게 오는 학부모님도 있습니다. 같은 학교에 형제나 자매가 동시에 다닌다면 두 군데를 다 들러야 하므로 시간 맞추기가 어렵습니다. 그래서 다른 학부모님들이 멀뚱히 자리에 앉아 기다리는 상황도 종종 생깁니다. 기다리는 시간이 지루하지 않도록 학부모 편지를 준비합니다. 편지 안에 1년의 학급 활동 및 학교 행사, 부탁하는 점, 교사의 교육철학 등의 내용을 넣으면 도움도 많이 된답니다. 학부모님들의 적극적인 협조와 지지를 부탁하는 편지도 좋아요. 덤으로 교사에게 바라는 점을 적는 공간을 넣으면 상담을 신청하지 않은 학부모님들의 피드백도 들을 수 있어 좋습니다.

나와 학급을 소개하는 PPT

학생들을 처음 만날 때처럼 학부모 총회 때도 PPT를 준비하는 것을 추천합니다. 교사 소개, 내가 꿈꾸는 교실, 한 해의 학급 활동, 학교 행사, 출결 관리 현황 및 현장 체험학습 안내, 학급 대표 및 녹색 어머니회 선출 등의 내용을 담아야 합니다.

학부모 대표 및 녹색 어머니회 선출하기

학부모 총회의 시작과 동시에 각 단체를 소개하고 가입을 요청하면 부담이 될 수 있습니다. 그렇다고 총회의 마무리 단계에서 소개하면 다른 형제, 자매의 학급으로 이동하는 학부모님들이 생겨서 대표 선출이 어려워집니다. 그래서 각 단체의 소개와 가입 요청은 총회 중간에 하는 것이 좋습니다.

학부모 단체의 종류는 학교마다 다르지만 보통 학부모회와 녹색 어머니회는 꼭 있습니다. 학교에 따라 도서 도우미나 어머니 폴리스 등을 선출하는 곳도 있습니다. 처음 만난 학부모님들에게 단체 가입을 부탁하기가 굉장히 어렵겠지만, 각 단체의 필요성을 이야기하면 많은 학부모님들이 흔쾌히 도와줍니다. 보통 학급 임원의 학부모님이 학부모회 대표를 맡곤 합니다.

교실 정리

학부모 총회 전에 뒤 게시판을 꾸며놓는 것이 좋습니다. 보통 아이들의 미술 작품들을 전시하는데, 미술 작품만으로 게시판을 채울 수 없다면 종이접기로 꽃을 만들어서 빈 곳을 채울 수도 있습니다. 교실도 깨끗이 청소해야 합니다. 부모님이 온다고 하면 아이들도 더욱 열심히 청소합니다. 교실 책장의 물건도 정리하고, 칠판도 깨끗하게 닦아주세요. 신발장 청소도 잊지마세요!

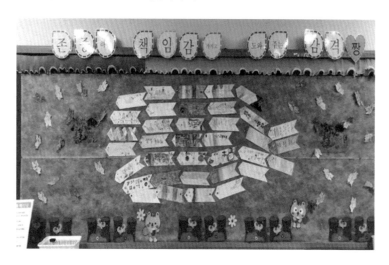

단정한 복장

학부모 총회는 학부모님들과 처음 만나는 행사로, 교사의 첫인상이 결정되는 매우 중요한 자리입니다. 좋은 첫인상을 위해 단정한 복장은 필수입니다. 많은 선생님이 정장을 입고, 구두를 신습니다. 특히 상대적으로 나이 어린 신규교사라면 좀더 격식 있는 옷으로 차려입는 것을 추천합니다. 임용 면접 때 입은 정장을 활용해도 되고, 다가올 학부모 공개수업을 위해 깔끔한 새 옷을 마련하는 것도 좋습니다.

학부모 상담 준비하기

학부모 상담 시간 예약하기

학부모 상담 기간에는 일정에 관한 가정통신문을 배부합니다. 상담을 원하는 학부모님들이 신청서를 보내주면 시간을 잘 살펴봐야 합니다. 같은 시간대에 상담을 신청하는 학부모님도 많기에, 서로 시간이 겹치지 않도록 담임교사가 직접 조정해야 합니다. 학부모님께 전화로 양해를 구하거나 문자를 보내 조정합니다. 상담 시간이 정해지면 안내 문자를 보냅니다. 표로 정리해서 클래스팅 공지에 올리거나 아이들의 알림장에 붙여주기도 합니다. 상담 방식이 직접 방문인지, 전화 상담인지도 잘 기록해야 합니다. 상담이 많으면 시간을 헷갈리기도 하니 꼭 교사일지나 달력에 기록하세요.

안녕하세요. ○학년 ○반 담임 ○○○입니다.

다음 주 4월 1일부터 5일까지는 학부모 상담 주간입니다.

정해진 상담 시간에 맞춰 ○학년 ○반 교실로 와 주세요. 상담 시간은 20분입니다.

장소 : ○학년 ○반

시간 : ○월 ○일 ○시~○시 ○○분

상담 내용 생각하기

처음 학부모 상담을 할 때 무슨 말을 할지 몰라 부담스러웠습니다. 아이들을 만난 지 얼마 되지 않았으니, 말하기보다는 학부모님께 듣는다는 마음으로 임해보세요. 학부모님께 여쭤보고 싶은 내용을 미리 생각해놓으면 좋습니다. 저는 주로 학생의 알레르기 여부, 건강 상태, 친구 관계, 다니는 학원 등에 관해 질문합니다. 아이의 장점이나 특징, 학부모님이 원하는 교육 방향 등을 물어보기도 합니다. 학부모님의 답변 중 중요한 내용을 상담일지에 키워드로 기록하세요!

학생 상담일지

이 름		날 짜	2020 년 월 일
시 간		장 소	
상담영역	□ 학습 □ 생활태도 □ 교우관계 □ 가정문제 □ 기타 ( )		
상담방법	□ 면담 / □ 전화 / □ 가정방문 / □ 기타 (e-메일, 휴대폰문자, 알림장 등)		
상담내용 및 생활지도			
기타사항			

(자료 출처= 인디스쿨)

상담 중 추천사항

학부모님이 교실에 들어오면 아이들 자리부터 소개하는 것도 좋습니다. 아이들의 학교생활을 눈으로 직접 보고 싶어 하는 학부모님이 많기에 서랍 속이나 사물함 안, 포트폴리오 파일도 보여줍니다. 아이들의 평소 생활 습관이 드러나는 부분이기 때문에 학부모님들이 한눈에 아이의 학교생활을 파악하기 쉽다는 장점이 있지만, 부담스럽다면 생략해도 됩니다.

아이가 새 학기, 새 학급에 적응하는 모습과 노력을 소개하면서 상담을 시작하면 훨씬 분위기가 좋아집니다. 상담 초반에 아이의 장점을 1, 2개 이야기하는 것도 분위기를 부드럽게 만드는 방법입니다. 선생님이 아이에 대해 얼마나 많은 관심과 애정을 가지는지 보여주면 교사와 학부모 간 신뢰의 첫 단추를 성공적으로 끼울 수 있습니다.

학부모님과 상담할 때 부정적 단어는 되도록 쓰지 않도록 주의하세요. 개선점을 이야기하고 싶다면 상담 전에 이를 설명할 수 있는 부드러운 단어를 찾아 혹시 모를 오해의 소지를 줄여야 합니다. 또, 개선할 점에 대해 언급할 때는 선생님이 걱정하게 된 계기, 문제 개선의 여지, 선생님이 아이와 함께 노력할 부분, 학부모님의 평소 생각 등에 대해서도 함께 이야기하세요.

상담 후 추천사항

학부모 상담이 끝나면 상담 내용을 파일에 적어서 제출합니다. 상담일지를 참고하여 상담한 내용을 파일에 기록합시다. 필요한 경우 상담 2, 3주 후에 다시 학부모님께 전화를 걸어 변화된 상황에 관해 이야기하는 것도 추천합니다.

3월 학부모 상담은 아이들에 관해 설명하기보다 학부모님의 이야기를 듣는 자리입니다. 학부모님의 이야기를 들으면서 정보를 얻으면 추후 아이들 생활지도에 많은 도움이 됩니다. 또 학부모 상담은 학습 및 생활지도 방식의 길잡이가 되기도 합니다. 선생님과 가정의 교육 방식이 일관될 수 있도록 학부모 상담을 잘 활용하세요!

수쌤&뽀쌤의 Tip!

3월에 아이들과 시간을 보낸 후, 4월이면 학부모 총회가 열립니다. 만난 시간은 고작 한 달 남짓인데 학부모 상담을 하려니 막막할 거예요. 이때 3월에 관찰한 아이들의 특성을 기록해두면 쉽게 상담을 진행할 수 있답니다. 학부모님께 3월에 만든 아이들의 자기소개 활동지를 보여드리는 것도 추천해요.

학기 초 학부모 상담은 아직 파악하지 못한 아이들의 특성과 친구 관계를 알 수 있는 자리입니다. 또 학부모님들과의 신뢰를 쌓을 수 있는 시간이기도 하죠. 너무 부담 갖지 말고, 말하기보다는 많이 듣겠다는 마음으로 상담에 임하세요!

학급 필수 아이템, 보드게임!

선생님은 보드게임을 즐기시는 편인가요?
혹시 교실에도 보드게임이 필요하다는 사실도 아시나요?
한두 개의 보드게임만 있어도 아이들이 쉬는 시간을
즐겁게 보낸답니다. 보드게임을 하면서 자연스럽게
친구 관계를 형성하기도 해요. 학년과 관계없이 누구나
즐길 수 있는 게임을 사두면 해가 바뀌어도 계속
사용할 수 있습니다. 대신 사용 방법과 정리 방법을
미리 지도해야 한다는 점은 잊지 마세요!

할리갈리

단순하면서도 스릴 넘치는 카드 게임입니다. 저학년부터 고학년까지 모두 즐길 수 있고, 두 세트만 있으면 10명이 참여할 수 있으니 두 세트를

구매하는 것을 추천합니다. 다만 오래 사용하면 너덜너덜해지기 때문에 카드를 미리 코팅하는 게 좋아요. 아이들에게 카드를 구기지 말라고 지도할 필요도 있답니다.

다빈치 코드

규칙 자체는 단순하지만, 상대가 가진 숫자를 계속 추리해야 해서 저학년보다는 3~6학년 학생들에게 추천하는 게임입니다. 크기가 작아서 보관하기 편리하고, 가격도 저렴해서 부담이 적습니다. 하지만 한 번에 두 팀밖에 참여할 수 없으니 여러 개를 구매하는 것이 좋습니다.

젠가

저학년 학생들에게 가장 적합한 보드게임입니다. 단순하면서 스릴 넘치는 게임으로, 나무 조각을 하나씩 빼면서 쓰러뜨리지 않아야 하는 게임입니다. 쓰러질 때마다 소리를 치면서 재미있어하는 아이들 모습을 볼 수 있어요. 아이들은 젠가 블록을 활용해서 높이 탑 쌓기나 특정한 물건 모양 만들기 등 다양한 놀이를 창의적으로 만들어낸답니다.

도미노

도미노는 모든 학년에서 사랑받는
보드게임입니다. 아이들에게 도미노
를 주면 지형 구조물을 활용해 다양
한 루트를 만들고, 오랜 시간 집중해
서 공들여 도미노를 쌓는 모습을 발

견할 수 있습니다. 도미노를 쌓다 보면 혼자서는 길게 만들 수 없어서
아이들이 자연스럽게 서로 협력합니다. 덤으로 도미노에 집중하느라
교실이 조용해지는 효과까지!

덤블링 몽키

색깔이 다른 막대기를 무작위로 꽂
아 두고, 원숭이들을 위에 쏟습니다.
그 다음 주사위를 던져서 나온 색깔
의 막대기를 빼면서 밑으로 떨어진
원숭이를 가져가다가 마지막에 가장
많은 원숭이를 가져간 학생이 지는

게임입니다. 아슬아슬하고 스릴 넘치는 데다 주사위 운으로 승패가
결정되는 게임이라 모든 학년에서 활용하기 좋답니다.

4~5월

꽃 피는 봄, 따스한 햇볕.

매년 4~5월은 축제의 계절이었다.

학생 때는 우리 학교 축제를 시작으로 친구들을 따라

여러 대학 축제를 돌아다니고, 무대 위 가수의 노래에 맞춰

모두 신나게 춤췄는데, 이제는 내 호루라기 소리에 맞춰

우리 반 아이들이 신나게 줄을 선다.

역시나 봄은 행사의 계절!

행사의 계절, 봄

아이들의 성장은 소중하니까

나는 어릴 때 시험에 예민했다.

그래서 시험 기간에는 잠을
줄여가며 공부하곤 했는데….

결국엔 노력 여부와 상관없이
결과에 따라 기뻐하고 슬퍼했다.

우리 아이들이 받는 평가는 달라야 할 텐데….

유센스

> 오늘 우리 반 아이들 미술 수행평가를 했는데, 다들 너무 잘해서 깜짝 놀랐어!

노눈치

> 그렇지? 나도 우리 반 아이들이 그린 그림을 보고 깜짝 놀란 적이 한두 번이 아니야.

 유센스

> 다들 너무 잘해줘서 나이스에 입력하는 내가 다 기분이 좋은 거 있지? 수행평가 결과는 그때그때 기록해둬야지, 나중에 한꺼번에 하려면 엄청 힘들 것 같더라!

노눈치

> 나이스에 그런 것도 입력해? 출결만 입력하는 거 아니었어?

유센스

> 나이스에 아이들 학교생활 전반을 작성하면 그게 나중에 생활기록부가 되는 거랬는데? 눈치 너 아직 하나도 안 했어!?

노눈치

> 헉! 나 수행평가 기록도 어디에 두었는지 찾아봐야 하는데…. 내일 학교 가자마자 부장님께 여쭤봐야겠다!

뽀쌤의 한마디

교사가 된 첫해, 첫 학기 시작 전, 아무것도 모르는 상태로 수행평가 계획서를 만든 일은 아직도 잊을 수가 없어요. 만들 기간이 일주일 정도밖에 없어서 쉴 새 없이 일하고도 저녁 8시에 퇴근하기도 했거든요. 수행평가에만 집중하다 보니 다른 업무가 점점 쌓여서 눈물이 핑 돌던 기억이 나요.

그렇게 수행평가 계획서를 제출하고 방심한 저에게 두 번째 시련이 닥쳤습니다. 바로 수행평가 결과를 나이스에 입력하는 일이었어요. 정신이 하나도 없던 저는 그만 평가 결과 기록지를 잃어버렸답니다. 나중에 나이스에 입력하려고 했더니 기억이 하나도 안 나서 정말 곤란했어요. 아이들에게도 너무나 미안했죠. 수행평가를 하고 나면 그 결과를 꼭 교사일지에 적어두세요. 또 학기 말에 한꺼번에 입력하다 보면 실수하기 쉬우니, 되도록 수행평가를 할 때마다 바로바로 나이스에 결과를 입력하세요.

라떼는 말이야

라떼는 말이야…. 시험은 무조건 지필로 보고 채점했어요. 객관식 문제만 있어서 운이 좋으면 실력 이상의 점수를 받기도 했지요. 이 점수를 기준으로 1등부터 꼴등까지 순위를 매겨 평가 결과를 내고, 이 기록을 손으로 썼어요. 하지만 지금은 결과보다 과정을 중요하게 평가하고, 평가 방식도 다양해졌답니다. 게다가 평가 결과도 나이스에 입력하니 기록하기도 훨씬 편해졌지요.

평가기준 설정하기 [성적]-[선행작업]-[평가선행작업]

수행평가 업무는 '수행평가 계획서'를 만드는 일부터 시작됩니다. 평가담당 선생님이 수행평가 계획서를 파일로 보내는데, 학교마다 형식이 다르고 평가지까지 한 번에 제출하는 곳도 있습니다. 수행평가는 학년 공통으로 시행하는 경우가 많으므로 동학년 선생님들과 회의해서 계획을 세웁니다. 전 과목 지도서를 쭉 펼쳐놓고 함께 정하는 것이 편합니다.

수행평가 결과를 나이스에 입력하기 위해서는 평가선행작업이 이루어져야 합니다. 평가선행작업은 쉽게 말해 평가를 위한 기준과 요소, 단계를 미리 설정하고 시험 볼 때마다 만들어진 틀에 성적만 입력할 수 있도록 준비하는 단계입니다.

먼저 나이스의 **[성적]-[선행작업]-[평가선행작업]**에 들어갑니다. 학년도, 학기, 학년, 교과를 설정하고 조회 버튼을 누릅니다.

평가선행작업에는 입력할 내용이 많습니다. 과목에 따른 영역명, 성취기준, 평가요소, 평가단계, 평가기준을 설정합니다. 영역명 및 성취기준은 과목별 교육과정을 참고하고, 평가요소는 미리 작성한 수행평가 계획안을 참고하여 실제 평가내용은 요소별로 '~하기'로 적습니다. 평가단계 및 평가기준은 학교별 평가위원회에서 정한 방식을 따릅니다. 평가단계는 대부분 3~4단계로 이루어져 있으며, 평가단계에 맞춰 평가기준을 설정합니다. 평가기준은 그림이나 도형으로 표기

하기도 하고, '매우 잘함', '잘함'… 하는 식으로 한글로 표기하기도 합니다.

수행평가 기록하기

수행평가 결과는 꼭 교사일지에 꼭 기록해야 합니다. 교사일지가 아닌 나이스에 바로 입력하면 더 좋겠지만, 평가하면서 동시에 나이스에 입력하기는 실질적으로 어려우므로 체크리스트를 만들어 교사일지에 기록하는 것이 더 편리합니다. 학기 초 교사일지를 만들 때 빈칸 표를 만드는 것도 좋고, 수행평가 계획안을 제출한 후 계획안 내용에 맞춰 체크리스트를 추가하는 것도 좋습니다. 교사일지에 평가내역을 기록하면 나중에 나이스 입력에 큰 도움이 됩니다. 특히 말하기나 실험, 실연같이 눈에 보이는 결과물로 남지 않는 수행평가의 결과는 체크리스트 옆에 간단한 특이사항을 적어두는 것도 추천합니다.

수행평가 결과 입력하기 [성적]-[학생평가]-[교과평가]

나이스에서 [성적]-[학생평가]-[교과평가]에 들어갑니다. [영역별 평가]를 선택한 뒤. 아래 화면에서 과목 및 평가 영역을 선택한 후 조회하면 학생명단이 나옵니다. 학생들의 평가에 맞는 단계를 입력하고 저장합니다. 체크박스의 가장 윗부분을 클릭하면 학생들 전체가 선택되는데, 이를 활용하여 평가단계를 입력하면 편리합니다. 학기 말에 몰아서 수행평가 결과를 입력하면 자료를 찾느라 시간이 한참 걸리는 경우가 많습니다. 더군다나 말하기나 실연 등 결과가 문서로 남지 않는 평가의 경우 기록에 의존하여 기억해내기가 어려울 수 있으므로, 평가가 끝나면 되도록 빨리 입력하는 것을 추천합니다.

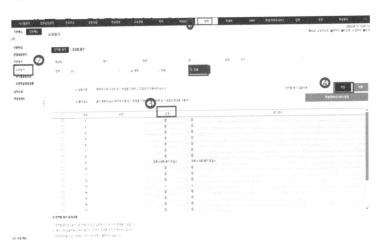

수쌤&뽀쌤의 Tip!

평가의 과정도 기록으로 남겨두면 좋아요. 평가 결과에 만족하지 못하는 학부모님이 종종 상담을 요청하기도 하거든요. 그럴 때 기록이 없으면 교사를 향한 신뢰가 무너질 수도 있습니다. 관찰평가의 경우 무엇을 기록해야 할지 몰라 그냥 넘어가기도 하는데, 평가 중 보이는 아이들의 행동이나 말을 기록으로 남기세요. 그런 사소한 기록 하나하나가 결과물이 된답니다.

학교에 안 와도 결석이 아니라고?

오늘 우리 반 아이가 수줍게 할아버지 댁 방문
계획이 적힌 종이 하나를 주고 갔다.

할아버지 댁 가는 걸 왜 이렇게 자세히
알려주는 거지?

게다가 부장님 반 아이들은 3명이나 학교에
안 왔는데, 모두 결석이 아니라고 한다.

도대체 결석의 기준이 뭐지?!

유센스

확실히 봄이 와서 날씨가 좋아지니까 아이들이 이곳저곳으로 학교장허가 교외 체험학습을 많이 가네. 우리 어릴 때는 그런 게 없었던 것 같은데, 완전 부럽더라.

노눈치

학교장허가 교외 체험학습? 말만 들어도 어렵다! 그게 대체 뭐야?

 유센스

말 그대로 교장 선생님이 허가하는 교외 체험학습이야! 가족들과 소중한 추억도 쌓고, 학교에서 하지 못하는 경험도 하고 오는 거지~. 학교 수업 시간을 대신해서 가는 거야.

노눈치

뭐? 수업 시간에 가는 거라고?! 그러고 보니 우리 반 아이 하나가 오늘 나한테 할아버지 댁 방문 계획서를 냈는데, 그게 그건가?

 유센스

맞을걸? 그런 계획서와 보고서는 꼭 잘 보관돼야 하는 거 알지? 내일 학교 가면 잘 챙겨놔!

수쌤의 한마디

학교장허가 교외 체험학습은 참 신기한 문화였어요. 제가 초등학생일 때는 없던 제도거든요. 지금은 많은 학생이 학교장허가 교외 체험학습을 신청하고 가족과 함께 학교에서는 할 수 없는 다양한 체험을 하러 간답니다. 특히 연휴가 있는 달에는 많은 학생이 체험학습을 신청해요.

신규교사 시절, 이 제도를 몰라서 계획서와 보고서를 제대로 걷지 못했어요. 학기 말에 부장님이 가지고 오라고 했을 때는 정말 깜짝 놀랐지요. 어디에 두었는지도 몰라서 교실에 있는 모든 문서를 뒤져야 했습니다. 제가 근무하던 학교에서는 최소 7일 전에 현장 체험학습 신청을 받아서, 계획서의 날짜가 체험학습일보다 7일 이상 전으로 기록되어야 했는데, 이 부분을 안내하지 못해서 체험학습일 전날 부랴부랴 받은 계획서들 때문에 정말 곤란했답니다. 보고서를 받지 않고 넘어간 적도 있어서, 학기 말에 뒤늦게 받기도 했어요. 학교장허가 교외 체험학습은 출결과 곧장 연결되는 중요한 사항이니 꼼꼼히 살펴보세요!

라떼는 말이야

라떼는 말이야…. 이런 제도가 없었어요. 학교에 안 나오면 무조건 결석이나 조퇴였죠. 게다가 학교는 무조건 매일 가야 한다고 생각하는 부모님이 많던 시절이라, 평일에 학교에 안 가는 건 정말 흔치 않은 일이었어요. 하지만 요즘은 학교 밖에서 배울 수 있는 것이 정말 많다는 것을 인지하고, 제도적으로도 지원한답니다. 아이들이 더 넓은 세상을 볼 수 있도록 도와주는 학교장허가 교외 체험학습, 한번 자세히 알아볼까요?

학교장허가 교외 체험학습

말 그대로 학교장이 허가하는 교외 체험학습을 의미합니다. 학교 밖에서 경험하는 다양한 체험활동을 수업으로 받아들이고, 출석을 인정하는 제도지요. 학교와 멀리 떨어진, 평소 가기 어려운 다양한 곳을 방문해 관심 분야에 대해 더욱 깊이 탐구하는 시간을 가질 수 있습니다.

학교장허가 교외 체험학습 신청하기

학교장허가 교외 체험학습 신청서의 양식은 학교마다 다릅니다. 보통 학기 초에 해당 업무담당 선생님이 관련 파일을 보내주고, 학교 홈페이지에 올려 학생들도 자유롭게 다운로드할 수 있게 합니다. 체험학습을 원하는 학생은 최소 7일 전까지 신청서를 제출해야 합니다. 신청서를 받자마자 교사일지에 기록하면 학생이 학교를 오지 않아도 당황하지 않을 수 있습니다. 학교장허가 교외 체험학습은 출석과 연결되는 제도라 신청서와 결과 보고서를 학기 말에 결재받아야 하니 잘 관리하세요. 학교에 따라 신청서를 학급별로 보관하기도 하고, 학년별로 보관하기도 합니다.

학교장허가 교외 체험학습 결과 보고서

체험학습에서 돌아온 학생은 결과 보고서를 제출해야 합니다. 결과 보고서 양식은 학교마다 다르지만, 보통 학교 홈페이지에 올려두기 때문에 스스로 보고서를 작성하고 제출하는 학생들이 많습니다.

결석계 작성하기

결석계란 학생이 결석한 이유에 대한 사유서입니다. 종류에 따라 담임교사 확인서가 필요할 수도 있으며, 양식은 학교마다 다릅니다.

질병 결석

질병으로 인한 결석이 2일 이하라면, 의사의 진단서 또는 소견서는 생략하고 담임교사 확인서만 첨부하지만, 결석일이 3일 이상이라면 의사의 진단서 또는 소견서도 꼭 제출해야 합니다. 의사의 진단서 또는 소견서에는 병명, 진료 기간 등이 기록되어 있어야 합니다. 3일 이상 질병으로 결석한 학생이 있는 경우 학부모님께 제출 서류에 대해 미리 말씀드리세요.

결석 일수	의사 소견서	담임교사 확인서
2일 이하	X	O
3일 이상	O	O

경조사로 인한 결석

경조사로 인한 결석은 학교생활 기록 작성 및 관리지침 해설서에서 확인할 수 있습니다. 정해진 일수만큼만 출석이 인정되며, 재량휴업일이나 공휴일, 토요일은 포함되지 않습니다. 경조사로 인한 결석은 연속된 일자에 한해서 출석으로 인정하며, 담임 확인서와 결석계를 작성해야 합니다.

구분	대상	일수
결혼	형제, 자매, 부, 모	1
입양	학생 본인	20
사망	부모, 조부모, 외조부모	5
	증조부모, 외증조부모, 형제·자매 또는 그 배우자	3
	부모의 형제·자매 또는 그 배우자	1

미인정 결석

합당하지 않은 이유 또는 고의로 결석한 경우입니다. 학년부장님께 말씀드리고 윤리부장님과 관리자들에게도 상황을 자세히 알려야 합니다. 사소한 원인이라면 학년 내에서 해결할 수 있겠지만, 이런 일이 발생치 않도록 학기 초부터 학생들의 가정환경에 관심을 많이 두어야 합니다.

기타 결석

부모나 가족의 봉양, 가사 조력, 간병 등 부득이한 개인사정으로 결석하는 경우를 말합니다. 학교장의 결석 승인이 필요하며, 학년부장님 및 관련 업무부장님과 상의를 한 후 내부 기안을 해야 합니다.

수쌤&뽀쌤의 Tip!

학교장허가 교외 체험학습도 교사일지에 기록하는 것을 추천해요. 연휴가 있는 달에는 많은 학생이 체험학습을 신청하는데, 교사가 잘 기록하지 않으면 체험학습 결과나 출결사항을 작성할 때 헷갈릴 수 있으므로 기록을 습관화하는 것이 좋습니다. 탁상용 달력에 출결사항을 적어두면 이달의 상황을 한 번에 파악할 수 있어 좋답니다.

침착해, 난 선생님이야!

어릴 때 그토록 손꼽아 기다리던 체험학습….

이제 매년 갈 수 있다니, 너무 설렌다!

작년　올해　내년

그런데 뭔가 빠뜨린 기분….

선생님이 챙겨야 하는 건 무엇이 있을까?

유센스

눈치야~ 나 내일 현장 체험학습 간다? 학생 때는 두근거려서 잠도 안 왔는데 지금은 떨려서 자꾸 생각나. ㅠ_ㅠ 구급용품부터 활동지, 아이들 비상 연락망같이 꼭 챙겨야 하는 것들 잘 챙겼나 싶어서….

노눈치

헉! 챙길 게 은근 많네? 나는 먹을 것만 생각했는데!

유센스

그게 다가 아니야~! 버스에 어떻게 탈지, 안전 규칙은 어떤 게 있는지! 체험학습 가기 전에 준비할 게 엄~청 많아!

노눈치

그래?! 난 아무것도 준비를 안 했는데…. 생각해보니 선생님으로서 준비할 게 정말 많구나!

유센스

아마 곧 동학년 선생님들과 회의하지 않을까? 그때 자세하게 여쭤봐!

노눈치

응. ㅠ_ㅠ 나 수행평가 기록도 어디에 두었는지 찾아봐야 하는데, 내일 학교 가자마자 부장님께 여쭤봐야겠다!

뽀쌤의 한마디

3학년 담임을 맡았을 때, 처음으로 아이들과 함께 현장 체험학습을 하러 갔어요. 당시 우리 반 아이들과 서로 잘 통했기 때문에 현장 체험학습이 업무가 아닌 소풍처럼 느껴졌어요. 지금도 그리울 정도로 즐거웠지요. 당시 부장 선생님은 현장 체험학습 전에 준비할 것을 꼼꼼히 가르쳐주셨어요. 안내문은 물론 활동지까지 손수 제작해서 나눠주셨죠.

저는 능력자 부장 선생님 덕분에 수월하게 현장 체험학습을 준비했지만 아무리 준비해도 사고는 언제, 어디서 일어날지 몰라요. 어느 해에는 2학년과 3학년이 같은 날 현장 체험학습을 하러 갔는데 2학년 학생이 3학년 버스를 탔어요. 신규교사였던 3학년 담임 선생님은 반 아이들이 다 온 건 확인했지만, 한 명이 더 탄 건 모르고 버스를 출발시켜버렸답니다. 다행히 현장학습 장소에 도착하기 전에 한 명이 더 있다는 것을 깨달았고, 마침 학교에 있던 교무부장님이 차를 타고 와 아이를 데리고 돌아갔어요. 다행히 학부모님의 민원도 없이 잘 해결되었지만, 학교에서는 늘 이렇게 예측하지 못한 일이 벌어지곤 합니다. 모든 부분을 꼼꼼하게 신경 써서 준비하세요!

라떼는 말이야

라떼는 말이야…. 소풍으로 등산을 자주 갔어요. 주변 박물관 정도가 인기 많은 현장 체험학습 장소였죠. 지금은 놀이동산이나 직업체험센터 등 갈 데가 다양해서 좋아졌어요. 학교 근처를 벗어나 먼 곳까지 현장 체험학습을 갈 수도 있으니까요. 하지만 이렇게 먼 장소에 갈때는 준비를 더욱 철저히 해야 해요. 특히 안전사고가 일어나지 않도록 아이들에게서 눈을 떼지 마세요!

현장 체험학습 준비하기

안내문

현장 체험학습 한 달 전에 신청서를 배부하고, 신청서를 걷고 난 후에는 현장 체험학습에 관한 안내문을 보내게 됩니다. 안내문에는 출발 시각과 그날의 일정, 준비물, 주의사항 등 자세한 내용이 적혀 있지만 학급 차원에서도 따로 안내문을 만들어서 한 번 더 나눠주는게 좋습니다. 복장 및 점심, 간식, 준비물, 우천 시 계획 등 주의할 점을 상황별로 꼼꼼하게 작성하고, 안전에 관한 주의사항을 아이들과 함께 읽으며 한번씩 더 짚어봅니다. 준비물에는 점심 도시락, 간식, 물과 음료수, 물티슈나 휴지, 돗자리, 검은 봉지, 멀미약 등을 적어주세요. 다음은 현장 체험학습 안내문 예시입니다.

0학년 0학기 현장 체험학습 안내

- **장소** : (현장 체험학습 장소)
- **시각** : 8시 30분
- **장소** : 구령대 오른쪽 천막
- **일정표**

일정	내용
8:30~9:30	집합 및 이동
9:30~11:00	프로그램 1 : 프로그램에 대한 설명
11:00~12:00	프로그램 2 : 프로그램에 대한 설명
12:00~13:00	점심
13:00~14:30	프로그램 3 : 프로그램에 대한 설명
14:30~15:30	하교

- **주의할 점**

1. 복장 : 간편한 복장(편한 바지, 운동화), 기온 차가 심하니 겉옷 가져오기
2. 점심 : 소화가 잘되는 음식으로, 알맞은 양만 그릇에 담아오기

3. 간식 : 과자류 한두 개, 다 먹기 어려우면 뚜껑이 있는 통에 담아 오기(버스에서 과자를 먹으면 냄새 때문에 다른 친구의 속이 좋지 않을 수 있어요. 버스에서는 과자를 먹지 않도록 해요.)

4. 물, 음료수: 물 또는 음료수 한 개(캔 음료는 쏟아질 수 있으니 물병에 담아 오기)

5. 많은 돈과 고가의 물품은 분실할 수도 있으니 가져오지 않아요.

6. 작은 물티슈, 휴지(손수건), 개인용 돗자리 가져오기

7. 쓰레기를 담아 올 작은 비닐 준비하기

8. 멀미약 등 평소 먹는 약 가져오기

9. 갑자기 아프거나 사정이 생겨 참여하지 못하게 될 경우, 아침에 담임 선생님께 꼭 연락하세요.

• 안전 수칙

1. 선생님이 어디에 계신지 꼭 확인하고, 선생님의 안내 사항을 귀 기울여 들어요.

2. 모둠끼리 활동할 때 서로서로 잘 챙겨줍니다. 특히 장소를 이동했을 때, 우리 모둠 친구들이 모두 왔는지 숫자를 세어 확인하세요.

3. 길을 잃을 경우, 선생님께(선생님 번호가 없으면 모둠원에게) 전화를 걸거나 주변의 어른들께 도움을 청해요.

4. 계단은 반드시 한 칸씩 올라가고 내려가요.

5. 줄 서서 이동할 때, 앞 친구가 가는 길을 따라 집중하여 이동해요.

6. 이동 중 돌을 발로 차거나 높은 곳에 올라가지 않아요.

7. 화장실을 갈 때는 반드시 선생님께 말씀을 드리고 가요.

8. 멀미를 할 수 있으므로 휴대폰 게임은 되도록 하지 않아요.

학부모님이 중요한 내용을 한 번에 이해할 수 있도록 현장 체험학습 3, 4일 전에 공지사항을 알림장에 적어주거나 학급운영 플랫폼으로 공유합니다. 현장 체험학습 장소, 집합 장소, 모이는 시간, 하교 예정 시간, 준비물 등을 간단하게 써서 한눈에 살펴볼 수 있도록 합니다.

현장 체험학습을 위한 활동지

현장 체험학습은 왜 가는 것일까요? 아이들 중에는 현장 체험학습을 단순히 놀러 가는 것으로 생각하고 선생님 말에 집중하지 않는 학생이 매우 많습니다. 현장 체험학습도 엄연히 정규 교육과정에 있는 수업이므로 출발 전에 현장 체험학습의 목표에 대해서 알려줘야 합니다. 이때 활동지를 만들어 나눠주면 도움이 됩니다. 장소에 관한 문제를 담아 활동지를 만들고, 장소의 특성에 따라 활동지 안에 현장 체험학습 장소의 지도를 첨부하는 것도 좋습니다. 아이들에게 미션을 제시하면 주변 장소를 더욱 꼼꼼히 살펴봅니다. 동학년 선생님들과 의논해서 활동지를 만들어보세요.

한국 민속촌을 가보자!
(   ) 초등학교 (   )학년 (   )반 이름 :

옛날 사람들은 '이 기구'와 소를 이용하여 쌀, 조, 밀, 수수 등을 찧었습니다.
이 기구의 이름은 무엇일까요?

정답 :

동선 사전 안내

이동 중의 충돌을 막기 위해 학년 회의에서 미리 동선을 맞춰야 합니다. 동선이 정해지면 아이들에게 지도를 보여주며 우리 반 동선을 알려주세요. 어떤 순서로 이동하고, 무엇을 보게 될지 자세히 알려줘야 합니다. 한 장소에서 그대로 점심을 먹기도 하지만, 학급 수가 많은 학교에서는 반별로 점심시간을 달리하기도 하므로 점심을 먹는 시간과 장소도 미리 알려주세요. 길을 잃었을 때 어디에서 만날지 미리 정하면 혹시 모를 상황에도 대비할 수 있습니다.

자리 배치

현장 체험학습을 갈 때 아이들이 가장 궁금해하는 것이 무엇일까요? 바로 자리 배치입니다. 아이들은 버스에서 누구와 앉을지 매우 궁금해하면서도 한편으로는 혼자 남겨질까 봐 걱정합니다. 특히 사춘기 아이들은 친구 관계에 예민하므로 자리를 정하는 방법이 굉장히 중요합니다.

자리를 정하는 방법은 다양합니다. 아이들의 자율성에 맡기는 선생님도 있고, 교실 자리와 똑같이 하거나 제비뽑기로 정할 수도 있습니다. 아이들의 걱정과 고민을 줄이기 위해서 공평하게 번호순으로 배치하기도 합니다. 이때 주의할 점은 멀미가 심한 학생을 앞자리에 배치해야 한다는 것입니다. 학생 수가 홀수라면 마지막에 남는 학생에게 혼자 앉을지, 아니면 선생님과 앉을지 선택하도록 합니다. 갈 때와 올 때 혼자 앉는 학생을 다르게 해서 모두 한 번씩은 친구와 앉을 수 있게 할 수도 있습니다.

학급회의에서 자리 배치를 정하는 방법도 추천합니다. 회의 전에 미리 학급에 도움이 되는 방법으로 정해야 한다는 사실을 상기시켜 주고, 아이들이 의견을 나누도록 합니다. 아이들에게 중요한 문제인 만큼 대부분 자기 의견을 적극적으로 이야기합니다. 의견이 모이면 다수결로 결정합니다. 자리 배치에 대한 불만을 줄여주는 데다 생활 속에서 문제를 해결하는 방법을 지도할 수도 있어 추천하는 방법입니다.

이동 및 점심

자리 배치만큼 중요한 것이 누구와 함께 다닐지 정하는 것입니다. 이 역시 자리 배치 방법과 똑같이 해결할 수 있습니다. 주의할 점은 학급에 소외되는 학생이 없도록 해야 한다는 것입니다.

현장 체험학습 때 모둠을 정하면 아이들이 서로 챙길 수 있어 인솔하기가 한결 수월해집니다. 한 모둠을 대여섯 명으로 구성하고, 모둠 회의로 모둠장을 뽑습니다. 이동할 때마다 모둠장이 자기 모둠원이 모두 도착했는지 확인하게 하면 교사가 일일이 아이들 수를 파악하지 않아도 됩니다.

모둠별로 행동하면 식사나 자유 관람을 할 때 소외되는 아이가 없고, 점심식사나 모둠별 준비물이 필요할 때 모둠원끼리 상의하여 준비물을 나눠 가져올 수도 있습니다. 모둠을 무작위로 구성하면 대화할 기회가 적은 아이들끼리 여러 활동을 함께하며 친해질 수도 있고요.

저학년의 경우, 봉지 과자를 뜯다가 쏟는 경우가 많으므로 간식을 통에 담아오도록 하는 것을 추천합니다. 음료수 역시 한 번에 다 마시지 못하기도 하고, 음료를 열다가 흘리는 경우가 많으므로 물통에 담아오라고 하는 것이 좋습니다.

현장 체험학습 주의사항

안전교육

현장 체험학습을 가기 전에 반드시 안전교육을 해야 합니다. 처음이라 어렵다면 인디스쿨을 참고하거나 동학년 선생님들과 함께 안전수칙을 정하세요. 영상을 활용하면 아이들에게 더욱 효과적으로 전달할 수 있습니다.

교실이 아닌 넓은 공간에서는 선생님의 목소리가 잘 전달되지 않기 때문에 출발 전 아이들과 구호를 정해서 연습하는 것도 좋습니다. 아이들이 낯선 환경에서 갈등을 일으키기도 하는데, 교실에 있을 때보

버스 안전교육	야외 안전교육
• 안전벨트의 중요성 • 버스 승하차 교육 • 교사가 먼저 버스에서 내려 주변 상황 살피기 • 버스 복도에 다리 내밀고 앉지 않기 • 가방 위치 지정	• 개인행동 하지 않기 • 위험한 곳 가지 않기 • 길 잃었을 때의 유의사항 • 화장실 가기 전 선생님께 말씀드리기

다 더 큰 문제를 일으키는 경우도 많습니다. 다툼이 없도록 신체 및 언어폭력에 대해서도 미리 교육해야 합니다.

비상용품 준비하기

현장 체험학습 중 아이들이 아프거나 다치면 응급처치를 할 수 있도록 보건실에서 응급 가방을 챙겨줍니다. 응급 가방에는 보통 멀미약, 밴드, 상처약, 면봉, 붕대 등이 담겨 있습니다. 현장 체험학습 당일 정신이 없어서 깜빡하고 교실에 놓고 가는 경우도 있으니, 다시 한번 확인하고 꼭 챙겨가세요.

오랫동안 버스를 타다 보면 멀미하는 아이가 많습니다. 구토하는 학생이 생기면 뒤처리도 힘들고, 냄새 탓에 멀미하는 학생이 더 늘어납니다. 그래서 사전에 멀미약과 뒤처리할 검은 봉지를 준비하도록 꼭 안내해야 합니다. 또 버스 안에서 냄새나는 과자는 되도록 먹지 않도록 안내하는 것도 추천합니다.

수쌤&뽀쌤의 Tip!

현장 체험학습을 갈 때는 학부모님들의 전화번호와 집 주소가 적힌 명렬표를 꼭 챙겨가세요. 안전사고가 발생했을 때 학부모님께 바로 연락해야 하고, 교통상황으로 인해서 하교 시간이 많이 늦어질 수도 있기 때문입니다. 학부모님이 걱정하지 않도록 학급운영 플랫폼에 안내하는 것도 좋습니다.

장소에 따라 다르지만, 선생님들의 점심은 보통 선생님들끼리 준비합니다. 보통 학년 친목회에서 메뉴를 정하고 간사 선생님이 사옵니다. 만약 점심을 직접 사와야 한다면 김밥을 넉넉히 한두 줄 정도 더 준비하고 음료수와 먹기 편한 간단한 간식을 챙기는 것도 잊지 마세요!

공개수업, 이번엔 내 차례라고요?

아이들과의
수업은
늘 다이내믹하다.

수업 시간에 생각도 못 한 질문을 던지기도 하고.

활동을 새롭게 해석하기도 한다.

그런
내 수업을
보러 오신다고?!

유센스

눈치야… 드디어 올 것이 온 것 같아. 다음 주 수요일에 공개수업이 있대.

노눈치

아참, 우리 부장님도 말씀하시던데. 그런데 학부모님들이 과연 많이 오실까?

유센스

안 그래도 부장님께 여쭤보니까 학교 분위기와 학년에 따라 다르다고 하더라. 우리는 신청서를 미리 받았는데 세 분 빼고 모두 오신대. ㅠ_ㅠ

노눈치

헉! 엄청 부담스럽겠다! 나는 아직 아이들이랑 수업하는 것도 낯선데, 실수하면 어떡하지? ㅠ_ㅠ.

유센스

나도 너무 걱정돼. 그러고 보니 나 어릴 때 선생님들은 학부모 공개수업 날이면 갑자기 교구를 많이 준비했는데, 나도 그래야 할까?

노눈치

너랑 이야기하다 보니 준비해야 할 게 한둘이 아닌 것 같아. 나 부장님께 여쭤보러 다녀올게!

뽀쌤의 한마디

　아무리 해가 지나도 학부모 공개수업은 어렵게 느껴져요. 작년에는 저학년을 맡았는데, 확실히 고학년을 맡았을 때보다 많은 학부모님이 참여해 감사하면서도 부담이 컸답니다. 그래도 이제까지의 경험 덕분에 수업을 준비하는 것이 아주 어렵지는 않았지요. 그렇다고 아이들 마음을 모두 헤아리고 변수에 대처하기는 어려웠지만요.

　공개수업 도중에 한 학생이 계속 힐끔힐끔 뒤를 돌아보더니 펑펑 울기 시작하는 거예요. 나중에 들어보니 수업을 보러 오기로 한 엄마가 오지 않아서 그랬다고 해요. 우는 아이를 달래면서 수업을 진행하느라 고생했는데, 다행히 다른 학부모님들이 상황을 안타까워하며 이해해주신 덕에 수업은 잘 마무리되었어요.

　아직 아이들과 충분히 라포를 쌓지 못한 상황에서 학부모님에게 수업을 공개하는 것이 부끄럽고 부담스러울 거예요. 또 아무리 잘 준비해도 예상치 못한 상황이 발생하기도 하지요. 학부모님도 선생님을 응원하고, 아이들이 수업에 잘 참여하기를 바라는 마음은 같다는 것을 기억하세요!

라떼는 말이야

3월이 시작된 지 얼마 안 된 것 같은데, 곧 학부모 공개수업이 다가오네요. 부장인 지금도 정말 긴장되는데, 신규 선생님은 얼마나 부담이 될까요. 학부모 공개수업은 평소 진행하는 수업보다 준비할 게 조금 많습니다. 과목과 단원을 선택하고 지도안을 작성하는 일부터 학부모님들이 수업을 참관할 때 필요한 소소한 준비까지⋯. 하지만 너무 걱정하지 말아요. 하나씩 차근차근 하다 보면 어느새 모든 준비가 끝나 있을 거예요.

학부모 공개수업 준비

공개수업 참여율 조사하기

학부모 공개수업 참여도는 학년별로 다소 차이가 납니다. 저학년의 경우, 아이들이 학교에 다닌지 얼마 되지 않아서 학부모님들이 아이들의 수업 태도를 궁금해하며 참여율이 높은 편입니다. 반대로 고학년의 경우 상대적으로 참석율이 낮습니다. 학부모 공개수업 전, 미리 신청서를 받아 참석자 수를 알아두면 좋습니다. 몇 분이 오는지 알고 있으면 마음의 준비도 할 수 있고, 필요에 따라 적절한 참관 공간을 마련할 수도 있습니다.

학생 참여 수업 만들기

학부모님들이 공개수업에 오는 가장 큰 이유는 무엇일까요? 바로 자녀들의 수업 태도 및 학교생활을 살펴보기 위해서입니다. 이러한 부분을 염두에 두고 수업 내용을 구성해야 합니다. 되도록 모든 아이가 참여할 수 있는 활동으로 수업을 구성하고, 발표할 기회 역시 최대한 많은 아이에게 돌아갈 수 있도록 구성하는 것이 좋습니다.

저는 아이들이 돌아가면서 발표하는 '번개 발표'를 많이 이용합니다. '번개 발표'란 모든 학생이 하나의 단어로 돌아가면서 발표하는 방법입니다. 예를 들어 오늘 수업하고 느낀 감정을 질문으로 던지면 앞에 앉은 학생부터 차례로 '재미있다', '신난다'와 같이 짧은 단어로 발표하게 합니다. 이렇게 차례대로 모두 발표시키면 내성적인 학생들도 수월하게 발표할 수 있고, 모두에게 공평하게 기회가 돌아가기 때문에 학부모 공개수업에서 활용하기 좋습니다.

지도안 작성하기

학교마다 형식은 달라도 지도안 작성은 필수입니다. 교생실습 때 배운 내용을 떠올리며 작성합니다. 지도안을 기안하여 내부문서로 보관하는 학교도 있으니 확인해보세요.

교실 준비사항

학부모 공개수업 전에
부장 선생님이 학부모
공개수업 계획서, 지도안
양식, 학부모 서명란 등
의 안내 파일을 보내줄
거예요. 학부모 공개수업
전에 미리 지도안을 인
쇄하고, 볼펜 서너 개 정

도와 함께 다용도 바구니 안에 넣어둡니다. 참여 신청서를 제출하지
않고 오는 분도 있고, 생각보다 많은 학부모님이 참여하는 경우도 있
기에 지도안은 넉넉히 인쇄하는 것이 좋습니다. 학부모 서명란도 인
쇄하여 클립보드 파일에 꽂아두세요. 교실 앞문에 책상을 놓고 그 위
에 준비한 볼펜, 지도안, 서명란을 올려놓습니다.

임상장학 준비

학부모 공개수업이 끝나면 또 다른 공개수업인 임상장학이 다가옵
니다. 임상장학은 신규교사가 꼭 거쳐야 할 필수 코스입니다. 언제까
지 하는지는 지역마다 다르지만 보통 1급 정교사 자격증을 받으면 더
이상 임상장학을 하지 않아도 됩니다.

임상장학 지도안 작성하기

임상장학은 신규교사를 대상으로 이루어지며 대부분 연구부장 선생님이 주관합니다. 평가자는 보통 교감 선생님과 부장 선생님이며, 학부모 공개수업과 같이 학교에서 정해준 형식에 따라 지도안을 작성합니다. 다만 임상장학은 아이들의 활동과 더불어 선생님의 수업 구성 및 진행 능력에 대한 조언을 받는 자리이므로 교사의 발문과 아이들 활동의 비율을 적절히 조절할 필요가 있습니다.

임상장학 시 준비해야 할 사항

신규교사는 수업 경험이 많지 않고, 공개수업에 긴장해 수업 시간을 초과하기도 합니다. 수업의 구성과 진행이 중요한 자리이므로, 만약 활동이 너무 많다면 활동지를 미리 배부해 불필요한 시간을 줄이는 것도 좋습니다. 임상장학 역시 사전에 지도안과 볼펜을 준비해야 합니다. 그리고 의자 두세 개를 교실 뒤쪽에 두어 선생님들이 편히 앉아서 참관할 수 있도록 합니다. 임상장학이 끝나면 선배 선생님들의 조언과 격려를 받을 수 있는 수업 평가 회의가 열립니다. 평가라고는 하지만 선배 선생님들이 자신의 신규 시절을 생각하며 조언해주는 자리이므로, 평소 궁금하던 점을 많이 묻고, 수업에 대한 고민을 나누는 자리로 만드세요!

개인용품 꿀팁!

- - - - - - - - - - - - - - -

> 자고로 근무 환경이 잘 갖춰져야
> 일의 능률이 올라가는 법!
> 지금부터 소개하는 물건들은 없다고
> 티가 나지는 않지만, 있으면 삶의 질이 향상되는
> 것들이에요. 한번 장만하면 없던 시절로는
> 돌아갈 수 없을지도 모른답니다.
> 제 책상의 보물들, 소확행을 만들어주는
> 꿀템을 소개할게요!

미니 선풍기

해가 갈수록 여름이 더욱더 더워지
는 것 같아요. 여름방학은 7월 말 즈
음 시작되니, 한동안은 교실에서 더
위를 견딜 수밖에 없답니다. 게다가

이른 여름인 6월에는 많은 학교에서 에어컨을 켜지 않기 때문에, 하루 종일 수업하며 에너지를 발산하는 교사들에게는 꽤 힘든 환경입니다. 이럴 때 미니 선풍기가 있으면 얼굴에 맺힌 땀방울과 함께 더위를 날려버릴 수 있답니다. 교사용 책상에 미니 선풍기를 두고 바람을 맞으며 업무를 하면 작업에도 더욱 집중할 수 있어요. 작지만 유용하게 쓸 수 있는, 강력 추천 도구입니다.

손목 보호대

학교에서 몸 쓰는 일이 많지 않을 것 같지만, 은근히 신체에 무리가 가기도 합니다. 그중 대표적인 것이 바로 손목입니다. 업무나 수업 자료 제작은 대부분 컴퓨터 작업으로 이루어집니다. 그래서 끊임없이 마우스를  사용해야 하는데, 마우스를 누를 때마다 손목도 같이 움직이다 보니 어느 날 갑자기 손목에서 찌릿찌릿한 통증이 느껴지기도 합니다. 그래서 '손목 보호대'가 필요합니다. '손목 보호대'를 사용하면 손목에 가는 부담을 줄일 수 있답니다.

악보 파일

악보 파일은 종이를 쉽게 넣을 수 있도록 가운데 부분 비닐이 없기 때문에 업무 종이를 넣어두면 변경 사항이 생길 때마다 일일이 종이

를 꺼내지 않고 바로 쓸 수 있어 편리
합니다. 학급업무용과 학교업무용으
로 나눠 구매하면 좋습니다.

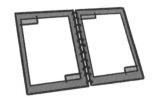

클립보드

클립보드는 필수품입니다. 업무를
하다 보면 서명을 받을 상황이 자주
생기는데 이때 클립보드가 있으면 깔
끔하게 서명을 받을 수 있고, 종이를
잃어버릴 위험도 크게 줄어듭니다. 직
접 결재받으러 갈 때나 교사연수 후

선생님들의 서명을 받을 때, 학부모 총회 및 공개수업에서 학부모님
의 서명을 받을 때도 유용합니다.

개별 간식

간식은 아이들을 집에 보내고 나서
기운이 쭉 빠질 때 기분을 전환하고
업무에 집중할 수 있게 도와주는 비
장의 무기입니다. 컵라면 같이 간단하
게 배를 채울 수 있는 비상식량을 준

비하는 것도 좋습니다. 보통 학년 연구실에 학년별 간식을 준비하지
만, 연구실이 교실에서 멀다면 개별 간식을 챙겨두는 것을 추천합니

다. 연구실 간식은 공용이므로 자기 취향의 간식을 따로 사두는 것도
당 충전에 큰 도움이 됩니다.

6~7월

아이들과 함께한 1학기가 순식간에 끝났다.

정신없이 지나갔지만, 하루하루 즐거운 일들이 많은 시간이었다.

아이들은 귀엽고, 동학년 선생님들은 따뜻했다.

학교에 적응한 후부터는 조금씩 학교생활을 즐기기 시작했고,

학교에서는 하루가 빨리 지나가곤 했다.

학교는 매일 재미있는 일들이 일어나는 다이내믹한 곳이다.

하지만 행복한 건 행복한 거고,

포기할 수 없는 건 포기할 수 없는 법!

방학, 매일매일 기다려!

방학, 매일매일 기다려 ♪

꼼꼼함이 생명!

평소 덤벙이던 나에게

큰 시련이 닥쳤다.

학기 말 나이스 처리를 하려면
꼼꼼함이 생명!

꼭 한 방에 성공하겠어!

유센스

> 드디어 방학이 가까워지고 있어! 나이스도 조금씩 채워져가는 모습을 보니까 뿌듯하더라.

노눈치

> 맞아~ 출결 마감을 할 때마다 한 달이 또 지났다는 게 신기해.

유센스

> 잠깐… 눈치 너 설마 출결 마감만 하는 건 아니지? 한 학기 동안 한 학교생활을 나이스에 기록해야 하는 거 알지?

노눈치

> 헉! 뭘 기록해야 해? 난 학기 초에 시간표를 넣은 것 말고는 아무것도 안 했는데!

유센스

> 내가 부장님께 받은 목록 보내줄게! 내일 학교에서 확인해봐~!

수쌤의 한마디

한 학기가 끝나면 나이스의 학생기록부를 정리해야 합니다. 그런데 한 학기 학교생활을 정리하다 보면 입력할 내용이 정말 많아요. 보통 학기가 마무리되기 한 달 전부터 나이스 학생기록부 입력에 관한 교직원 연수가 있지만, 연수를 아무리 잘 들어도 처음 하는 신규교사에게는 모든 것이 낯설게 느껴집니다.

저는 아이들의 행동특성 및 발달 부분이 특히 어려웠어요. 아이들의 느낌과 이미지를 말로 논리정연하게 풀어서 쓰는 것이 어려웠고, 공적인 표현도 낯설게 느껴졌습니다. 하지만 아이들을 떠올리거나 혼자 추억을 되새기며 작성하다 보니 한 학기가 지나갔다는 실감이 났답니다.

나이스가 처음이라 작성 항목을 못 찾기도 했고, 문구를 어떻게 정리해야 할지 막막했지만 동학년 선생님들이 차근차근 알려주셨어요. 귀찮은 내색 하나 없이 달려와서 이것저것 알려주시는 선생님들을 보며 나도 저런 선배가 되어야겠다고 다짐했답니다. 혼자 해결하려고 하면 더 큰 실수를 할 수도 있어요. 용기 내서 질문하고 한 학기를 멋지게 마무리하세요!

라떼는 말이야

라떼는 말이야, 모든 것을 손으로 썼어요. 성적표부터 출결까지 종이에 꼼꼼히 기록하는데 손이 정말 아팠답니다. 게다가 학급당 학생수가 정말 많아서 학기 말 업무처리가 정말 크게 느껴졌어요. 지금은 컴퓨터로 입력해서 많이 편리해졌지만, 그래도 여전히 입력할 것이 많으니 쉽지는 않을 거예요. 함께 하나씩 천천히 살펴볼까요?

교육과정 및 학적

반별시간표 [교육과정]-[시간표 관리]-[반별 시간표]

3월 나이스 편에서 반별 시간표를 작성했으니, 1학기

과목	편제	시간표				편차	주간	
		1	2	1	2			
행사활동(학사일정)	0	0	0	0	0	0	0	0

시간표 입력을 마쳤다면 편차만 확인합니다. 1학기 마지막 주간의 시간표 편차를 통해 최종 편차를 확인할 수 있습니다. 아래 그림과 같이 모든 과목의 편차를 '0'으로 맞춰야 합니다. 0이 아닌 다른 숫자가

있다면 주마다 시간표를 확인하며 처음부터 시간표를 맞춰봐야 합니다. 이런 경우가 발생하지 않도록 시간표 입력을 잊지 마세요.

기본신상관리 [학적]-[기본신상관리]

[학적]-[기본신상관리]에서 아이들의 신상이 누락 및 오기되지 않았는지 확인합니다. 확인할 사항은 다음과 같습니다.

확인사항	확인 내용	체크
기본신상	성명, 주민등록번호, 사진, 주소 1학년의 경우, 교사가 직접 사진을 찍어서 넣어야 합니다.	
학적사항	전출 날짜와 전입 날짜는 하루 차이어야 합니다.	
학년반이력	학급, 담임명	

출결관리 [학적]-[출결관리]-[출결 특기사항 등록]

학교마다 수업일수는 다르지만, 수업일수와 출결일수는 반드시 일치해야 합니다. 출결일수가 일치한다면 출결 마감 후 출결 특기사항을 등록해야 합니다. **[학적]-[출결관리]-[출결 특기사항 등록]-[비고가져오기]**를 눌러 특기사항을 자동으로 입력합니다. 입력된 특기사항 중 수정할 부분은 고치고 저장합니다. 감기(1일) 같은 질병 결석 내용은 추가하되, 출결 인정 결석, 지각, 조퇴, 결과는 특기사항에 기록하지 않습니다. 출결관리를 마감하면 수업일수가 일람표에 자동으로 반영됩니다.

창의적체험활동 [학생생활]-[창의적체험활동]

자율활동

반별 시간표 입력이 끝나면 자율활동 날짜가 자동적으로 반영됩니다. 반영된 결과를 바탕으로 누가기록을 시작합니다. **[학생생활]-[창의적체험활동]-[자율활동누가기록]-[반별]**에서 **[일자]**를 맞추고 그에 해당하는 **[활동 내용]**을 적습니다. 적용을 누르고 마지막으로 저장 버튼을 누릅니다.

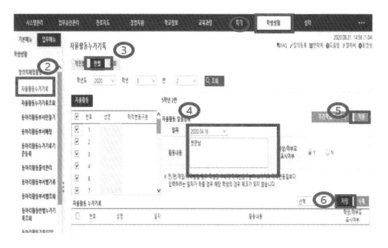

반별 작업이 끝나면, **[개인별]** 탭으로 들어가서 한 문장으로 **[자율특기사항]**을 입력합니다. 학급임원을 할 경우 해당 내용도 꼭 적어야 합니다. 적어야 할 내용은 해당 업무담당 선생님이 연수 때 자세히 설명해줍니다.

예) "1학기 학급 회장(2017.03.01~201.09.03)으로서 솔선수범을 보임."

동아리활동

누가기록 전에 동아리활동누가기록기준을 등록해야 합니다. **[학생생활]-[창의적체험활동]-[동아리활동누가기록기준등록]**에 들어갑니다. 부서명과 활동 기간을 설정하고 조회를 누릅니다. 그다음에 해당 학년과 시간표 일자를 누르고 저장합니다.

다음으로 [동아리활동부서별기록]에 들어갑니다. [부서별] 탭에 들어가서 학기와 부서명을 맞춰서 조회합니다. 동아리 활동 일자와 활동 내용을 적고 해당 학생들을 누릅니다. 저장을 누르면 완료됩니다.

다음으로 [개인별] 탭의 [동아리활동 특기사항]에 해당 학생에 대한 사항을 한 문장으로 작성합니다. 학교마다 쓰는 시점이 다르니 작성 전 확인하세요.

진로활동

[학생생활]-[창의적체험활동]-[진로활동누가기록]에 들어갑니다. [반별] 탭에 먼저 들어가서 학년과 반을 조회합니다. 그다음에는 학생들을 체크한 후 활동 일자와 활동 내용을 입력하고 저장합니다.

다음으로 개별 특기사항을 입력합니다. [개인별] 탭에 들어가서 학년과 반을 조회합니다. 해당 학생을 누르고 [진로활동 특기사항]에 진로 활동에 관련된 특기사항을 한 문장으로 적고 저장을 누릅니다.

봉사활동

[학생생활]-[창의적체험활동]-[봉사활동누가기록]-[반별]에서 봉사활동에 관한 내용을 기록합니다. 시작일자, 종료일자, 시간, 봉사활동 내용, 장소 또는 주 기관명을 기록하고 [봉사활동 영역]과 [학교/개인 구분]을 선택합니다. 마지막으로 학생 모두를 선택하고 적용 탭을 누르면 일괄 등록됩니다. 저장도 잊지 말고 꼭 눌러주세요.

학교스포츠클럽 [학생생활]-[학교스포츠클럽관리]

스포츠클럽 운영에서 등록했던 활동 내용들은 다음의 과정을 거쳐 학생부에 반영합니다. [학생생활]-[학교스포츠클럽관리]에서 [학교스포츠클럽학생부자료기록]으로 들어갑니다. 학년과 반을 조회한 후, [스포츠클럽정보가져오기]를 누르면 저장된 스포츠클럽 기록이 자동으로 반영됩니다. 반영된 내용을 꼼꼼히 살핀 후에 저장을 누릅니다.

행동특성 및 종합의견 [학생생활]-[행동특성및종합의견]

[학생생활]-[행동특성및종합의견]-[행동특성및종합의견]으로 들어갑니다. [개인별] 탭을 선택하고 반을 조회하면 학생들 이름이 나옵니다. 학생 이름을 클릭하고 해당 학생의 행동특성을 [행동특성및종합의견] 칸에 두세 문장으로 적습니다.

예) "보민이는 수업 태도가 바르며 친구들과의 관계가 원만합니다. 미술 교과에 흥미가 높으며 색채감각이 뛰어납니다."

성적 작성

성적 [성적]-[학생평가]-[교과평가]

수행평가는 학기 말에 한꺼번에 입력하면 실수할 확률이 높습니다. 평가 부분은 매우 중요하기 때문에 수행평가를 하고 난 후 바로 입력해야 합니다. **[성적]-[학생평가]-[교과평가]**를 누릅니다. 반별과 과목을 조회하며 수행평가 입력 결과가 올바르게 입력했는지 꼼꼼히 확인합니다. 학교에 따라 **[교과학습발달상황]**을 작성하기도 하는데 이때는 학생들의 수행평가 결과를 참고합니다. 학교에 따라 '교과학습발달상황'을 작성하는 시기가 다를 수 있으므로 미리 확인합니다.

학기말종합의견 [성적]-[학생평가]-[학기말종합의견]

[성적]-[학생평가]-[학기말종합의견]에서 학급과 과목을 조회한 후, 학생마다 과목에 대한 수업 태도 및 성취 결과를 한두 문장씩 적습니다. **[참고자료]**를 클릭하면 평가의 성취기준 및 학생의 평가 결과를 확인할 수 있습니다. 모든 학생의 학기 말 종합의견을 전부 써넣고 저장을 누릅니다.

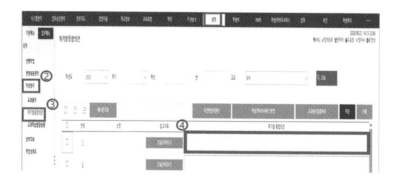

다음으로 [학생평가]-[교과학습발달상황]에서 학급과 과목을 조회한 후, [전체 학생]과 [1학기와 2학기]를 선택하고 [일괄저장] 탭을 누릅니다. 그러면 학기 말 종합의견에 적은 내용이 [세부능력 및 특기사항]에 반영됩니다. 반영되지 않은 부분이 있는지 확인한 후 저장을 누릅니다. 교과학습발달상황만 작성해도 일람표에 반영되므로, 교과학습발달상황만 작성하여 성적을 마무리하는 학교도 있습니다. 그러니 학기 말에 학교에서 하는 나이스 연수를 꼭 들으세요!

수쌤&뽀쌤의 Tip!

생활기록부 정리는 쉽지 않습니다. 나이스 담당 선생님이 교사연수를 할 때 나눠 주는 유인물을 꼭 챙기고, 연수 내용을 꼼꼼히 기록하세요! 그날은 조퇴하지 말고 꼭 연수에 참여해야 합니다. 출결과 시간표 입력을 완벽하게 처리하는 건 아주 중요하거든요. 입력한 내용은 자동 반영되기 때문에 한번 잘 해두면 다음 작업을 할 때도 편합니다.

한 학기 마무리!

드디어 통지표만 작성하면 이번 학기의
학생부 업무는 끝!

그런데 부장님이 주신
체크리스트가 심상치 않다.

체크리스트를 따라서 열심히 작성한 후
뭔가를 누른 순간!

학생부가 깨끗하게 삭제되었다…!

유센스

학기 말이 되니까 연수가 진짜 많다. @_@
오늘은 통지표 작성하는 연수를 들었어.

 노눈치

나도 오늘 그거 들었는데. ㅋㅋ 실전편
연수였어! 듣다 보니까 작성해야 할 게
한둘이 아니더라.

 유센스

응. ㅠ_ㅠ 난 일단 체크리스트 만드는 것
부터 시작하려고!

 노눈치

체크리스트? 체크리스트도 만들어야 해?

 유센스

꼭 만들어야 하는 건 아닌데, 해야 할 일
들을 적어두고 하나씩 체크하면 깜빡하
는 실수가 줄어들 것 같아서!

노눈치

너랑 얘기하다 보니까 준비해야 할 게
한두 개가 아닌 것 같은데!? 나 얼른 부
장님께 여쭤보고 올게!

뽀쌤의 한마디

나이스 학생생활기록부 기록이 끝나면 드디어 마지막 단계인 마감에 도달합니다. 학생생활기록부를 검증한 후에 마감하는데, 신규교사에게는 은근히 어려운 일이랍니다. 저도 처음에는 자잘한 실수를 많이 해서 검증할 때마다 오류가 나왔고, 계속 다시 작성해야 했어요. 그러다 한 번은 버튼을 잘못 눌러 작성해둔 자료가 모조리 날아간 적도 있답니다. 허무한 마음으로 처음부터 다시 쓰면서 다음부터 모르는 건 꼭 부장 선생님에게 물어봐야겠다고 다짐했어요.

제 실수는 여기서 끝이 아니랍니다. 마감 후 통지표 출력을 할 때, 학교 통지표에 양식이 있다는 걸 생각하지 못하고 그냥 A4용지에 출력했어요. 결국 부장님께 학교 통지표 양식을 받아 다시 출력해야 했죠. 학기 말 업무는 꼼꼼하게 살펴보아야 할 것이 많고, 아이들의 특성에 맞춰 글도 써야 하니 손이 많이 갑니다. 기간을 넉넉히 잡고 체크리스트를 작성해 차근차근 처리하세요.

라떼는 말이야

학기 말이 되면 학생들도, 선생님들도 마음이 들뜹니다. 하지만 마음을 침착하게 가라앉히고 학생부를 작성해야 해요. 작성해야 할 내용의 양과 종류가 많기에 집중력이 필요하거든요. 학생부를 기록하다 보면 한 학기 동안 아이들과 보낸 시간이 생각나고, 아이들 한 명 한 명의 특징을 떠올리게 됩니다. 학생부를 작성하며 한 학기를 되돌아볼까요?

학기 말 생활기록부 점검하기

나이스에 학생기록부를 다 입력하고 나면 학생부에 자료를 반영해야 합니다. 자료 반영을 하지 않으면 개별 학생부에 입력한 내용이 적용되지 않아요. 저도 신규교사 시절에 자료 반영을 하지 않고 통지표에 아무것도 뜨지 않는다며 애태운 적이 있답니다.

학생부 점검 체크리스트

항목	확인해야 할 내용
인적사항	• 개인정보 입력 • 누가 주소 추가
출결	• 결석계와 출결 사항 일치 여부
학교스포츠클럽	• 활동 내용 누가기록
창체 누가기록 및 특기사항	• '진로, 동아리, 자율, 봉사'의 누가기록 • 임원을 맡은 학생의 특기사항에 임원 종류 및 재임 기간 입력 • 학교에서 지정한 창·체의 특기사항 기록 • 안전한 생활은 교육과정 성취기준을 근거로 특기사항 입력
행발 특기사항	• 단점을 입력하는 경우 변화 가능성과 함께 입력함 • 학교폭력대책자치위원회에서 결정된 조치사항은 조치 결정 일자와 함께 즉시 입력. 이와 관련된 부분은 꼭 담당 업무 선생님과 상의
교과평가	• 모든 과목의 수행평가 기록 여부 확인 • 교과학습발달상황 입력

자료반영 [학생부]-[학교생활기록부]-[자료반영]

나이스의 **[학생부]-[학교생활기록부]-[자료반영]**을 클릭합니다. 화면에서 학년도, 학년, 반을 설정하고 조회를 누르면 학생명단이 나타납

니다. 학생들 이름을 확인한 후, **[전체 반영]**을 누르면 모든 학생의 입력 내용이 자동으로 학생부에 반영됩니다. 한 학생의 내용만 반영하고 싶다면 **[개인별 반영]**을 누르면 됩니다.

자료검증 [학생부]-[학생생활기록부]-[자료검증]

자료 반영이 끝나면 올바르게 입력되었는지 확인이 필요합니다. **[학생부]-[학생생활기록부]-[자료검증]**을 클릭하여 학년도, 학년, 반을 설정하고 자료검증에 들어갑니다. 마지막으로 **[검증]**을 누르면 1~2분 후에 검증 결과가 화면에 나옵니다. 오류가 있는 부분을 수정하고, 수정 작업을 마치면 다시 위의 순서를 반복하여 검증합니다. 모든 부분의 검증이 완료될 때까지 작업을 반복합니다.

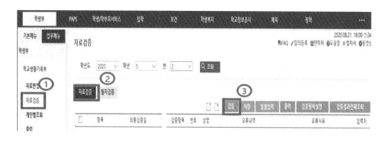

일람표 점검 및 제출 [학생부]-[생활통지표]-[종합일람표]

통지표를 출력하기 전에 일람표를 학년별로 점검하는 시간을 가집니다. 일람표란 학생들의 학생부 내용이 적혀 있는 표입니다. 그 안에는 '수업일수, 출결, 행동특성, 창의적체험활동, 교과별 종합의견' 등의 항목이 있습니다. 문장의 오탈자나 빠뜨린 항목은 없는지 각 학급의 일람표를 서로 바꿔가며 꼼꼼히 점검합니다.

이를 위해선 일람표를 출력해야 합니다. **[학생부]-[생활통지표]-[종합 일람표]**를 클릭하여 학년도, 학년, 반을 조회하면 일람표가 뜹니다. 일람표를 보고 올바르게 입력했는지 살펴본 후 오류가 발견되지 않으면 프린트 아이콘을 눌러서 출력합니다. 출력한 일람표의 학년별 점검이 끝나면 오류가 있는 부분을 수정해서 다시 출력한 후, 학년부장 선생님께 제출합니다.

통지표

통지표 항목 입력

통지표 항목 입력은 해당 업무의 선생님께서 미리 설정합니다.

통지표 자료 반영 및 반 마감

[학생부]-[생활통지표]-[통지표자료반영및반마감관리]

[학생부]-[생활통지표]-[통지표자료반영및반마감관리]를 선택합니다. 학년도, 학년과 반을 조회한 후 해당 학생의 이름을 누르면 관련 항목에 대한 내용이 뜹니다. 입력한 내용이 정확한지 확인한 후, **[전체반영]**을 누르면 자동으로 통지표에 내용이 반영됩니다. 마지막으로 **[반별마감]**을 클릭하면 통지표 작업이 끝납니다.

통지표 마감관리 [학생부]-[생활통지표]-[통지표마감관리]

전체적인 통지표 마감은 학년부장님 또는 해당 업무담당 선생님이 합니다. 마감이 안 되면 연락이 옵니다.

통지표 출력 [학생부]-[생활통지표]-[통지표출력]

출력까지 마치면 모든 작업이 끝납니다. 통지표에 담임 도장을 찍고, 관리자에게 결재받으면 됩니다. **[학생부]-[생활통지표]-[통지표출력]**을 클릭하고 학년도, 학년과 반을 조회한 후 **[통지표일괄조회]**를 눌러

통지표 미리보기로 출력 전 모든 학생의 통지표를 다시 꼼꼼하게 확인합니다. 오류 사항이 없으면 출력 탭을 눌러서 통지표를 출력합니다.

수쌤&뽀쌤의 Tip!

통지표에 들어갈 내용은 학교 공통이지만, 형식은 학교마다 다릅니다. 그러니 통지표를 출력할 때 동학년 선생님들과 모여 같이하는 것을 추천합니다. 혼자 출력하다가 잘못 인쇄하면 처음부터 다시 해야 하니까요. 이런 일이 발생하지 않도록 출력 전 옆 반 선생님께 살짝 물어보세요!

선생님도 재충전이 필요해

학교에는 선생님들만 아는 괴담이 있다.

그건 바로 방학이 다가올수록….

아픈 선생님이 한두 분씩 나오기 시작하는 것!

선생님에게도 재충전이 필요한 게 아닐까?

유센스

눈치야! 오늘 우리 학교 동학년 선생님 중에 나밖에 안 남았어.

노눈치

아직 퇴근 전인데? 다들 무슨 일이래?

유센스

그게… 부장님은 여름인데 감기에 심하게 걸리셨고, 옆 반 선생님들은 두통이 심해서 두 분 다 조퇴했어. ㅠ_ㅠ

노눈치

너희 학교도 그렇구나? 우리도 요즘 선생님들이 많이 아프시던데… 무슨 일이지?

유센스

선생님들이 학기 중에 에너지를 엄청 많이 쓰시잖아. 그래서 몸에 무리가 가는데 그게 방학이 될 때쯤이면 드러난다고 하더라고. ㅠ_ㅠ

수쌤의 한마디

　교사들이 월급일 다음으로 기다리는 날은 언제일까요? 적어도 제게는 방학식이랍니다. 첫해, 1학기를 마무리하고 드디어 잠시 쉴 수 있다는 생각에 방학식 날 너무 행복했어요. 방학을 위한 복무 상신은 제가 올렸던 모든 결재 중 가장 기다려지는 결재였습니다. 덤벙대는 성격 탓에 여름방학 계획서를 잘못 읽어서 복무를 재상신해야 했지만 그 과정조차 귀찮지 않았습니다. 방학한다는 기쁨이 모든 것을 상쇄시켰어요. 교사 일을 한 지 몇 년이 지나도 방학은 늘 새롭고, 기다려집니다.

　교사의 방학은 단순히 쉬기만 하는 기간은 아니랍니다. 방학 중 체력을 충전하기도 하지만, 이번 학기의 아쉬운 점을 보완하기 위해 연수를 듣거나, 새 학기 교육과정을 준비하기도 하거든요. 학기 중에는 가기 힘든 먼 지역까지 출장을 가기도 해요. 너무도 소중한 방학을 위한 복무 상신! 지금부터 차근차근 살펴볼까요?

라떼는 말이야

드디어 방학이군요. 라떼는 말이야…. 토요일에도 등교했어요. 그래서인지 방학이 더욱 소중하게 느껴졌지요. 물론 지금도 방학은 늘 기다려진답니다. 하지만 방학이라고 해서 무조건 쉬는 것은 아니에요. 새 학기 교육과정을 연구하기도 하고, 출장을 가기도 합니다. 필요한 연수를 듣거나, 학교로 출근하기도 하죠. 이러한 상황에 맞춰 복무를 상신해야 한답니다.

방학 시 복무사항

41조 연수

교육공무원법 제41조에 해당하는 '수업에 지장을 주지 아니하는 범위에서 소속 기관의 장의 승인을 받아 근무 장소 외의 시설에서 받는 연수'를 말합니다. 방학 기간에는 교사가 원하는 장소에서 자율적으로 연수를 받을 수 있기 때문에 방학 중 출근이나 출장 일정이 없는 날 41조 연수를 사용해 복무를 상신합니다.

연가

방학이라고 해도 교사는 출근만 하지 않을 뿐 자율연수를 하는 것이 원칙입니다. 하지만 육체적, 정신적 휴식이 필요한 경우 연가를 사용할 수 있습니다. 방학 중 해외여행을 가게 되는 경우에도 연가를 이용합니다. 근무 경력이 1개월 이상 1년 미만일 경우는 총 11일의 연가가 제공되므로 신규교사들은 11일의 연가 일수를 받게 됩니다. 위에서 언급했듯, 방학 기간 중이라도 학교에 일이 생겨 연락이 오면 교사는 학교로 출근해야 합니다. 따라서 해외여행 및 국내여행으로 근무할 수 없는 경우에는 꼭 연가를 써서 복무를 상신하세요.

국외 자율연수

해외여행을 갈 때는 넉넉한 연가 일수가 필요합니다. 신규교사들은 연가 일수가 적기 때문에 해외여행 일수가 연가 기간을 초과할 수도 있습니다. 이럴 경우에는 국외 자율연수 계획서를 작성해 내부 결재를 받으면 됩니다. 자율연수 계획서에는 여행의 목적과 동행자, 계획 등을 간단히 작성하여 올리는 것으로 여행에서 돌아오면 보고서를 제출해 이 역시 내부 결재를 받아야 합니다.

여름방학 계획서 제출

방학은 휴식기이긴 해도 엄연한 근무일이기 때문에 복무 사항을 꼼꼼하게 기록하여 보고해야 합니다. 여름방학 계획서 파일을 살펴보면 근무 사항 기록란이 있습니다. 이곳에 여름방학 중 출근과 출장

일, 연수 및 연가 등을 확인하여 개인별 근무상황표를 작성합니다. 주말은 원래 출근하지 않는 날이기 때문에 연수, 출근, 출장 등 어떠한 복무 사항에도 해당되지 않는다는 것을 기억하세요!

나이스 복무 상신 방법 [나의 메뉴]-[복무]-[개인별근무상황신청]

방학 중의 복무 신청도 학기 중 연가, 조퇴, 출장 신청과 똑같이 **[개인별근무상황신청]**에서 신청합니다. 나이스의 **[나의 메뉴]-[복무]-[개인별근무상황신청]**에서 **[신청]** 탭을 클릭하세요.

[근무상황] 칸의 연수, 출장, 연가 중 하나를 선택하고 기간을 맞춰서 입력합니다. 만약 41조 연수를 신청한다면 출장, 출근, 연가 등 다른 사유로 복무를 올리는 전날까지, 즉 41조 연수가 이어지는 날들의 복무를 한 번에 신청할 수 있습니다. 만약 신청 기간에 주말이 포함된다면 일수에서 주말을 제외하고 계산하여 올려주세요. 예를 들어, 8월 1일부터 방학인데, 8월 20일에 출근을 해야 한다면 41조 연수 기간을 8월 1일 8:40(각 학교의 출근 시간)부터 8월 19일 16:40(각 학교의 퇴근 시간)까지로 잡고, 주말을 제외한 일수로 입력합니다. 만약 기간 중 주말이 4일 포함된다면, 연수 일수는 15일이 됩니다.

연락처, 목적지, 사유 또는 용무도 꼼꼼히 입력합니다. 목적지는 주로 집 근처의 도서관 및 자택으로 쓰는 경우가 많고, 사유 또는 용무에는 'O학년 O학기 교육과정 연구' 같이 교육에 관한 일정을 쓰면 됩니다. 입력이 끝나면 연가 신청할 때와 똑같이 **[승인요청]**을 클릭하여 상신하되, 학교별 전결 규정을 확인하여 결재라인을 지정하세요.

수쌤&뽀쌤의 Tip!

비행기 표는 여행 일정의 몇 달 전에 예약하는 경우가 많지만, 여름방학 근무일정 은 방학을 일주일 앞두고 정하는 경우가 많아서 여행 일정과 출근일이 겹칠 수도 있습니다. 하지만 출근일은 유동적으로 조정할 수 있으니 다른 날 출근하는 선생 님께 부탁드려 근무일을 변경하고, 교무부장님께 말씀드리면 됩니다. 다만 교무부 장님이 방학 계획서를 수정해야 하니 여름방학 계획안 최종 기안 전, 근무일정이 정해지는 대로 가능한 한 빨리 말씀드리는 것이 좋습니다. 개인별근무상황표를 작 성할 때와 복무를 상신할 때 바꾼 근무일을 헷갈리면 안 돼요!

아름다운 사람은
머문 자리도 아름답습니다

내일은 드디어 방학식!

가벼운 마음으로 몸만 챙겨서 퇴근하려던 순간….

부장 선생님께서 던지신 한마디!

청소도 하는 거였어?!

유센스

눈치야~ 우리 내일 방학한다? 한 학기가 이렇게 빨리 가다니…. 오늘은 청소하니까 하루가 다 간 거 있지?

노눈치

청소는 매일 하는 거잖아. ㅋㅋ 무슨 청소를 했는데 하루종일 한 거야?

유센스

이제 방학이니까 깨끗하게 교실 정리해 둬야지! 내일은 정신없어서 못 할까 봐 오늘 해놨어.

노눈치

우와~ 센스 너 진짜 깔끔하다! 어차피 방학이라 아무도 안 올 텐데 청소를 하다니!

유센스

아무도 안 오니까 청소한 거야! 그동안 먼지가 쌓여도 아무도 청소를 못 하잖아~

노눈치

헉! 그렇구나! 생각도 못 했어. 방학식까지 아직 시간이 있으니까 내일 학교 가서 청소해야겠다!

뽀쌤의 한마디

방학이 다가올수록 새 학기와는 또 다른 설렘이 느껴져요. 특히 방학이 다가오는 것을 실감할 수 있는 건 교과서를 처분할 때예요. 이 때, 버리지 말아야 할 교과서들을 아이들에게 미리 알려줘야 합니다. 뽀쌤은 첫 방학을 맞이했을 때 이걸 알려주지 못해서 큰일 날 뻔했어요. 다행히 학교생활 경험이 있는 5학년이라 아이들이 먼저 말했답니다.

반대로 수쌤은 아이들에게 2학기에도 쓰는 책을 알려줬지만, 3학년 아이들이라 그런지 몇몇 아이가 책을 버릴 뻔했다고 해요. 그 후로는 칠판에 버리지 말아야 할 책과 처분해야 할 책이 몇 권씩인지 꼭 적어준답니다. 아이들이 책을 처분하기 전에 수를 세어보게 하면 실수할 위험이 줄어들어요.

방학 전에는 교실 대청소도 해야 해요. 저도 팔을 걷고 나서서 열심히 청소한답니다. 아이들과 함께하는 교실 청소 시간은 너무 행복하거든요. 교실이 깨끗해질수록 한 학기 동안 쌓인 수고로움도 사라지는 것 같달까요. 한 학기를 깔끔하게 마무리하고 상쾌한 마무리로 방학을 시작합시다!

라떼는 말이야

선생님으로 보낸 첫 학기가 벌써 끝났네요! 이제 즐거운 마음으로 교실을 정리하면 한 학기가 마무리됩니다. 교과서를 비롯해 한 학기 동안 묵혀둔 물건을 아이들과 함께 정리하고 구석구석 교실을 청소하세요. 방학은 짧게만 느껴지지만, 그동안 쌓인 먼지는 시간이 흘렀음을 보여준답니다. 마지막 날 교실 점검도 잊지 마세요!

교과서 처분하기

처분 전 준비사항

교과서 처분은 방학 일주일 전쯤 진행합니다. 교과서 처분 계획서 파일을 확인하면 처분 장소와 학년별 동선이 나와 있습니다. 미리 읽어보고 언제, 어디로 가면 되는지 기억했다가 학년별로 교과서를 처분합니다. 교과서를 집에 가져가고 싶어 하는 아이들도 있으니 미리 알려줘야 합니다. 버릴 교과서가 많으면 들기가 힘들 수 있으니 미리 작은 가방을 준비하도록 안내하는 것이 좋습니다.

교과서 구분하기

버려야 되는 교과서와 가지고 있어야 할 교과서를 구분해줘야 합니다. 예체능 과목 및 사회과부도 교과서는 2학기에도 사용하기 때문에 절대 버리면 안 됩니다. 학급 칠판에 버려도 될 교과서와 가지고 있어야 할 교과서를 적어주면 아이들이 헷갈리지 않습니다.

학년	버려도 되는 교과서	가지고 있어야 할 교과서
1~2학년	1학기에 사용한 통합 교과	안전한 생활
3~4학년	1학기에 사용한 국어, 국어생활, 수학, 과학, 사회	음악, 미술, 체육, 영어, 도덕, 사회과부도
5~6학년	1학기에 사용한 국어, 국어생활, 수학, 과학, 사회	음악, 미술, 체육, 영어, 도덕, 실과, 사회과부도

교과서 처분 과정

교과서를 처분할 때는 학년마다 이동 시간이 정해져 있습니다. 계획서를 보고 미리 시간을 파악해둔 다음 해당 시간에 아이들을 보냅니다. 고학년의 경우 경험이 풍부해서 스스로 움직이도록 안내해도 좋습니다. 다만 아이들이 책을 높이 쌓은 채 두 팔로 안고 계단을 내려가면 안전사고의 위험이 있으므로 학급 단위로 줄을 세워 단체로 천천히 이동하는 것도 방법입니다. 저학년은 처분 장소를 몰라 헤매기도 하니 가급적 학급 단위로 줄 세워 선생님과 같이 움직이는 것을 추천합니다. 교과서 처분 장소는 보통 운동장 구령대입니다. 운동장 구령대에서 기다리고 있을 교과서 처분 트럭에 교과서를 쏟아내면 됩니다.

학기 말 교실 정리 방법

서랍과 사물함 비우기

여름방학 동안 교실을 비우기 때문에 필수품을 제외한 아이들의 물건을 집으로 돌려보내는 것이 좋습니다. 수업 시간에 많이 사용하는 '색연필, 사인펜, 가위, 풀, 공책, 휴지' 등은 서랍이나 사물함에 보관해놓지만 양치 도구는 위생상 집으로 가져가도록 합니다. 방학 시작 전 아이들과 서랍 및 사물함을 확인하면 수업 활동과 관계없는 학생들의 개인 물건이 많이 나오는데, 그런 물건도 모두 챙겨가도록 지도합니다. 우산과 실내화 주머니를 깜빡 두고 가는 학생도 많으니 하교할 때 우산과 실내화 주머니를 가져가라고 꼭 이야기해주세요.

방학식 청소

방학이 시작되면 금세 교실 곳곳에 먼지가 쌓입니다. 따라서 방학식 날 한 시간은 꼭 다 같이 교실 전체를 청소해야 합니다. 1학기 동안 쌓인 먼지를 모두 없앨 수 있는 절호의 기회입니다. 1인 1역을 활용해서 청소하거나, 각자 자신의 자리를 청소합니다. 아이들의 모범이 될 수 있도록 교사도 열심히 청소에 참여합니다. 분위기를 살리는 신나는 노래를 틀어주는 것도 좋습니다.

교사 물품 정리

한 학기를 보내고 나면 아이들과 마찬가지로 선생님의 책상과 서랍도 어질러지기 마련입니다. 방학 동안에는 선생님의 책상에도 먼지가 쌓이기 때문에 보이는 물건을 모두 서랍 속으로 넣어두는 게 좋습니다. 업무 서류도 종류별로 묶어서 분류하면 2학기 업무 시작 시 자료를 찾기가 편합니다. 가장 중요한 것은 나이스 인증서를 챙기는 일입니다. 방학 중에도 업무 상황이 발생할 수 있으므로 학교에 출근하지 않아도 업무포털에 접속할 수 있도록 잊지 말고 인증서가 담긴 USB를 꼭 챙겨주세요.

나이스 원격 지원 신청하기

[개인메뉴]-[나의메뉴]-[기본메뉴]-[원격업무지원서비스]

방학 전에 나이스 원격 지원을 꼭 신청해야 합니다. 방학 중, 갑작스럽게 해야 할 업무가 생길 수 있기 때문입니다. 원격 지원을 신청하면 굳이 학교에 오지 않고 집에서 업무를 할 수 있습니다. 나이스에서 **[개인메뉴]-[나의메뉴]-[기본메뉴]-[원격업무지원서비스]**에 들어갑니다. **[신규]** 탭을 눌러 사용자, 사용기간, VPN패스워드, VPN패스워드확인을 입력하고 보안서약서에 동의합니다. 마지막에는 저장을 눌러 결재를 올리고 **[승인요청]**을 누르면 됩니다.

이번 학기 따뜻하게 마무으리♪

수업 진도도 끝났고!

교과서도 모두 정리했다!

방학까지 남은 일주일.

지금부터 이번 학기 마무리를 시작하지!

유센스

드디어 진도 끝~ 나 교과서 다 나갔어! 그런데 당장 내일부터 뭘 해야 할지 고민이야.

노눈치

우와~ 대단하다! 나는 내일 모레가 교과서 정리일인데, 아직 진도가 조금 남아서 마지막까지 정신없이 진도 나가는 중이야. ㅠ_ㅠ

유센스

아직 며칠 남았으니까 힘내! 난 일단 내일 동학년 선생님들이랑 평소 못하던 여름맞이 활동을 하기로 했어! 아이들끼리 모둠을 만들어서 화채도 만들어 먹고, 색종이 부채도 만들어보려고!

노눈치

우와, 재미있겠다! 나도 학기 말에 재미있는 활동 하고 싶은데….

유센스

학기 말 시간을 잘 이용하면 아이들과 이번 학기를 잘 마무리할 수 있을 거야! 틈틈이 활동 잘 찾아보자~!

뽀쌤의 한마디

신규 때는 무리 없이 한 학기를 보내는 것 자체가 어려워 학기 말에 교과 수업 외의 다른 활동을 못했어요. 밀린 수업 진도를 나가느라 정신이 없었거든요. 돌이켜보면 아이들에게 미안합니다. '미리 알았다면 아이들과의 추억을 많이 쌓을 수 있었을 텐데…' 하는 아쉬움이 아직도 남아 있어요. 연차가 쌓이면서 나만의 노하우가 생겨 업무와 학급경영에도 균형이 잡히고, 마음이 여유로워지니 드디어 진도를 마치고 남은 시간에 재미있는 활동을 할 수 있었지요.

한번은 실과 시간에 '샌드위치 만들기' 활동을 했어요. 필요한 준비물을 모둠별로 토의했는데, 그 시간조차 행복해하는 아이들의 모습을 보니 저도 너무 좋더라고요. 모둠별로 샌드위치를 만들고, '샌드위치 품평회'도 했어요. 마지막으로 만든 샌드위치를 다 같이 나눠 먹고 마무리했답니다. 이런 활동은 학급에 대한 소속감을 높이고, 관계를 긍정적으로 만들어요. 학기 말, 교과 수업이 끝나 여유 시간이 생긴다면 모든 학생이 참여할 수 있는 활동을 꼭 해보세요!

라떼는 말이야

벌써 한 학기가 지나다니 시간이 참 빠르네요. 진도도 끝나고 교과서도 정리하고 나면 방학식 전까지 뭘 해야 할지 막막합니다. 하지만 그 시간을 잘 활용하면 교과서에서 다루지 않는 넓은 영역을 공부하거나 아이들의 관계를 돈독히 다지는, 또는 한 학기를 되돌아보는 활동을 할 수 있지요. 그럼 어떤 활동이 있는지 소개할게요.

방과 후 모임

당신을 초대합니다.

고학년의 경우, 학생들의 교우관계 문제가 많이 발생합니다. 1학기 말쯤이면 그룹 간의 갈등이 깊어져 서로 말도 안 섞기도 합니다. 이러한 상황을 예방하기 위해서 평소 학생 간의 관계를 돈독히 만들 기회를 많이 제공하는 것이 필요합니다. 그중 한 가지로 방과 후 모임을 추천합니다.

매년 학기 말이면 교실에서 방과 후 모임을 진행합니다. 우선 학생들에게 비밀 쪽지를 개별적으로 전해줍니다. 비밀 쪽지에는 장소와 시간, 만남의 목적 등을 적어둡니다. 쪽지를 받은 학생들은 비밀이라는 단어에 두근거리며 기대합니다. 모임 참여 전, 친구에게 전하는 편지 한 통을 써오는 것이 규칙입니다. 선생님은 코코아와 질문 쪽지를 준비합니다.

모임이 시작되면 동그랗게 앉아 코코아를 마시면서 각자 질문 쪽지를 뽑고, 그 내용에 대해 서로 이야기하면서 수다 타임을 가집니다. 마지막으로 서로의 편지를 읽으면서 마음을 나눕니다.

당신을 초대합니다.

방과 후 비밀 모임에 당신을 초대합니다.

장소 : 5-5 교실
시간 : 수업이 끝난 2시
준비물 : 간식, 친구들에게 보내는 편지
한 통 (부담스럽다면 안 써도 됩니다.)
만약 못 온다면, 살짝 이야기해주세요.

<방과 후 모임 초대장>

과자 파티

학기 말이 되면 많은 학급에서 과자 파티를 합니다. 과자 파티를 하면 냄새가 많이 나기 때문에 사전에 동학년 선생님들께 미리 말씀드리는 것이 좋습니다. 동학년 선생님들과 상의해서 같은 날에 학급마다 과자 파티를 하는 것도 좋습니다. 모둠별로 자리를 배치하고 한곳에 가져온 과자를 모아 모둠별 친구들과 같이 나눠 먹으며 영화를 관람합니다.

직접 가져온 과자를 먹는 것도 좋지만, 바자회처럼 친구들과 음식을 나눠 먹는 방법도 있습니다. 학생들에게 원하는 과자를 한 봉지씩 가져오게 합니다. 아이들에게 과자를 도시락통에 담아오게 하고, 교사는 나무젓가락을 준비합니다. 다음으로 교실 책상을 가운데로 모으고 학생들이 가져온 과자를 배치합니다. 학생들은 젓가락을 들고 돌아다니면서 원하는 과자를 먹습니다. 자신이 가져온 과자 외에도 다양한 과자를 먹을 수 있어 재미있지만, 바닥에 과자가 많이 떨어질 수 있으므로 과자 파티 후 꼭 청소하세요!

학급 올림픽

학급 올림픽은 다양한 종목을 정하여 학급 안에서 경쟁하는 미니 운동회입니다. 우선 아이들과 함께 경기 종목을 선정합니다. 체육 시간의 많은 활동 중 아이들이 좋아하는 종목으로 정하는 것도 좋습니다. 경쟁 활동을 하다 보면 아이들끼리의 다툼이 생길 수 있는데, 이를 예방하기 위해서 '놀이에서 져도 같은 팀 친구들을 비난하지 않기' 같은 규칙을 미리 정하는 것이 좋습니다. 학급 올림픽에서는 다음 같은 활동을 진행할 수 있습니다.

책상 피구(고학년, 게임 시간: 30분)

1. 아래 그림과 같이 책상을 배치하고 두 팀으로 나눕니다.

2. 앞줄은 수비수가 되고, 뒷줄은 공격수가 됩니다. 책상 위에 앉은 채로 수비수는 상대편이 던진 공을 피해 살아남고, 공격수는 상대편 수비수를 맞춥니다.

3. 공격수가 수비수의 머리 이외의 신체를 공으로 맞추면 아웃입니다. 아웃된 친구는 두 팀 사이에 있는 공간에 앉아서 떨어지는 공을 줍고 선생님께 전하는 역할을 합니다.

4. 상대편이 던진 공을 수비수가 잡으면, 뒤에 앉아 있는 공격수에게 공을 넘깁니다. 공을 던질 때 책상 위에서 일어나면 안 됩니다. 무조건 자리에 앉은 상태로 공을 던집니다.

5. 모든 수비수가 아웃되면 게임이 끝납니다.

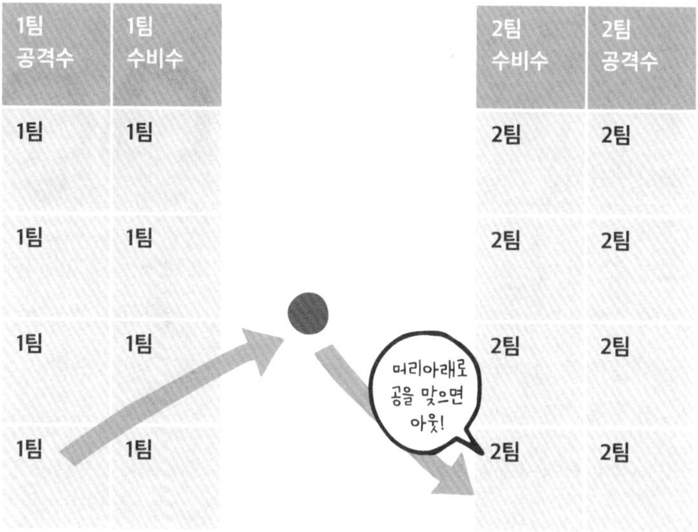

혹시 팀 간 균형이 맞지 않는다면, 교사가 공격을 덜한 팀에게 흘린 공을 주는 등 조정할 수 있습니다. 게임 시작 전, 이런 규칙을 학급의 상황에 맞게 정하면 더욱 재미있는 게임을 할 수 있습니다.

수쌤&뽀쌤의 Tip!

유튜브로 학기 말에 할 수 있는 '체육 활동' 자료를 찾아보세요. 글과 그림이 아닌 영상으로 보면 아이들도 쉽게 활동 방법을 이해할 수 있어 좋답니다. '교실 놀이'나 '체육 활동'으로 검색하면 관련된 영상 자료가 많이 나옵니다. '아이스크림' 사이트에서 운영하는 '쌤튜브'를 이용해도 좋아요.

추천 유튜브: 나승빈 선생님의 '함께 있어 행복한 우리', '놀이위키TV', '이종대왕', '놀이가 밥이다' 등.

연수로 내공 쌓기!

> 선생님은 평생 배우면서 가르치는 직업이에요.
> 세상이 빠르게 변하는 만큼 열심히 배우지 않으면
> 아이들에게 새로운 사실을 알려주기 어렵기
> 때문이에요. 또 학급경영과 수업 방법 등 교실에
> 적용하기 적합한 유용한 연수도 정말 많아요.
> 이런 연수를 여유 있게 들을 수 있는 기회가 바로
> 여름방학이랍니다! 학기 중 아쉬웠던 부분을 보충할
> 방법! 연수를 하나 정도 들어보는 게 어떨까요?

연수 신청 사이트

연수원은 국가와 사설 운영 시설로 나뉩니다. 학교에 연수비 예산
이 책정되어 있기도 합니다. 쿨스쿨(http://cooledu.coolschool.co.kr/)에
서 사설 연수를 통합하여 검색할 수 있습니다.

에듀니티 추천 연수

지니샘의 행복교실 만들기

교실 속 교사가 행복해야 아이들이 행복합니다. '지니샘의 행복한

교실 만들기' 연수는 행복한 교사가 되기 위해
필요한 학급운영 기법들을 가르쳐줍니다. '교
사에게 필요한 내면 성찰, 교육 및 학생에 대한
깊은 이해' 등을 살펴보며 학급운영에 대해 깊
이 배울 수 있습니다. 아이들과의 교실 생활이
힘들다면 '지니샘의 행복한 교실 만들기' 연수로 해결
방법을 찾아보세요.

학급긍정훈육법

신규교사 때, 아이들을 대하는 태도의 기준
을 잡는 것이 가장 어려웠습니다. 특히 학생의
잘못된 행동을 어떤 말투로 지도해야 할까에
대한 고민이 많았습니다. 이런 부분이 고민된
다면 김성환 선생님의 '학급긍정훈육법' 연수
를 들어보세요. 긍정적 관계를 위한 의사소통
기술 및 존중과 협력의 학급문화를 만드는 교육법에
대해 배울 수 있습니다. 뽀쌤은 이 연수에서 배운 학
급회의를 매주 금요일마다 열었어요. 학급회의로 교
실 속 문제를 해결해가며 학급에 대한 소속감을 높일 수 있었답니다.

초등참사랑의 교실 속 토론이야기

신규교사일 때, 토론 수업이 너무 어렵게 느
껴지고, 왠지 학생들이 토론하면서 싸울 것 같
아 토론 수업은 시도조차 하지 못했습니다. 하
지만 이영근 선생님의 토론 연수를 듣고 고정
관념이 완전히 깨졌습니다. 이 연수는 아이들
과 쉽게 할 수 있는 다양한 토론 방법을 소개
합니다. 아이들은 토론으로 학급 문제를 스스로 해결
할 수 있습니다.

방학을 보내고 나니 에너지가 다시 충전되었다.

'1학기를 무사히 보냈으니 2학기도 잘 보낼 수 있겠지'라고

단순하게 생각하며 자리에 누운 순간, 갑자기 불안이 엄습했다.

'아이들이 학급 규칙을 까먹었으면 어떡하지?

방학을 보내고 와서 들떠 있는 건 아닐까?

설마 내일이 개학인 걸 잊지는 않았겠지?' 등등….

3월인 듯 3월 아닌 3월 같은 9월.

도대체 이게 뭐야!?

3월인 듯 3월 아닌 3월 같은 9월

무슨 말을 해야 할까?

3월 학부모 상담 때는

아이들에 대해 열심히 들었다.

이번에는 내가 한 학기 동안 알게 된
아이들에 대해 말씀드릴 차례!

그런데 무슨 말을 해야 하지…?

유센스

우와, 오늘 상담을 네 건이나 했더니 벌써 퇴근 시간이네? 눈치 너네는 다음 주가 상담이랬지?

노눈치

응·응! 1학기에 할 때는 듣는 게 중요한 것 같더라. 그래서 이번에도 잘 듣고 적용하려고!

유센스

그래? 그런데 2학기는 조금 다르지 않을까? 이번에는 내가 지켜본 아이들의 학교생활에 대해 말씀드리는 게 중요한 것 같아!

노눈치

헉! 정말? 무슨 말을 해야 하지?

유센스

내가 크게 카테고리를 나눈 상담일지 양식을 보내줄게. 한번 살펴봐~

수쌤의 한마디

신규교사 시절, 분명 1학기에 상담을 했는데도 2학기에 또 하려니 여전히 막막했어요. 1학기와 2학기 상담의 차이점도 모르고, 1학기 상담에서 한 말을 반복하면 전문성이 떨어져 보이지는 않을까 걱정도 되더라고요.

그렇게 무방비 상태로 2학기 상담에 들어가니 20분이 굉장히 길게 느껴졌어요. 도대체 어떤 말을 해야 할지 몰라서 듣기만 하기도 했답니다. 생활지도가 어려운 학생의 학부모님에게 아이 상태를 잘 말씀드리고 싶었지만, 어떻게 해야 기분이 상하지 않게끔 말할 수 있을지 고민만 하다가 상담이 끝났죠. 결국 2학기 상담에서 얻은 건 거의 없었습니다.

그 후 동학년 선생님들에게 이러한 고민을 말씀드리고 상담에 필요한 팁을 많이 얻었어요. 진작 도움을 구하지 않은 걸 굉장히 후회했답니다. 지금부터 제가 받은 팁들을 나눠드릴게요!

라떼는 말이야

라떼는 말이야… 학부모님들께서 상담을 하러 오시면 가끔 감사의 마음을 담은 선물을 가지고 오시기도 했어요. 하지만 지금은 절대 받으면 안 됩니다! 조그마한 선물도 마음만 감사히 받고 돌려드리세요. 1학기에 한 상담을 2학기에도 하자니 부담스러울 거예요. 하지만 이제까지 지켜본 아이들의 특성을 생각하다 보면 금방 상담 내용이 떠오른답니다.

1학기 학부모 상담과의 차이

학생 개별 상담

학부모 상담 전, 학생 상담부터 하는 것을 추천합니다. 개별적인 학생 상담으로 아이들의 고민과 마음을 들여다볼 수 있고, 2학기 학부모 상담에서 특별히 전달할 사항도 미리 정리할 수 있기 때문입니다.

학생 개별 상담 시에는 시간을 잘 정해야 합니다. 아이들의 스케줄을 고려하여 각자 상황에 맞게 상담 시간을 정해줍니다. 상담 시간표를 게시해 학생 본인이 원하는 시간대에 직접 이름을 적게 하는 것도 추천합니다.

상담 시간표 예시

원하는 상담 시간 옆에 이름을 적어주세요. 하루에 5명까지만 상담을 진행합니다.

상담 시간		이름
월요일	아침 시간	
	점심시간	
	방과 후	
화요일	아침 시간	
	점심시간	
	방과 후	

말수가 적은 아이들은 개별 상담을 굉장히 부담스러워합니다. 이런 아이들의 부담을 줄여주기 위해 질문 쪽지를 만들어서 개별 상담 시 두세 개 정도 뽑게 할 수도 있습니다. 쪽지 내용은 아이들이 대답하기 쉬운 내용으로 구성합니다.

상담 질문 쪽지 예시

1. 제일 좋아하는 과목이 무엇인가요? 그 이유도 같이 말해보세요.

2. 제일 싫어하는 과목은 무엇인가요? 그 이유도 같이 말해보세요.

3. 요즘 나의 관심사는 무엇인가요?

4. 혹시 친구 관계에서 고민이 있나요? 나의 가장 큰 고민은 무엇인가요?

5. 어떤 학원에 다니나요? 학원에서 어떤 도움을 받나요?

6. 방과 후나 주말에는 시간을 어떻게 보내나요?

학부모 상담하기

2학기 상담도 진행 과정은 1학기 때와 비슷합니다. 가정통신문으로 학부모 상담 신청서를 받고, 상담 시간이 겹친다면 문자와 전화로 학부모님과 시간을 조정합니다.

학부모 상담 시작 전에 따뜻한 차를 준비하면 좋습니다. 상담할 때는 많은 학부모님이 긴장합니다. 따뜻한 차 한잔을 건네며 분위기를 풀면 아이에 대해 더욱 진솔한 이야기를 나눌 수 있답니다. 아이들과의 개별 상담을 통해 얻은 정보로 학부모님들과 상담을 이어가면 됩니다.

1학기 학부모 상담과의 차이

1학기 학부모 상담은 교사가 아이에 대한 정보를 얻는 시간으로, 경청하는 태도가 더 좋습니다.

반면 2학기 학부모 상담은 교사의 조언이 더 많은 비중을 차지합니다. 한 학기를 보내면서 알게 된 학생들의 수업 태도, 집중 학습이 필요한 과목, 언행 습관, 친구 관계 등 학교생활 전반에 걸친 사항과 특별한 점을 학부모님께 알려드려야 해요. 아이가 평소 무엇을 잘하고 좋아하는지 말씀드리는 것도 중요합니다. 학생에게 잘못된 습관이 있다면, 가정에서도 고칠 수 있도록 상담 시간에 이야기해야 합니다. 문제가 생길 때마다 학부모님께 전화를 드려 협조를 구하기는 쉽지 않으니까요. 2학기 학부모 상담 시간을 활용해 아이에 대해 깊은 이야기를 나눠보세요!

상담 시 주의 사항

현재 학년의 상황만 이야기하기

과거의 부정적인 내용은 이야기하지 않는 것이 좋습니다. 만약 학부모님이 먼저 예전 사건을 이야기하면 가만히 듣고 마음을 다독여 줍시다. 조그마한 말실수가 자신뿐만 아니라 과거 담임 선생님에 대한 오해로 번질 수도 있기 때문입니다.

작년에 같은 반이었던 학생과의 다툼 등 현재 상황에도 영향을 줄 수 이야기는 생활지도에 많은 도움이 됩니다. 그러나 다른 반 학생에 대한 부정적인 이야기는 절대 하면 안 됩니다. 과거보다는 현재에 초점을 맞춰서 상담하는 것이 좋습니다.

수쌤&뽀쌤의 Tip!

학부모님과 상담할 때는 아이의 단점보다 장점을 먼저 이야기하세요. 학부모님은 아이에 대한 교사의 사소한 말도 크게 느낀답니다. 장점을 많이 이야기하면 상담 분위기도 부드러워지고, 학부모님의 긴장도 풀립니다. 변해야 할 부분도 장점을 먼저 말한 후 분위기가 좋은 상태에서 이야기하면 긍정적으로 받아들일 가능성이 커지지요.

아이들도 나도 영차영차!

오늘은 기다리고 기다리던 운동회 날!

그런데 너무 덥고 목도 마르다.

프로그램을 안 할 때는 뭘 해야 하지?

운동회…. 생각보다 너무 힘들잖아?!

유센스

눈치야! 너희 학교 운동회는 언제야?

 노눈치

우리는 이번 주 금요일이야! 학교에서 만든 안내장 나눠주고, 혹시 몰라서 줄 서는 연습도 해봤어!

유센스

오~ 줄 서는 연습도 하다니! 나도 오늘 동학년 선생님들이 알려줬는데, 우리는 앉을 자리까지 가서 앉아보는 연습까지 했어!

 노눈치

그것도 좋다! 내일은 거기까지 해봐야겠어. 아이들과 안전교육 수업하고!

유센스

안전교육도 진짜 중요하겠더라! 나도 내일 한 번 더 꼼꼼하게 봐야지~

뽀쌤의 한마디

제가 처음 기간제로 근무한 학교는 전체 학급이 12개인 작은 학교였기 때문에 학급 운동회가 아니라 전체 운동회를 열었어요. 운동을 정말 좋아하다 보니 운동회라는 단어만 들어도 두근거렸답니다.

운동회는 사설 업체의 도움을 받아 진행할 수도 있고, 교사들이 직접 계획할 수도 있습니다. 당시 저는 교사들이 직접 계획해서 운동회를 진행했어요. 제가 맡은 업무는 방송이었습니다. 운동회 때 방송 업무는 준비해야 할 것이 많았어요. 미리 설치할 것도 많고, 운동회 중간에 음악을 틀거나 소리 크기를 조절해야 해서 운동회 중에도 이리저리 바쁘게 움직여야 하더라고요. 그래도 이인삼각, 단체 줄넘기, 장애물 달리기 등 다양한 종목에 아이들이 열심히 참여했고, 함께 응원하는 재미도 쏠쏠했답니다. 그리고 운동회의 하이라이트! 마지막에 진행된 이어달리기 시간에는 함께 응원하면서 마음이 하나가 되는 걸 느낄 수 있었어요. 이러한 경험으로 아이들은 '협동'의 가치를 자연스럽게 배울 수 있지요. 운동회 준비과정은 힘들 수도 있지만 아이들의 행복해하는 표정을 보면 '운동회의 필요성'을 느끼게 된답니다.

라떼는 말이야

라떼는 말이야…. 운동회 규모가 어마어마했어요. 온 가족이 놀러 오는 축제였지요. 손녀가 없는 옆집 할머니까지 운동회에 놀러오곤 했답니다. 하지만 요즘 운동회에는 학부모님의 참여가 많이 줄었어요. 안전 문제 때문에 운동회 규모를 줄이는 학교도 많답니다. 그렇다고는 해도 운동회를 준비하기 위해 교사가 해야 할 일은 정말 많습니다. 운동회에 좋아할 아이들의 모습을 생각하며 하나씩 준비해봅시다!

운동회 준비과정

운동회 종류

참여 대상	전체 운동회	학년 운동회	학급 운동회
	전교생 및 학부모	학년별 학생	학급별 학생
진행 준비	• 사설 기관을 이용하는 경우가 많음 • 사회자, 만국기 및 천막 준비, 좌석 배치 등	• 운동 종목 및 순서 정하기 회의 • 예산에 맞춰 준비물 각자 구입 • 학년별·학급별 자율 운영	

운동회 시연하기

운동회 전, 학교에서 운동회를 시연할 때 계획표를 꼼꼼히 읽고 줄 서는 곳을 기억합니다. 다른 학급과 함께 진행하는 운동회 행사에서 교사가 활동 순서 및 동선을 제대로 숙지하지 못하면 아이들과 함께 혼란스러워질 수 있습니다. 각 학급이 정해진 장소에 줄을 서면, 체조 및 자리 이동을 시연합니다.

학생 준비사항

운동회의 주요사항	• 운동회 종목과 순서, 경기 방법 알려주기 → 이어달리기나 평소에 하지 않은 종목의 경우 아이들이 경기를 시작하면 무엇을 해야 할지 몰라 당황하기 때문에 체육 시간에 운동회 경기를 학급 친구들과 직접 해보는 것이 좋습니다. 효율적인 이동 및 인원 체크, 안전사고 예방을 위해 줄 서는 연습도 꾸준히 합니다.
준비물	• 동복 또는 체육복, 반티 등을 입고 등교 • 물통, 손수건, 모자, 선크림, 작은 가방 등 준비
응원	• 음악 시간에 반가 및 응원 구호 만들기

규칙 정하기

안전사고 예방을 위해서는 질서를 잘 지켜야 합니다. 학급회의 또는 토론으로 아이들과 함께 운동회에 필요한 규칙을 정합니다. 안전, 협동, 배려 등 운동회 때 꼭 지켜야 할 가치에 대해 말한 후 발표로 학생들의 의견을 수렴해 다섯 개 정도 규칙을 정합니다.

운동회 당일

교사 준비물

운동회 때 모자는 필수입 니다. 많은 교사가 챙 넓은 모 자를 씁니다. 챙 넓은 모자를 구하기 어렵다면, 일반 캡 모 자도 괜찮습니다.

모자

전자확성기

카메라

운동복

검은 비닐봉투

운동화

전자 호루라기 역시 필수품입니다. 입으로 불 필요 없이 버튼 하나 만 누르면 소리가 나고, 일반 호루라기보다 소리가 크기 때문에 시끄 러운 곳에서도 아이들을 집중시킬 수 있습니다. 운동회뿐만 아니라 체육 시간에도 활용할 수 있으니 한 개 정도는 꼭 구매하세요.

그 외에도 아이들의 사진을 담을 카메라, 쓰레기를 모을 검정 봉투, 편한 운동화와 운동복 역시 꼭 준비해주세요.

자투리 시간

운동회를 하다 보면 다른 학년이나 학급의 경기를 구경하는 자투 리 시간이 은근히 많습니다. 아이들은 집중력이 짧기에 그 시간조차 몸을 가만두지 않습니다. 이럴 때 할 수 있는 미니 게임을 준비하면 좋습니다. '아이 엠 그라운드', '배스킨라빈스 31', '눈치게임' 등 간단 한 놀이로 자투리 시간의 심심함을 달랠 수 있습니다. 이 시간에 아 이들에게 물을 마시거나 화장실을 다녀오라고 하는 것도 좋습니다.

만약 청팀과 백팀으로 나뉘어 있다면 응원가나 응원 구호를 외치며 다른 학급의 경기를 적극적으로 관람하게 하는 것도 추천합니다.

안전 사항

교사들이 운동회 때 가장 신경 써야 할 부분은 바로 '안전사고 예방'입니다. 운동회 전 각 경기마다 지켜야 할 안전 사항을 꼼꼼히 알려줍니다. 예를 들면 피구 경기를 할 때는 친구의 얼굴을 향해 공을 던지면 안 된다고 미리 알려주는 식입니다. 안전사고가 일어나지 않도록 계속 아이들을 살펴보고, 더위를 먹지 않도록 물을 자주 마시게 합니다. 운동 경기 중에 안전사고가 일어난다면 아이를 데리고 보건실로 바로 이동합니다. 다른 아이들의 안전을 위해 옆 반 선생님께 사정을 이야기하고 학급 학생들을 부탁한 후 이동하세요.

운동회 후

청소

운동회가 끝나면 학생들과 함께 운동장 청소를 합니다. 보통 학급마다 청소할 장소가 지정되어 있고, 청소도구는 학급에서 가져오면 됩니다. 반 학생들과 함께 지정된 장소의 쓰레기를 줍습니다. 운동회가 끝나면 아이들도 선생님도 많이 피곤한 상태이므로, 교실 청소는 눈에 보이는 쓰레기만 줍는 정도에서 간단히 마치고 하교시켜주세요.

채워야 나눌 수 있다

동학년 회의 시간에 요즘 교대에서는
어떤 것을 배우는지에 대한
이야기가 나왔다.

동학년 선생님들은 내가 배운 내용을 신기해했다.

하지만 나는 오히려 선생님들이 알고 있는
노하우가 신기했다.

새로운 것들로 나를 채워보겠어!

유센스

눈치야! 나 오늘 연수에서 배운 교실 놀이를 아이들이랑 해봤는데, 진짜 재미있더라!

노눈치

연수? 학교에서 들은 거야?

 유센스

아니~ 연수원에서 신청했지! 선생님들을 위한 학습터 같은 곳이야!

노눈치

음…. 어떤 걸 배울 수 있는데?

 유센스

진~짜 다양해! 교실 놀이, 수업 활동, 수업 도구, 생활 교육처럼 학교생활에 관한 것도 있고, 요즘 꼭 필요한 미디어 리터러시나 구글 클래스룸 같은 플랫폼 사용법도 있어!

노눈치

와, 진짜? 궁금한 게 정말 많았는데, 나도 내일 학교에서 찾아봐야겠다!

뽀쌤의 한마디

　가르치는 사람일수록 배워야 한다는 말이 있죠. 아이들을 가르치다 보면 스스로의 부족한 부분을 발견합니다. 이때 필요한 것이 연수입니다.

　교사연수에는 자율연수와 직무연수가 있습니다. 저는 연수원을 잘 몰라서 인디스쿨을 확인하며 연수를 신청했어요. 그러다 당시 근무하던 학교에서 성과금 때문에 정해진 시간만큼 연수를 들어야 한다는 사실을 알게 되었습니다. 연수를 많이 들어둔 터라 안심하고 있었는데, 그때까지 제가 들은 것은 자율연수라 이수 시간에 포함되지 않는더라고요. 그다음부터는 직무연수인지 아닌지 꼭 확인하며 들었지요. 모든 연수는 교사들에게 도움이 됩니다. 신규교사 때 처음 접한 강의가 서준호 선생님의 '마음 흔들기'였어요. 아이들 때문에 마음이 힘들었는데 많은 위로를 받았습니다. 연수에서 배운 활동을 아이들과 함께하면서 관계도 좋아졌고요. 교사연수는 학급경영, 수업운영에 정말 많은 도움이 됩니다. 혼자 해결하기 어려운 답답하고 궁금한 점을 연수에서 풀어보세요!

라떼는 말이야

라떼는 말이야… 학년부장님의 반을 힐끔힐끔 보는 것이 연수처럼 느껴졌어요. 모르는 것이 있으면 스스로 알음알음 해결해야 했지요. 하지만 지금은 교사들을 위한 강의가 참 많아요. 수업 활동부터 학교 밖 생활에까지 도움이 되는 다양한 강의가 있답니다. 그럼 연수를 어떻게 신청하는지 알아볼까요?

직무연수 vs 자율연수

연수는 학문을 연구하고 닦는다는 뜻이 있습니다. 그중에서도 교사연수는 '수업 시간의 활동, 놀이, 학생 간의 관계 개선, 안전'같이 학생들과 생활하는 영역뿐만 아니라 '성폭력, 청렴, 심폐소생술, 감염병 대응, 학업중단' 등 학교생활 전반에 걸쳐 교사로서 알아야 하는 다양한 분야에 대해 다루고 있습니다. 재테크, 외국어, 취미 등 사실 연수의 분야는 매우 넓습니다. 성격에 따라 '직무연수'와 '자율연수'로 구분되기는 하지만요. 직무연수는 연수 제목에 '직무'라는 말이 포함되어 있고, 나이스 상으로 연수 시간이 인정되어 기록됩니다. 교사로서의 전문성을 향상시키기 위해 연수 이수 시간을 성과금에 포함하는 학교가 많은데, 이때의 연수 이수 시간 역시 '직무연수'를 기준으로 책정됩니다. 자율연수는 연수 시간으로 인정되지 않지만, 주제가 다양한 편입니다.

연수 신청

공문

연수 담당 선생님이 공람해놓은 공문을 보고 신청할 수 있습니다. 업무포털에 들어가서 [K-에듀파인]-[공람]에 들어가면 선생님들이 공람해놓은 여러 공문을 볼 수 있는데, 연수와 관련된 공문은 대부분 공람하니 평소 공문을 꼼꼼하게 확인하면 여러 연수를 접할 수 있습니다. 그중 관심이 가는 공문의 연수 대상, 내용, 신청 방법을 꼼꼼히 확인한 후 연수를 신청합니다. 사이트에서 직접 연수를 신청하는 경우도 있고, 내부 결재나 자료집계로 연수를 신청하기도 합니다.

사이트

연수를 신청하려면 연수 사이트에 가입해야 합니다. 사이트마다 개설되는 강의가 다르므로 다양한 사이트를 자주 방문해 나에게 꼭 필요한 연수를 찾아보는 것도 재미있습니다.

지역별 교사연수원	사설 연수 사이트
지역과 관계없이 연수를 들을 수 있는 중앙연수원을 비롯하여 지역별로 연수를 들을 수 있는 사이트가 마련되어 있습니다. 지역에서 운영하는 연수원에서는 무료로 다양한 교사연수를 들을 수 있습니다.	사설 연수 사이트에서는 학점별로 다양한 강의를 수강할 수 있으며 유료인 경우가 많습니다. 다양한 분야의 새로운 강의들이 자주 개설되고, 교육 트렌드를 발 빠르게 반영하는 경우가 많습니다. 사이트마다 연수원 색깔에 맞는 다양한 강의가 개설됩니다.

연수를 모두 수강하고 나면 자동으로 나이스에 연수 결과가 등록될 수 있도록 회원 가입 시 나이스 개인번호를 입력해야 합니다. 이때 나이스 개인번호를 잘못 입력하면 나이스에 연수 결과가 올라오지 않으므로 꼼꼼하게 기록하세요.

나이스 번호 확인 [기본메뉴]-[인사기록]-[기본사항]

[기본메뉴]-[인사기록]-[기본사항]-[근무사항]-[개인번호] 항목에서 나이스 번호를 확인할 수 있습니다.

연수 결과 확인 [기본메뉴]-[나의 메뉴]-[인사기록]

연수에 따라 시수와 평가 방식이 다릅니다. 과제가 있는 연수도 있지요. 이수 조건에 진도율과 평가가 함께 포함되는 경우가 많으며, 평가는 간단한 객관식 시험으로 진행합니다. 수강한 연수 기록은 나이스에서 확인할 수 있습니다. 나이스의 [기본메뉴]-[나의 메뉴]-[인사기록]-[기본사항]-[연수]를 클릭하면 연수이수번호, 연수과정명, 연수기관, 연수시간, 학년도별 연수시간누계를 확인할 수 있습니다. 필요한 경우 [엑셀 다운로드]를 눌러 연수 기록을 출력할 수 있습니다.

나이스에 연수 결과가 자동으로 기록되기는 하지만, 이수증을 제출 해야 할 수도 있어요. 수강한 연수원에서 이수증 발급을 신청하면 기간이 지난 이수증도 모두 출력할 수 있습니다. 영수증 역시 같은 방법으로 저장 및 인쇄합니다.

수쌤&뽀쌤의 Tip!

교원연수비를 지원하는 학교도 있어요. 뽀쌤의 학교는 인당 6만 원, 수쌤의 학교는 5만 원씩 교원연수비를 지원해요. 학기초와 학년 말에 담당 선생님이 '교원연수비 지급'에 대해 공지합니다. 그때 연수의 이수증과 영수증을 제출해야 해요. 만약 이수를 못하면 그 연수에 대한 지원은 사라지니, 신청한 연수는 꼭 이수하세요!

선생님, 저 떨려요

어느새 2학기.

수업도, 업무도 많이 익숙해진 것 같은 기분이었다.

동료 교사 공개수업이 있다는
말을 듣기 전까지는….

나, 지금 잘하고 있는 걸까?!

유센스

나 드디어 동료 교사 공개수업 날짜가 정해졌어! 내 수업을 보러 오신다니 너무 떨려. ㅠ_ㅠ

노눈치

맞아 맞아. 난 아직도 수업 중에 자주 당황하는데, 선생님들이 보러 오신다니 더 떨려.

유센스

나도 그래. 어떤 수업을 공개수업으로 정할지부터 엄청 고민되더라. ㅋㅋ

노눈치

그러게. 학부모 공개수업 때랑은 포인트가 다르겠지?

유센스

아무래도 활동 간의 연결성에 더 신경이 쓰이는 것 같아. 자세한 건 내일 부장님께 여쭤보려고!

뽀쌤의 한마디

　뽀쌤은 정식 발령 전 6개월 정도 기간제로 일했습니다. 사춘기에 들어선 5학년 아이들을 지도하는 게 참 힘들었어요. 1학기 말쯤에는 학급운영도 제대로 되지 않고, 아이들 수업 태도도 당연히 좋지 않았어요. 이런 상태에서 동료 교사 공개수업을 하려니 앞이 너무 막막했어요.

　마음이 급해진 저는 인디스쿨의 힘을 빌려 동료 교사 공개수업 자료를 최대한 많이 모으고, 그중에서도 활동 중심적인 수업 내용을 뽑아 나만의 수업을 준비했어요. 처음 수업하는 아이들이 활동을 이해하지 못하거나 불성실한 태도를 보일까 봐 걱정돼서 공개수업 전에 간단히 예습도 했어요. 각 활동의 내용을 간략하게 설명하고 올바른 수업 태도에 관해 이야기했지요. 마지막으로 동료 공개수업을 잘 마무리할 수 있도록 아이들에게 도움을 요청했어요. 이러한 준비 덕분에 무사히 동료 교사 공개수업을 마쳤지만, 지금 떠올려보니 너무 많이 겁먹고 수업을 준비한 것 같아요. 그때 즐기면서 수업을 준비하지 못한 것이 아쉽습니다. 아이들을 믿고 평상시의 수업을 보여주면 되니까 너무 걱정하지 마세요!

라떼는 말이야

라떼는 말이야…. 학교의 모든 선생님이 공개수업에 왔어요. 세안까지 빼곡히 써서 수업을 준비했죠. 학교에 따라 다르지만, 지금은 세안을 작성하는 학교가 많이 줄었어요. 동료 교사 공개수업 역시 동학년 선생님들만 참관하는 경우가 많답니다. 그럼 학부모 공개수업과는 포인트가 다른 동료 공개수업은 어떻게 준비하는지 알아볼까요?

준비과정

학부모 공개수업 vs 동료 교사 공개수업

학부모 공개수업과 동료 교사 공개수업은 비슷하면서도 다릅니다. 공개수업이 실시되는 날짜도 학교마다 다르고요. 1학기에 동료 교사 공개수업을 하면 2학기에는 학부모 공개수업이 있습니다. 반대로 1학기에 학부모 공개수업이 있으면 동료 교사 공개수업은 2학기에 실시합니다.

학부모 공개수업과 동료 교사 공개수업은 대상이 달라지는 만큼 수업 구성에도 차이가 있습니다. 학부모 공개수업은 수업 평가보다 아이들의 학교생활을 학부모님들께 보여주는 것이 주된 목적이지만, 동료 공개수업은 수업에 대한 피드백이 주요 목적입니다. 목적에 따라 수업 중 활동도 달라지므로, 이렇게 목적을 생각하며 공개수업을 준비하면 좋습니다.

준비 과정

동료 교사 공개수업은 연구부에서 진행되는 사업으로 계획서 및 제출 파일들은 연구부장님이 업무 쪽지로 배부합니다.

학부모 공개수업과 준비과정은 비슷하지만, 동학년 분위기에 따라 준비 방식이 달라집니다. 수업할 과목과 차시를 동일하게 정한 후 수업 활동만 각자 준비하기도 하고, 과목과 차시까지 자율적으로 준비하기도 합니다. 과목과 차시가 같더라도 수업 구성 활동과 진행 방식이 각기 다르므로 자신에게 가장 잘 맞는 방법으로 자유롭게 수업을 구성합니다.

다음으로 학부모 공개수업처럼 학교에서 배부한 형식에 맞춰 지도안을 작성합니다. 수업 내용에 맞춰 자료를 준비하고, 아이들에게 미리 교구 자료를 나눠주어 준비 시간을 단축할 수도 있습니다. 활동이 복잡하거나 너무 오래 걸린다면 미리 활동 방법을 간단히 설명하거나 가위질, 풀칠 같이 간단한 작업은 미리 해놓는 것도 좋은 방법입니다.

공개수업 당일 준비사항

동료 교사 공개수업에서는 동학년 선생님들이 수업을 참관합니다. 학교에 따라 학년 단위로 움직이기도 하고, 관리자들이 들어오기도 합니다. 공개수업 시간 역시 학교에 따라 다릅니다. 크게 전담 시간을 활용하는 방법과 시간표를 미리 조정하여 해당 주의 하루를 1교시 더 진행하는 방법이 있습니다. 후자의 경우 공개수업 1, 2주 전에 학생과 학부모님께 미리 시간표 변경을 안내합니다.

공개수업 전 쉬는 시간을 활용해 교실 뒤편에 참관 교사의 수만큼 의자를 놓습니다. 그리고 다용도 바구니에 수업 지도안, 피드백을 적을 수 있는 활동지와 여분의 볼펜을 넣어둡니다. 수업이 시작되면 동학년 선생님들이 와서 지도안을 보며 수업을 참관한 후 피드백이 적힌 활동지를 놓고 갑니다.

수업 참관

동료 교사 공개수업 참관은 어렵지 않습니다. 동료 교사 공개수업 계획표를 보고 참관할 학급을 미리 확인하고, 시간에 맞춰 해당 학급에 들어가 수업을 참관합니다. 동료 선생님이 제대로 준비할 수 있도록 미리 가지 말고 시간을 맞춰 들어가는 것이 좋습니다. 그리고 수업을 끝까지 보며 정성껏 피드백을 적고 마무리하세요. 그런 태도가 동료 선생님에게 격려와 응원이 됩니다.

도움이 되는 피드백 하기

동료 교사 공개수업의 목적은 '수업에 대한 피드백'을 주고받는 것입니다. 동료 선생님의 수업에 도움이 되는 피드백을 해야 합니다. 동료 공개수업 계획표를 보면 피드백을 적는 활동지 양식도 있습니다. 그렇다고 어떤 피드백을 할지 너무 고민하지는 마세요. 활동지를 보면 질문이 상세하게 나와 있으니까요. 피드백에는 단점보다 장점을 많이 써주세요. 개선할 부분을 적을 때는 동료 선생님의 기분이 상하지 않도록 부드러운 표현을 사용합니다. 정성스러운 피드백 하나하나가 동료 선생님의 수업 향상에 많은 도움을 줍니다.

항목	참관 세부사항	참관 내용
교수 및 학습 준비	지도안 계획이 잘 수립되었는가?	
	학습 내용에 적합한 자료나 매체를 준비하여 활용했는가?	
	수업 시작 전 수업 분위기 조성을 위한 노력을 하는가?	
교수 학습 활동	학습 목표를 명확히 제시하고, 동기 유발이 효과적이었나?	
	수업계획안에 따라 체계적으로 수업이 운영되었는가?	
	발문 내용은 구체적이고 명료한가?	
	수업 시간에 칭찬과 격려를 자주 하였는가?	
정리 및 평가	적절한 평가를 실시하였는가?	
	수업에 대한 정리를 잘하였는가?	
	차시 예고를 적절하게 하였는가?	

수업에 반영하기

동료 교사 공개수업에서 받은 피드백은 신규교사에게 많은 도움을 줍니다. 저 역시 동료 선생님들에게 유용한 피드백을 많이 받았습니다.

예를 들어 제가 수업 중에 제일 많이 사용하는 말이 "알았나요?"라는 걸 알게 되었습니다. 개념을 설명하고 아이들에게 "알았나요?"라고 질문을 던지면, 아이들은 이해도와 상관없이 "네"라고 대답하는 상황이 반복되고 있었습니다. 이런 상황을 전혀 몰랐던 저는 동료 선생님의 피드백에서 잘못된 부분을 깨달았습니다. 그 후로는 이런 부분을 의식하며 학습 내용이 들어간 구체적 질문으로 바꿔나갔습니다. 이렇게 동료 선생님들의 피드백은 교사의 수업 능력 향상에 많은 도움을 줍니다. 동료 교사 공개수업 후 선생님들이 주신 피드백을 꼼꼼히 살펴보세요.

우리 반에 찾아온 특급선물!

분주한 아침, 교무실에서 한 통의 전화가 왔다.

우리 반에 전학생이 오게 되었고,
지금 교실로 올라오고 있다는 전화였다.

아직 전학생의 책상도 구하지 못했는데 이미
문 앞에 학부모님과 함께 서 있는 전학생…!

자리 배치, 학급 규칙, 1인 1역, 수업 진도,
시간표…. 언제 다 알려주지?

유센스

눈치야, 오늘 잘 보냈어?

노눈치

센스야ㅠ_ㅠ 오늘 엄청 큰 사건이 있었어. 우리 반에 전학생이 왔어!

유센스

우와 신기하다! 학생 때도 전학 온 친구가 있으면 정말 궁금했었는데.

노눈치

그치. ㅠ_ㅠ 나도 그런 마음이었는데, 생각해보니 이 아이가 어디에 앉아야 할지부터 고민되더라고! 교실에 남는 책상도 없어서 아침부터 엄청 바빴어.

유센스

와, 듣고 보니 정말 당황했겠다. 내일부터 규칙이나 수업 진도를 알려주려면 더 바쁘겠네…. ㅠ_ㅠ 파이팅!

수쌤의 한마디

　첫해 맡은 학급이 이제야 자리 잡아가고 있다고 느낄 때쯤, 한 아이가 전학을 왔습니다. 전학생이 올 거라고는 생각해본 적도 없어서 남는 책상과 의자를 구하느라 아침부터 정신없이 뛰어다녔죠. 자리를 정해주고, 다시 3월이 된 것처럼 자기소개도 하고 나니 오전의 절반이 지나 있었습니다. 게다가 산 넘어 산으로, 우리 반 수업 진도와 전학생의 수업 진도가 크게 달랐습니다. 특히 수학 진도가 많이 차이 나서 전학 다음 날부터 매일 방과 후에 남아 조금씩 보충 수업을 해야 했고, 미술, 음악 같은 검정교과서의 출판사가 달라서 교과서도 새로 구해줘야 했답니다.

　아이들과의 관계를 새롭게 맺어주는 것도 꼭 필요한 부분이었습니다. 이미 형성된 아이들 관계에 전학생이 자연스럽게 녹아들 수 있도록 창의적 체험활동시간을 활용해 다양한 관계 맺기 활동을 진행했습니다. 거기다 학급 규칙을 알려주고, 1인 1역까지 다시 정하고 나니 마치 학급을 다시 세우는 기분이었어요. 전학생이 오면 다시 3월이 시작된 것처럼 알려줘야 할 것이 많습니다. 전학생이 학급에 자연스럽게 적응할 수 있도록 꼼꼼하게 신경 써주세요!

라떼는 말이야

라떼는 말이야…. 전학 오는 일이 흔하지 않아서 전학생이 오면 다른 반 아이들까지 구경하러 왔어요. 하지만 지금은 전학이 비교적 잦답니다. 전학생에게는 전 학교와 새로운 학교에서 달라진 점을 비교하며 적응하는 일이 어려울 수 있으니 담임 선생님의 세심한 배려가 필요하지요.

적응 준비

학교 시스템

학기 초에 전학을 오면 개인정보동의서, 방과 후 프로그램 안내 및 신청서, 돌봄신청서 등 기본적인 가정통신문을 전해줄 수 있지만, 학기 중에 전학을 오면 이미 안내문이 배부된 상태이거나 신청이 마감되었기 때문에 이런 안내문을 전하기가 어렵습니다. 이럴 때는 먼저 업무담당 선생님에게 어떻게 처리하는지 여쭤봅니다. 다음으로 전학생의 학부모님에게 연락해 방과 후 및 돌봄 참여에 대한 의사를 확인합니다. 전체 학사일정을 출력하여 학생에게 전하는 방법도 추천합니다. 학사일정을 설명하면서 학교에 대한 궁금증도 풀어줄 수 있고, 그 과정에서 학부모, 학생과 교사의 신뢰도 조금씩 쌓아나갈 수 있으니까요.

학급살이

3월에 나눠준 학급 안내 길라잡이를 보여주며 교육 방향 및 학급 행사 등을 알려줍니다. 행사에 대해 설명할 때 활동 목적과 방법을 안내하며 필요 물품도 꼭 전해줍니다. 예를 들어 학생들이 아침 활동 시간에 책을 읽고 독서기록장을 작성하며 매달 마지막 주 금요일에 독서기록장을 걷는 활동을 한다면 독서기록장을 주며 이러한 활동 과정을 세세히 설명해줘야 합니다. 아래의 표는 학급 행사 안내문의 예시입니다. 우유 마시는 방법, 1인 1역, 청소하는 방법 등 세부적인 규칙도 알려줍니다.

연간 학급 행사	독서기록장, 학급 온도계, 매주 있는 학급회의, 미덕 통장 등
월별 행사	생일 파티, 칭찬샤워
아침활동	아침 줄넘기, 독서, 리코더 불기, 감정출석부 등
세부사항	학교 시정표, 청소하는 방법, 1인 1역, 우유 마시는 방법, 자리 및 사물함 배정, 정기적인 숙제 제출 방법, 짝을 바꾸는 방법과 기준, 모둠 구성 방법 등

학급살이 준비물

수업 전 전학생의 교과서를 확인합니다. 학교마다 검정교과서 출판사가 다르기 때문에 필요한 경우 새 교과서를 구해줘야 합니다. 학기 초에 나눠주고 남은 교과서는 대부분 동학년 연구실에 보관하니 그곳에서 찾아 학생에게 줍니다. 학급살이를 위한 준비물도 안내하세요. 학급 수업 활동에 많이 사용되는 필기도구와 학교생활에 필요한 물티슈, 두루마리 화장지, 양치 도구 등도 자세히 알려줍니다.

학급 적응

전학 온 학생에겐 교실의 모든 것이 낯설고 두렵습니다. 전학생이 학교에 잘 적응할 수 있도록 긍정적인 관계 형성이 필요합니다. 배려심이 깊고 친구 관계가 원활한 학생을 짝으로 배치해주세요. 1인 1역에 전학생 도우미를 만들어서 지원을 받고, 전학생 도우미를 짝으로 배정하는 방법도 있습니다.

주간계획표를 주고 각 과목의 교과서 진도를 알려줍니다. 진도 차이가 크다면 보충 수업 의사를 물어보고 방과 후에 부족한 부분을 보충합니다. 교과서 읽기를 과제로 내주고 확인하며 부족한 부분을 채워줄 수도 있습니다.

소속감을 느낄 수 있도록 신발장 번호표, 사물함 이름표, 확인표 등에 전학생의 번호와 이름을 채워 넣습니다. 서랍 및 사물함 정리법, 과제 및 가정통신문 제출하는 법 등 사소한 부분은 함께 생활하면서 자연스럽게 알려주면 됩니다. 처음부터 모든 것을 알려주면 전학생이

헷갈리고 어려워할 수 있습니다. 모르는 게 있으면 언제든 선생님한
테 도움을 요청하라고 살짝 말하는 것도 잊지 마세요.

학급 활동

만나서 반가워

전학 온 첫날, 자기소개 대신 '만나서 반가워' 놀이를 하는 건 어떨
까요? 놀이로 친밀한 관계를 형성시킬 수 있고 자연스럽게 자기소개
를 할 수 있습니다. 이 놀이는 3월 편에 소개한 '사과, 배, 딸기' 놀이
와 질문만 다르고 방식은 동일합니다.

1. '사과, 배, 딸기' 놀이처럼 원으로 둥글게 의자들을 배치한 후 의자를 하나
   뺍니다.
2. 술래가 원 안으로 들어가고 나머지 학생들은 자리에 앉아 있습니다.
3. 술래는 "만나서 반가워, 나는 OOO(이름)라고 해!"라고 말합니다.
4. 자리에 앉아 있는 학생들이 "너는 어떤 친구를 좋아하니?"라고 물어보면
   술래는 "나는 안경을 쓴 친구들을 좋아해요"같이 답변합니다.
5. 그러면 해당하는(안경을 쓴) 친구들만 일어서서 자리를 바꾸고, 친구들이 이
   동하는 동안 술래는 빈자리를 찾아 앉습니다.
6. 자리에 앉지 못한 학생이 술래가 되어 다시 자기소개하며 놀이를 시작합
   니다.

칭찬샤워

전학생을 위해 칭찬샤워 활동을 해보세요. 칭찬샤워는 일주일 동안 한 학생의 말과 행동을 관찰하고 학급 친구들이 장점을 찾아주는 활동입니다. 방법은 아래와 같습니다.

1. 칠판의 학생 얼굴(전학생)을 크게 그립니다. 그 옆에 포스트잇을 놓습니다.
2. 아침 활동 시간에 친구의 장점을 포스트잇에 적습니다.
3. 적은 포스트잇을 칠판에 붙입니다.
4. 포스트잇을 모아서 칭찬샤워 판을 만듭니다.
5. 다음 날 칭찬샤워 시간을 마련하여 모든 학생이 전학생의 장점을 한 가지씩 발표합니다. 발표가 끝나면 전학생에게 칭찬샤워 판을 선물로 줍니다.

수쌤&뽀쌤의 Tip!

전학 첫날 아침, 교사는 교무실에서 학부모님을 잠시 만나고 학생과 교실로 갑니다. 이 때는 학부모님과 상담할 여유가 없으니 첫날 방과 후에 전화 상담을 하세요. 학부모님은 아이가 전학 첫날을 잘 보냈는지 무척 궁금해하며 걱정합니다. 전화 상담으로 학부모님의 걱정을 덜어드리고, 1학기의 학부모 상담처럼 학생의 기본 정보에 대한 상담을 진행합니다. 이전 학교에서의 생활에 관한 이야기를 나누는 것도 생활지도에 큰 도움이 됩니다.

동학년 연구실의 보물!

하루종일 에너지를 쏟으며 아이들과 생활한 뒤
행정업무를 위해 자리에 앉으면 피곤이 몰려옵니다.
또 일에 열심히 집중하다 보면 기분을 전환하고 싶은
순간도 생깁니다. 이럴 때 간식은 필수! 달달한 간식을
먹으면 다시 열심히 일할 힘이 생긴답니다.
동학년 회의에도 간단한 다과가 있다면 분위기가
한층 부드러워지겠죠? 연구실을 보물창고로 바꿔줄
간단한 간식을 소개할게요.

차와 커피

차와 커피는 필수입니다. 매일 오랜
시간 수업하다 보면 목이 건조해져서
물을 굉장히 많이 마시게 됩니다. 생
수를 많이 마시는 것은 어려울 수 있

습니다. 이때 차와 커피가 있다면 부담스럽지 않게 수분을 보충할 수 있습니다. 아이들을 보내고 오후가 되어 나른해질 때 잠 깨는 데도 도움이 된답니다. 동학년 연구실에 둥굴레차, 옥수수차 등의 다양한 티백과 커피 믹스를 준비해놓으면 한 학기가 든든합니다. 학년 분위기에 따라 고급스러운 티 세트나 커피 머신을 두기도 한답니다.

아몬드와 사탕

아몬드와 사탕은 간단한 간식을 먹고 싶을 때 제격입니다. 아이들 생활지도로 체력이 떨어질 때쯤 먹으면 에너지가 솟아나는 느낌이 듭니다. 보관의 편리성을 위해서 한 봉지씩 포장된 제품이나 플라스틱 통에 담긴 제품을 추천합니다.

초콜릿

초콜릿은 교사들의 당 충전을 책임지는 대표적인 간식으로, 초콜릿 없는 동학년 연구실은 찾아볼 수 없을 정도입니다. 은박지에 통으로 싸여 있는 초콜릿보다 하나씩 낱개로 포장된 초콜릿이 인기가 많습니다. 기분이

꿀꿀할 때 초콜릿을 입안에 쏙 넣어보세요. 다시 업무에 집중할 수 있답니다.

박스형 과자

과자는 박스형으로 구매하세요. 봉지 과자는 뜯고 나면 눅눅해져서 보관이 어렵지만, 개별 포장된 박스형 과자는 하나씩 꺼내 먹을 수 있으니까요. 과자 주문 전 다른 선생님들의 선호 과자 조사는 필수! 든든한 과자와 가볍게 먹을 수 있는 과자를 적절히 섞어서 구매합시다.

컵라면

점심시간에 학급에서 벌어지는여러 일로 급식을 제대로 먹지 못했거나 체력 소모가 커서 배고픈 날에는 과자로 허기가 해결되지 않습니다. 이때 컵라면이 있다면 간단히 허기를 날려 보낼 수 있습니다. 컵라면은 작은 컵과 큰 컵을 섞어서 준비하세요.

10~11월

2학기가 되자 진도를 급하게 나가는 일도,

아이들과 처음 겪는 일에 당황하는 일도 적어졌다.

아이들이 하교하면 커피 한잔을 들고

오늘 하루를 돌아보고 내일을 여유롭게 준비하며 뿌듯해하는 나.

아직 큰 학교 행사들이 남아 있지만

모두 한해살이를 마무리하기 위한 단계처럼 느껴진다.

역시 가을은 수확의 계절!

수확의 계절, 가을

Show Me the 장기!

학예회에서 저학년은 꼭두각시놀이 춤을 추고.

고학년은 부채춤을 추는 게
유행하던 시절이 있었다.

요즘 학예회는 다르다던데….

어떻게 준비해야 하지?

유센스

학예회라니! 완전히 잊고 있던 행사인데, 아직도 있대서 놀랐어.

노눈치

우리 반은 아이들이 너무 좋아하고 기대 하던데? 연습하는 모습을 보니까 너무 귀엽더라. ㅋㅋ

유센스

벌써 뭐 할지 정했어? 우리는 전체 학예 회라서 뭘 해야 할지 너무 고민돼. ㅠ_ㅠ

노눈치

우리는 학급 학예회라 아이들이 알아서 준비하는데, 팀을 정하는 게 좀 어려운 것 같아. 학교마다 학예회 방식이 다르다 니 신기하다!

유센스

그러게. 준비하는 방식도 다르겠지?

뽀쌤의 한마디

학년 말이 되면 학예회 행사가 기다리고 있어요. 두 번째 담임을 맡았을 때 3학년 아이들을 가르쳤는데, 그때 아이들과 함께한 학예회는 매우 즐겁고 행복했답니다.

3학년은 친구들의 관심을 받고 싶어 하는 아이들이 많은 학년이라 모든 아이가 학예회에 적극적으로 참여했답니다. 태권도를 준비하는 학생, 리코더 연주를 선보이는 학생, 마술을 보여주는 학생 등 다양한 장기자랑으로 학예회가 꽉 찼고, 학생들의 장기를 보는 재미도 쏠쏠했습니다. 모든 학생이 참여하다 보니 두 시간이 쏜살같이 지나갔어요. 학생들의 멋진 모습을 놓치고 싶지 않아 사진에 담고, 클래스팅으로 학부모님들과 공유했지요.

아이들의 모습에 좋아하는 학부모님들의 댓글을 보고 참 행복했답니다. 저에게 학예회란 버거운 업무라기보다는 아이들과의 추억입니다. 학예회 준비를 너무 무서워하지 마세요. 아이들과 좋은 추억을 쌓을 기회니까요. 즐겁게 준비하세요!

라떼는 말이야

라떼는 말이야… 운동장이나 강당에 전교생이 모여서 학예회를 했어요. 구령대에 올라가 춤추고, 아이들은 선생님을 보며 따라 했지요. 그때는 학부모님들도 다 오셔서 학예회를 구경했어요. 준비할 것도 많아 힘들었지요. 하지만 요즘은 학급 학예회를 많이 하고, 옛날보다 준비할 것도 확 줄었어요. 학예회 준비, 너무 걱정하지 마세요. 든든한 부장님이 있잖아요!

학예회의 종류

전체 학예회

전체 학예회는 전교생이 강당에 모여 진행합니다. 학부모님들이 참여하기도 하고, 강당에서 학급 단위로 공연하기 때문에 교사들의 공연 지도가 꼭 필요하며 필요한 물품도 학급 학예회보다 많습니다.

학년 학예회

말 그대로 학년 단위로 준비하는 학예회입니다. 동학년 선생님들과 함께 꾸려나가며 전체 학예회보다 규모가 작아 업무 부담이 덜합니다.

학급 학예회

물품만 동학년 회의에서 준비하고 담임 선생님이 자율적으로 운영합니다. 그래서 전체 학예회보다 업무 부담이 훨씬 적지요. 현재 많은 학교에서 학급 학예회를 진행합니다.

학예회 준비

전체 학예회 준비하기

초등학교 때를 떠올리면, 학년 말에 전체 학예회를 했던 생각이 납니다. 우리 반은 합창을 준비했는데, 노래 연습을 하느라 힘들었죠. 전체 학예회는 강당에서 공연을 선보이기 때문에 교사들의 공연 지도가 꼭 필요합니다. 공연 순서 및 내용은 동학년 선생님들과 의논하여 맞춰야 합니다. 겹치는 공연이 없도록 하고 학급마다 특색 있는 공연을 준비합니다. 준비물은 학예회 예산을 사용해 마련합니다. 학예회 두세 달 전부터 천천히 공연을 준비합시다.

학급 학예회 준비하기

학급 학예회는 학급마다 자율적으로 준비합니다. 창의적체험활동 시간에 각 반에서 진행합니다. 모든 학생이 참여할 수 있도록 교사의 적극적인 참여 지도가 필요합니다. 먼저 참여자 명단을 정리합니다. 쑥스러움이 많아서 참여를 꺼리는 학생이 있다면 친구들과 같이 공연을 준비할 수 있도록 모둠을 구성하세요.

2주 전부터 학생들이 준비하는 공연이 무엇인지 조사하고, 가위바위보, 제비뽑기 등을 이용하여 순서를 정합니다. 다음으로 학생들과 함께 학예회 사회자를 정합니다. 뽀쌤네 반은 선생님이 사회자를 맡습니다. 만약 학생들에게 사회자를 맡기고 싶다면 가위바위보나 제비뽑기로 뽑습니다.

학예회 준비물

현수막

교실 뒤편에 부착할 현수막이 있다면 더욱더 즐거운 분위기를 연출할 수 있습니다. 학년 예산을 활용해 학예회 현수막을 준비하세요. 한 번 제

작하면 매년 사용할 수 있어서 유용합니다. 만약 현수막을 살 수 없다면 전지 크기의 플로터 출력도 괜찮습니다.

풍선과 가랜드

풍선은 학예회 분위기에 꼭 필요한
준비물입니다. 여러 개의 풍선으로
다양한 모양을 만들 수 있습니다. 꽃
모양 풍선을 만들어 교실 이곳저곳에
붙이면 파티 분위기가 만들어집니다.

가랜드도 분위기를 만드는 데 한몫
을 합니다. 교실 창문 쪽에 알록달록한 가랜드를 달면 아이들이 생일
파티에 온 것처럼 즐거워합니다. 풍선과 가랜드로 흥겨운 학예회 분
위기를 마련합시다!

마이크

학예회를 진행할 사회자는 꼭 필요합니다.
전체 학예회에서는 보통 선생님께서 사회를
맡지만, 학급 학예회에서는 학생들이 사회자
역할을 맡기도 합니다. 사회자의 목소리가
잘 들리도록 블루투스 마이크를 준비하세

요. 만약 마이크가 없다면 마이크처럼 들고 있을 만한 다른 물건도
좋습니다.

수쌤&뽀쌤의 Tip!

3월에 받은 학급운영비를 사용하여 학예회에 필요한 물건을 구입하고, 예산이 남는다면 학생들과 나눠 먹을 간식까지 준비하세요. 학예회가 끝난 뒤 간식을 먹으며 열심히 학예회를 준비한 학생들의 노력을 칭찬해주세요.

열심히 일한 보람!

교사에게는 1년에 한 번
성과금이 주어진다고 한다.

성과금은 학교를 위해 열심히 일하는
모든 선생님을 위한 작은 기쁨이라는데…!

하지만 성과금을 나눌 공정한 기준은 필수!

지금부터 성과금 토의 시작~!

유센스

우리 드디어 성과금 회의에 들어 갔어…!

노눈치

성과금? 성과금이 뭐야?

유센스

이 중요한 걸 모르다니~! 올해 열심히 일 한 보상으로 나오는 금액이야! 사기업의 보너스 같은 개념!

노눈치

와, 보너스! 많이 줬으면 좋겠다. ㅋㅋ

유센스

그러게. ㅋㅋ 근데 성과금도 학교마다 지 급 기준이 있는 것 알지? 오늘은 그 기준 에 대해서 회의했어.

노눈치

기준에 대해 회의하다니, 정말 어려울 것 같다. 신중 또 신중, 공정 또 공정하게 해 야겠는걸?

수쌤의 한마디

여느 날과 다름없이 학년 회의를 하러 갔는데, 그날따라 왠지 분위기가 달랐습니다. 부장님께서 나눠주신 종이를 살펴보니, 성과금 회의 자리였어요. 성과금이 무엇이고, 얼마나 되는지도 모르는 상태에서 회의에 참여했던 당시의 저는 그 자리가 얼마나 중요하고 무거운지 전혀 몰랐답니다.

연차가 조금 더 쌓여 성과금 등급을 평가하는 회의에 들어간 적이 있습니다. 혹시라도 나의 실수로 다른 선생님의 결과를 바꿀까봐 회의 내용을 두세 번 반복해서 살펴보았어요. 계산기를 동원해 점수도 몇 번씩 확인했지요. 선생님들이 제출한 자료도 꼼꼼히 살펴보며 회의했어요.

모두 한마음으로 열심히 일하는 학교에서 누군가의 일이 많고 적음을 판단하고, 점수로 매기는 것은 어려운 일입니다. 하지만 꼭 기준을 세워야만 한다면, 최대한 공정하게 판단하는 것이 중요하겠죠? 지혜를 모아서 함께 성과금 회의를 시작해봅시다!

라떼는 말이야

라떼는 말이야…. 성과금의 기준이 모호했어요. 지금은 정확한 기준을 세워 모두에게 공정하게 적용할 수 있도록 많은 회의를 거치지요. 신규교사에겐 성과금 표의 내용조차 부담스러울 수 있지만, 너무 걱정하지 마세요. 하나하나 알려줄게요.

성과금

성과금

성과금은 성과상여금의 줄임말로, 학습 및 생활지도와 담당 업무에서 이루어낸 성과에 따라 지급하는 급여입니다. 선생님이 맡은 학년의 학습 및 생활지도와 담당 업무에 따라 평가가 이루어지고, 이에 따라 차등적으로 액수가 정해집니다. 성과금 등급은 S, A, B로 나뉘며 전체 선생님 중 S등급이 30%, A등급은 40%, B등급은 30%입니다. 각 학교에서 정한 차등 지급률에 따라 성과금 액수가 정해집니다.

성과금 산정기준

성과금 산정기준은 학교마다 다릅니다. 보통은 작년도 성과금 산정기준을 수정해 올해 평가기준을 정합니다. 교원 수와 분위기에 따라 상황이 크게 다르기에 대부분의 학교에서는 많은 회의를 거쳐 성과금 산정기준을 정합니다.

1. 모든 선생님의 의견을 반영할 수 있도록 다면평가위원회를 구성합니다.
2. 교감 선생님이 작년도 성과금 기준표를 보내줍니다.
3. 동학년 회의를 통해 올해 학교 상황에 맞춰 수정할 사항을 찾습니다.
4. 동학년 회의로 의견을 모은 다음, 다면평가위원회를 개최합니다.
5. 각 학년의 다면평가 위원 선생님께서 학년별 의견을 조율합니다.
6. 이러한 과정을 반복하며 두세 번의 다면평가위원회가 열립니다.
7. 최종적으로 수정된 산정기준안을 가지고 전체 회의가 열립니다.
8. 회의에서 많은 선생님의 의견을 듣고 마지막으로 수정 작업을 거칩니다.
9. 정해진 성과금 산정기준으로 '교사자기실적평가서'를 만듭니다.

자기실적평가서에는 수업 시간, 수업 공개 횟수, 상담 실적, 생활지도 곤란도, 업무 곤란도 등의 내용이 포함됩니다. 보통 다음 표처럼 정량평가된 '교사자기실적평가서'를 첨부파일로 받습니다. 기준에 맞게 자기 점수를 표시하고, 합계도 적습니다. 합계로 적은 총 점수가 정량평가의 결과입니다.

정량평가뿐만 아니라 정성평가도 합니다. 정성평가는 '생활 및 학

평가 요소	점수 구간			증빙자료
학습 지도 (00점)	총 수업 시간	000 이상	20점	연간 시수표
		000~000미만	18점	
		000미만	16점	
	수업 공개	○회 이상		지도안
		○회		
		기본		
생활지도 (00점)	상담 실적	00건 이상		상담 기록부
		00 ~ 00건		
		00건 미만		
	생활지도 곤란도	○학년		
		○학년 ~ ○학년		
		전담 및 비교과		
업무 (00점)	업무 곤란도	00 부장교사		업무 분장표
		00 업무		
		그 외		

습지도와 업무'에 대한 교사의 자기평가로, 서술형으로 기록합니다. 성과금 등급 결정을 위해 담당 선생님들은 제출한 '정량평가와 정성 평가'에 따라 평가 작업을 하고, 교감 선생님은 다면평가위원회의 평가 결과물을 취합합니다.

성과금 지급 날짜

학교마다 정한 차등 지급률이 달라서 성과금 액수는 정확히 말하기가 어렵고 보통 그다음 해 여름에 지급됩니다. 보통 6월이면 성과금을 받을 수 있습니다. 아직 성과금을 받지 못했는데 다른 지역에 근무하는 동기가 성과금을 받았다고 해서 불안해하지 마세요. 지역마다 성과금을 받는 날짜가 다릅니다.

상여금

상여금에는 명절수당과 정근수당이 있습니다. 명절수당은 명절에 받는 휴가비입니다. 명절수당은 추석과 설날에 총 두 번을 받으며 본봉의 60%가 지급됩니다.

정근수당도 상여금에 포함됩니다. 정근수당은 내가 일한 만큼 받는 보상으로, 1년에 두 번 받습니다. 올해 1월부터 6월 근무에 대한 보너스는 7월에, 7월부터 12월 근무에 대한 보너스는 다음 해 1월에 받게 됩니다. 아쉽게도 경력이 1년 미만인 교사들에게는 지급되지 않습니다. 정근수당은 자신의 본봉에 10%에 해당하는 금액을 1월과 7월에 5%씩 나눠 받습니다. 매년 10%씩 금액이 올라가다가 경력 10년 이상이 되면 본봉의 100% 금액을 1월과 7월에 반씩 나눠서 받습니다. 만약 1월부터 5월까지 5개월만 일하면 실제로 근무한 기간만큼만 수당을 받습니다.

수쌤&뽀쌤의 Tip!

대부분의 학교에서는 연수 시간을 성과금 산정기준에 넣어요. 그리고 학교마다 들어야 하는 연수 시간이 다르답니다. 수쌤과 뽀쌤의 학교는 60시간 이상의 연수를 들어야만 만점을 받을 수 있어서 1년 동안 60시간을 꽉 채워서 연수를 들었어요. 미리미리 연수 시간을 채워두지 않으면 몰아서 들어야 하는 불상사가 생길 수도 있어요. 방학 동안 연수 시간이 긴 3학점 연수를 듣는 것도 좋은 방법이에요. 이 때 연수는 자율연수가 아닌 '직무연수'라는 점도 주의해주세요.

나··· 잘 살았을까?

한 해 동안 본 부장님은 무엇을 물어봐도
다 알고 계신 척척박사셨다.

깔끔한 성격이 모든 면에서
장점으로 드러나는 것은 덤!

동학년 선생님은 늘 새로운 활동을 알려주고,
따뜻하게 아이들을 대한다.

그런데···
나는 어떤 선생님이었지?

병아리 TALK

유센스

아이들과 배운 내용에 대한 평가 시간을 가질 때는 아무 생각이 없었는데, 막상 내가 평가 받는다고 하니까 너무 긴장된다. ㅠ_ㅠ

노눈치

그러게… 나 완전 구멍인 거 모든 선생님이 다 아는데. ㅠ_ㅠ

유센스

나도 그래… 게다가 내가 다른 선생님을 평가한다니…! 못할 것 같아.

노눈치

앗 그건 생각 못 했어! 큰일 났네…. ㅠ_ㅠ 게다가 아이들과 학부모님께 전달할 사항도 있다며?

유센스

일단 내일 부장님께 여쭤보자!

뽀쌤의 한마디

‘평가’라는 말은 학생일 때도, 교사인 지금도 저를 긴장하게 만드는 단어입니다. 교사로서의 능력이 점수로 나온다니, 낮은 점수를 받을까봐 늘 조마조마합니다.

영어 전담을 했을 때, 4학년 학생들이 솔직하게 서술형 평가를 해줬는데, 너무 솔직한 글이 저에게 상처가 되기도 했어요. ‘선생님, 너무 무서워요’, ‘선생님 영어 발음이 별로예요’, ‘숙제 조금만 내주세요’, ‘목소리가 너무 커서 귀 아파요’ 등 부정적인 내용이 반 이상을 차지했어요. 열심히 수업한 제 노력을 몰라주는 아이들 때문에 너무 아쉽고 속상했어요. 속상한 마음을 동학년 선생님들에게 토로하자 아이들을 ‘아이’ 그대로 바라보라는 조언이 돌아왔어요. 악의 없이 교사에 대해 느낀 그대로를 쓴 것이니, 피드백이라 생각하고 참고할 부분만 짚어내라고요. 동학년 선생님들의 위로를 들으니 마음이 한결 가벼워졌고, 아이들의 평가를 참고해서 제 태도도 고쳐나갔답니다.

‘교원평가’는 나의 부족한 점을 돌아볼 수 있는 계기이자 격려와 응원을 받는 시간입니다. 교사로서 더 발전할 수 있도록 보완하는 기회로 활용하세요!

라떼는 말이야

라떼는 말이야, 교원평가라는 게 없었어요. 승진을 위한 관리자 평가만 있던 것 같은데, 아주 오래전 일이라 이제는 기억이 가물가물하답니다. 처음 교원평가를 받았을 때는 결과에 충격을 받았지만, 지금은 오히려 격려와 응원을 더 많이 받을 수 있는 시간이 되는 것 같아요. 너무 부담스러워하지 말아요. 학생, 학부모, 동료 교사들의 생각을 아는 좋은 기회가 될 거예요.

교원평가 준비과정

교원평가는 연구부에서 진행합니다. 담당 선생님께서 교원평가 계획서 파일을 보내주면 계획서를 꼼꼼히 읽어보면서 업무를 파악합시다.

교원평가 준비하기 [교원능력개발평가]-[동료교원능력개발평가]

[교원능력개발평가]-[동료교원능력개발평가]-[평가개요]-[교육활동소개]

자료등록]-[교육활동소개자료]에서 [동료 교원], [학생 의견 조사], [학부모 만족도조사], [교육활동소개자료] 항목에 각각의 대상에게 안내할 교육 활동 소개 자료를 1,000자 이내로 입력하고 저장을 누릅니다. 인디스쿨을 참고하면 더욱 다양한 자료를 참고할 수 있습니다.

동료	• 학급회의을 통해 민주적으로 학급 문제를 해결하기 • 미덕 통장을 통해 내면의 힘 기르기 • 토론 학습 및 협동 학습을 통해 수업의 참여도 높이기
학생	• 배움 활동 중심의 수업 내용 구성: 모든 학생이 수업에 참여할 수 있도록 배움 활동 중심으로 수업을 진행합니다. • 학급회의 진행 : 학급회의를 통해 학급의 문제들을 스스로 해결해 나갑니다. 문제해결력을 기르며 책임감을 키울 수 있습니다.
학부모	• 민주적으로 학급운영하기 • 함께 정하고 지켜가는 학급 규칙 • 따뜻한 교우관계의 기본, 격려의 말 배우기 • 배움 활동 중심의 수업 내용 구성 • 학부모 상담을 통해 관계 개선

학생 및 학부모 평가 준비

교원능력개발평가에는 3~6학년 학생들이 참여하며, 학부모는 전 학년에서 참여합니다. 학생평가의 경우, 교원평가 전에 학생들에게 진지하게 평가에 임해야 함을 꼭 지도해야 합니다. 이런 지도가 없으면 평가란을 다 비우거나 장난 섞인 문장을 쓸 수 있습니다. 학생들은 본인의 코드 번호를 입력하고 평가에 임합니다. 담임 선생님뿐만 아니라 전담 선생님, 비교과 선생님을 평가하는 경우도 있으므로 총 몇 분이 대상자인지 꼭 알려주세요.

학부모 평가의 경우 가정통신문으로 평가 방법을 안내합니다. 알림장, 클래스팅 등을 이용하여 교원평가 참여 방법에 대해 한 번 더 공지합니다. 평가 참여율이 저조할 시 한 번 더 개별적인 참여를 독려할수 있으나 참여가 의무는 아니기 때문에 강요해서는 안 됩니다.

평가하기 [교원능력개발평가]-[동료교원평가]

[동료교원평가]-[자기평가하기]에 평가 학교와 교원 성명을 입력하고 조회 탭을 누릅니다. 평가자명에서 자기 이름을 찾고 클릭하면 자기평가가 시작됩니다. 자기평가를 마치고 동료 교원평가를 시작합니다.

다음으로 **[동료교원평가]-[동료교원평가하기]**의 조회를 누르면 '평가받는 교원'과 '담당과목'이 나옵니다. 평가받는 교원의 이름을 누르면 교육활동 소개자료가 보입니다. 교육활동 소개 자료를 꼼꼼히 읽어본 후 평가 문항에 해당하는 점수를 누르면 됩니다. 모든 동료 교사의 평가가 끝나면 마무리됩니다.

평가결과 확인하기 [평가결과]-[나의평가결과]

- - - - - - - - - - -

[평가결과]-[나의평가결과]의 [조회] 탭을 누르면 평가 결과가 나옵니다. 결과를 보며 한 해 동안 잘한 점과 부족한 점을 찾아봅니다.

나의 평가 결과 내용을 참고하여 [평가결과]-[능력개발계획서작성] 하단에 있는 [결과분석]과 [종합의견]을 적고 저장을 누르면 끝입니다.

배우고 싶어요!

학교에서 진행되는 전문적학습공동체 외에도
전국 선생님이 모여
학습공동체를 만들기도 합니다.
이런 학습 공동체에서는 다양한 학습 자료를
제작하고, 연수도 진행합니다.
학교 외의 전문적학습공동체를 통해
더 넓은 세상을 경험하고, 열정 가득한 선생님들과
더 많은 것을 배워볼까요?

도담도담

도담도담(https://blog.naver.com/haohao777)은
'학급경영 및 수업 연구'를 목적으로 하는 전문적
학습공동체입니다. 서울 지역에서 운영되지만, 서
울뿐만 아니라 다양한 지역의 선생님이 모여서 열심히 학급경영과 수

업을 연구합니다. 한 사람에게 배우는 구조가 아닌 여러 선생님이 모여 각자 알고 있는 내용을 서로 공유하며, 교육 서적으로 새로운 것들을 같이 배워나가는 구조입니다. 매년 2월 즈음 도담도담에 참여하고 싶은 선생님들을 새롭게 받습니다. 다양한 지역의 선생님들과 전문적 학습공동체를 하고 싶다면 신청하세요!

놀이위키

놀이위키는 허승환 선생님께서 만든 전문적학  습공동체입니다. 이름 그대로 '놀이'를 연구하고 창조해나가는 모임이지요. 매달 다른 선생님들 과 함께 다양한 놀이를 배우고, 직접 체험합니다. 서로 의견을 나누며 놀이를 변형시키고 더 좋은 활동으로 만들고 있습니다. 다양한 분야 의 능력을 갖춘 선생님들과 교육적 이야기를 나누며 교사로서 많이 성장할 수 있는 전문적학습공동체입니다.

참쌤스쿨

'교사가 최고의 콘텐츠다'라는 캐치프레이즈로 뭉친 참쌤스쿨(https://chamssaem.com)은 교육활 동에 필요한 콘텐츠를 개발하는 전문적학습공 동체입니다. 그림을 잘 그리는 선생님들을 중심으로 다양한 수업활동 자료를 제작, 공유합니다. 그림 외에도 블로그, 유튜브 영상, 인스타그 램 등 다양한 채널에서 활발히 소통하며 교과 외의 자료도 제공하지요. 다양한 교육 자료를 만들면서 능력을 계발할 수 있는 참쌤스쿨에서 유용한 콘텐츠 제작에 참여해보세요.

사람과교육연구소

정유진 선생님이 교사들의 연수를 위해 설립한 연수원입니다. 사람과교육연구소(http://www. hein.co.kr)에서는 매년 교육에 대해 수업을 듣고 연구합니다. '행복 교실', '성장 교실', '수업 교실' 총 세 가지의 연수가 진행됩니다. 단기 연수가 아니라 1년 동안 전문적학습공동체에서 학급경영과 수업을 배우고 연구합니다. 매년 말 '행복 교실', '성장 교실', '수업 교실' 신청을 받습니다. 각 연수 과정과 방법은 사이트에서 확인하세요.

행복　교육　공동체

혼공스쿨

혼공스쿨(https://www.혼공.com)은 유튜브 혼공 TV 채널을 운영하는 허준석 선생님이 만든 전문적학습공동체입니다. 영어에 관심이 많은 선생님이 모여 영어 교육 활동 자료 및 콘텐츠를 개발합

니다. 한 달에 한 번씩 자체 연수를 진행하며 다양한 영어 교과 서적을 출간합니다. 영어에 관심이 많고, 영어 교육에 도움을 주고 싶다면 신청해보세요. 영어 교육 능력과 콘텐츠 개발 능력을 동시에 기를 수 있답니다.

선생님이 된 지 벌써 1년이 지났다.

아직 모르는 것이 많은데 내년이면 벌써 2년 차라는 사실이

신기하기도 하고 부담스럽기도 하다.

아이들과도 정이 들었고,

함께하고 싶은 활동도 아직 많이 남았는데

헤어져야 한다니 벌써 슬프다.

종업식 날 어떤 얼굴로 아이들과 마주해야 할까?

아쉽지만, 이제는 우리가 헤어져야 할 시간.

이제는 우리가
헤어져야 할 시간

마무리도 확실하게!

요즘 아이들에게서
낯선 향이 난다.

그러고 보니 3월보다
아이들이 많이 자란 것 같다.

다사다난했던
올 한 해….

멋지게 마무리할 임팩트 있는 활동은 없을까?

유센스

우와. 벌써 2학기도 다 갔네. 시간 정말 빠르다. ㅠ_ㅠ

노눈치

그러게. ㅋㅋ 난 아직도 신규 같은데 벌써 1년이 거의 끝나가고 있어.

유센스

이제 아이들과 헤어질 시간이 다가오고 있는데…. 뭔가 임팩트 있는 활동 없을까?

노눈치

나도 이것저것 다양한 활동을 하고 싶어! 재미있는 것도 좋지만 기억에 남을 만한 활동이면 좋겠는데….

유센스

오~ 노눈치 어른스러운데? 나도 의미 있는 활동으로 마무리해야겠다!

뽀쌤의 한마디

두 번째 해에 맡은 3학년 아이들이 생각나네요. 처음으로 기간제 6개월이 아니라 한 해를 온전히 맡아서 그런지 더욱 행복하고 즐거웠어요. 아이들도 제 말을 잘 따라줬고, 소통도 매우 잘되었습니다. 학교에 가는 하루하루가 너무나도 행복했어요. 주말에 하는 수업 준비조차 즐거운 일상이었답니다. 아이들과의 관계가 좋으니 교사로서의 행복감이 높아졌어요.

그런 아이들과 보낸 1년은 정말 빨리 지나갔어요. 종업식 일주일 전까지 하루하루가 너무 소중했습니다. 한 해의 추억을 더 남기고 싶어 학기 말에 다양한 활동을 했어요. 학급운영비로 팝콘을 사고 교실을 영화관처럼 꾸며서 남는 시간에 아이들이 좋아하는 영화를 같이 보기도 했습니다. 영화를 보면서 까르르 웃는 아이들을 보며 저도 정말 행복했어요.

한 해 동안 아이들과 여러 일을 함께하다 보면 많은 정이 쌓입니다. 특히 첫 제자들이라면 더욱 마음이 말랑말랑해지고, 애틋할 거예요. 첫 제자와의 추억을 위해 다양한 학기 말 활동을 해보세요.

라떼는 말이야

라떼는 말이야…. 수업 진도가 끝나면 운동장에 피구를 하러 나갔어요. 여유 시간에 할 만한 대중적인 활동이 피구밖에 없었거든요. 하지만 지금은 놀이를 개발하는 선생님들이 아주 많고, 그 덕에 아이들과 다양한 활동을 할 수 있지요. 학기 말에 모든 진도가 끝나고 남는 시간이 있으니 그 시간에 아이들과 재미있고 기억에 남는 활동을 해보세요.

하얀 코끼리

서로가 준비한 선물을 나눠주는 활동입니다. 시작하기 전에 아이들에게 각자 친구들에게 주고 싶은 선물을 한 가지씩 준비하라고 이야기합니다. 비싼 선물을 가져오지 않도록 가격을 정해주세요. 교사는 학생 수만큼 번호가 쓰인 쪽지와 포스트잇을 준비합니다.

활동 방법

1. 가져온 선물을 아이들이 잘 볼 수 있게 교실 앞에 두고, 선물마다 포스트잇을 붙입니다.

2. 번호가 적힌 포스트잇을 나눠주고, 학생들은 자신의 번호를 확인합니다.

3. 1번 학생이 나와서 선물을 고르고, 포스트잇에 작대기를 한 개 긋습니다.

4. 2번 학생이 나와서 선물을 고릅니다. 이때 1번 학생이 뽑은 선물을 고를 수도 있습니다.

5. 2번 학생이 1번 학생과 다른 선물을 골랐다면 3번 학생이 나와서 선물을 고릅니다. 만약 같은 선물을 골랐다면 1번 학생이 다시 나와서 선물을 고르고 작대기를 긋습니다.

6. 같은 과정을 번호 순서대로 반복합니다. 작대기가 세 개 그어진 선물은 더 이상 선택할 수 없습니다.

7. 마지막 학생은 오래 기다렸기 때문에 작대기 횟수와 상관없이 원하는 선물을 가져갑니다.

다른 친구가 선택한 선물을 고르다 보면 서로 감정이 상할 수 있습니다. 따라서 활동 전에 '받는 기쁨'에 대해서 이야기하며 활동 목적을 짚어줘야 합니다. 선물의 가격대를 낮게 설정해 아이들에게 부담을 주지 않는 것도 중요합니다.

롤링페이퍼

성인이 된 지금에도 학창 시절에 받은 롤링페이퍼들은 책상 서랍 한편에 고이 자리 잡고 있습니다. 롤링페이퍼를 보면 어릴 적 추억들이 새록새록 떠오릅니다. 시간이 흐른 후, 우리 아이들도 롤링페이퍼로 추억을 되새길 수 있도록 하는 건 어떨까요? 활동 방법은 다음과 같습니다.

1. 아이들에게 활동지를 한 장씩 배부합니다.
2. 활동지 위에 자기 이름을 쓰고 다음 친구에게 넘깁니다.
3. 활동지를 받으면, 그 친구에게 하고 싶은 말들을 한 문장으로 씁니다. 글을 쓴 친구의 이름도 꼭 적습니다. 2분 동안 동시에 글을 씁니다.
4. 다 쓰면 다음 친구에게 넘깁니다.
5. 종이가 원래 주인에게 갈 때까지 위 같은 순서로 반복합니다.

롤링페이퍼 활동지에는 칸마다 학생들의 이름을 적을 수 있게 표시하면 좋습니다. '선생님의 한마디' 공간도 마련하세요.

평소 친하지 않던 친구에게는 쓸 말이 없다고 생각하는 학생도 많습니다. 친구의 장점, 고마운 일같이 생각할 거리를 칠판에 간단히 적어주는 것도 좋습니다. 반대로 상대의 기분을 상하게 하는 말은 쓰지 말아야 한다고 사전에 꼭 지도합니다. 친구의 단점 등을 지적하는 말은 쓰지 말라고 꼭 강조해주세요.

어깨에 손을

'어깨에 손을' 활동은 허승환 선생님의 《토닥토닥 심성놀이》(테크빌 교육, 2012)에서 배웠습니다. 친구들에게 솔직한 마음을 전하는 활동 입니다. 학기 말에 이 활동을 하면 서로 마음을 이야기하다가 우는 학생까지 볼 수 있습니다. 또 모든 학생이 서로 어깨동무하며 우애를 다지는 모습도 볼 수 있지요. 그런 모습은 교사의 마음을 뭉클하게 만듭니다. 진솔한 시간을 가지게 해주는 '어깨에 손을' 활동을 꼭 해 보세요!

어깨에 손을

학년: 반: 이름:

1. 한 해 동안 우리 반에서 나를 가장 많이 도와준 친구는 누구인가요?
   이름: (   )
   그 친구에게 고마운 이유도 적어봅시다.

2. 한 해 동안 미안하다고 말하고 싶었는데 말하지 못한 친구는 누구인가요?
   이름: (   )
   전하고 싶은 미안한 마음을 적어봅시다.

3. 우리 반 친구들에게 긍정적인 영향을 끼친 친구는 누구인가요?
   이름: (   )
   그 친구는 우리 반 친구들에게 어떤 영향을 주었나요?

4. 할머니, 할아버지가 되어도 계속 우정을 나누고 싶은 친구는 누구인가요?
   이름: (   )
   그 친구에게 나의 마음을 전해봅시다.

---

1. 나눠준 활동지에 솔직한 생각을 적습니다.

2. 작성이 끝나면 음악을 들으며 교실을 산책합니다.

3. 교사가 질문을 하면 해당하는 친구에게 다가가 어깨에 손을 올립니다.

4. 음악이 멈추면, 친구에게 "힘들 때마다 나를 도와줘서 고마워" 같은 말로
   학습지에 적은 자신의 마음을 표현합니다.

교사가 학급별 상황에 맞게 질문을 작성하면 아이들의 관계 개선
에 큰 도움을 줄 수 있습니다. 이때 한 친구에게 몰릴 듯한 질문은 제
시하지 않는 것이 좋습니다. 또 학생들이 활동에 진지하게 임할 수 있
도록 고요한 음악을 틀어주는 것이 좋습니다.

수쌤&뽀쌤의 Tip!

이별의 아쉬움을 달래기 위해 선물을 준비해보세요. 개인적으로 좋아하는 선물은 '이름표 스티커'입니다. 새 학년이 시작되면 아이들은 새로운 교과서를 받는데, 그때 예쁜 '이름표 스티커'가 있다면 기분 좋게 한 해를 시작할 수 있거든요. 선물  을 사야 한다고 부담을 가질 필요는 없습니다. 이름표 스티커는 가격이 저렴해서 학급운영비를 사용하면 모든 학생에게 충분히 나눠줄 수 있습니다.

수고했어, 올해도

또다시 돌아온 통지표의 시간.

분명히 1학기에 열심히 적었는데,
벌써 기억이 안 난다!

연수를 들어도 새롭기만 한 나이스.

이번에는 꼭 미리미리 해둬야지!

유센스

벌써 나이스를 정리할 시간이 돌아오다니!

노눈치

학교에 오니까 시간이 빨리 가는 것 같아. ㅋㅋ 그런데 1학기에 어떻게 썼는지 전혀 기억이 안 나네….

 유센스

ㅋㅋ 나만 그런 줄 알았는데 역시 너도…! 저번에 작성한 체크리스트를 찾아봐야겠어.

노눈치

1학기 때 해봤으니까 잘할 수 있겠지? 달라진 점은 없으려나?

 유센스

이제 정말 최종 정리겠지? 차근차근 하나씩 봐야겠다!

뽀쌤의 한마디

학년 말 나이스 업무처리를 하면 정말 1년이 끝나는 느낌입니다. 첫해 나이스 업무처리를 하면서 수정을 반복했던 기억이 나네요. 1학기 경험 덕분에 전체적으로는 실수를 덜했지만, 학년 말 나이스 업무는 처음이어서 그랬는지 결국 탭을 잘못 눌러 1학기 때처럼 저장한 내용을 다 삭제해버렸지요. 눈물을 머금고 두 시간에 걸쳐 다시 내용을 입력했답니다.

특히 내용을 입력할 때 학생들의 특징을 떠올리며 '행동특성 및 종합의견'을 적는 것이 굉장히 어려웠어요. 평소 학생들의 특성을 기록하지 않아서 무엇을 적어야 할지 계속 고민하며 장장 3일에 걸쳐 완성했답니다.

작업이 끝나면 동학년 선생님들과 함께 내용을 검토합니다. 다른 선생님들이 매끄럽지 못한 문장에 꼼꼼히 표시해주셔서 수정 작업도 그리 어렵지 않았어요.

학년 말 나이스 업무는 금방 끝나지 않습니다. 1학기보다 입력할 내용이 두 배는 더 많아요. 나이스 연수를 들으면 그다음 날부터 바로 작업을 시작하세요!

라떼는 말이야

겨울방학이 다가오네요. 겨울방학 시작 전, 학년 말 나이스 작업을 마무리해야 해요. 나이스라고 하면 덜컥 겁부터 나고 부담이 되기도 하겠지만 두려워하지 마세요. 1학기 때 한 작업을 떠올리며 하나씩 처리합니다. 기억나지 않는다면 이 책의 6~7월 부분을 참고하세요!

교육과정

반별시간표 [교육과정] - [시간표관리] - [반별시간표]

7월에 한 것처럼 반별 시간표를 입력합니다. 중요한 점은 '시수' 부분에서 과목별 '편차'를 0으로 맞춰야 한다는 것입니다. 학기의 가장 마지막 주간에 들어가서 시수를 확인하세요. 시간표를 제대로 입력하면 편차는 자동으로 0에 맞춰집니다.

학적

기본 신상 관리 [학적]-[기본학적관리]

6학년을 맡고 있다면 개별 사진을 졸업 사진으로 바꿔줘야 합니다. 이 작업을 하지 않으면 초등학교 1학년 사진인 상태로 중학교에 생활기록부가 넘어가니 잊지 마세요. 전입생 또는 전출생이 반에 있는 경우 전출입 날짜가 '전출 → 전입' 순으로 하루 차이가 나는지 확인합니다. 예를 들어, 5월 3일에 전입을 한 학생일 경우, 전출 날짜는 5월 2일이어야 합니다.

출결관리 [학적]-[출결관리]-[출결관리]-[출결특기사항등록]

출결 등록 방법도 1학기와 같습니다. 모든 달의 출결 마감이 끝나면 '출결 특기사항 등록' 작업을 합니다. 비고란에는 달마다 적은 추가사항(출석 인정 결석과 질병 결석에 관한 내용)이 적혀 있습니다. [비고 가져오기]를 눌러 [특기사항]란에 복사한 후 '학교생활 기록부 기재요령'에 나온 방식대로 바꿔서 수정합니다. 출석 인정 결석, 조퇴, 지각, 결과는 [특기사항]에 적지 않습니다. 질병으로 인한 결석만 '질병 이름(일수)'으로 수정합니다. 1, 2학기 모두 지각, 조퇴, 결과가 1회도 없는 경우에는 '개근'을 입력합니다. 아래 예시처럼 마지막으로 비고의 내용을 수정하고 특기사항에 출결 내용이 맞는지 다시 확인한 다음 저장합니다.

☑	4				0	0	0	0	개근
☑	6				1	0	0	0	감기(1일)

학생생활

창의적체험활동(자율/진로/봉사/동아리) 누가기록

[창의적체험활동]-[해당활동누가기록]-[반별]

누가기록의 내용은 학년부장님께서 공지해주십니다. 그에 맞게 넣으면 됩니다.

창의적체험활동 특기사항

[학생생활]-[창의적체험활동]-[해당활동누가기록]-[개인별]

창의적체험활동 특기사항은 두 문장 이상으로 기록합니다. 아래 표는 특기사항 예시 문장입니다.

자율활동	• 2학기 학급 회장(2020.09.01.~2021.02.28.)으로 맡은 바 임무를 성실히 수행함. • 도서관에서 책을 읽을 때 지켜야 하는 예절을 알고 도서관을 이용함. • 식생활 개선 뮤지컬 관람을 통해 올바른 식습관의 중요성을 앎.
진로활동	• 미래에 되고 싶은 직업에 대해 생각하고 이를 위해 어떠한 노력이 필요한지 이야기할 수 있음. • 자신이 좋아하는 것과 잘하는 것을 알고 자신의 꿈에 대해 생각해보는 활동을 함. • 직업의 다양함을 알고 자신의 관심 분야와 관련된 주요 직업을 탐색하여 진로 계획을 세울 수 있음.

학교스포츠클럽 반영하기

[학생생활]-[학교스포츠클럽관리]-[학교스포츠클럽학생부자료기록]

[학생생활]-[학교스포츠클럽관리]-[학교스포츠클럽학생부자료기록]-[스

포츠클럽정보가져오기]를 누르면 입력한 내용이 자동 반영됩니다. 빠진 내용이 없는지 확인한 후에 저장을 누릅니다.

학생부자료 기록

[학생생활]-[창의적체험활동]-[학생부자료기록]

[창의적체험활동]-[학생부자료기록]에서 학급을 조회한 후 전체 학생을 선택합니다. 그다음 **[동아리특기사항가져오기]**를 누르면 아래와 같은 팝업창이 나옵니다.

[이어쓰기], [덮어쓰기], [취소] 총 세 개의 탭이 있습니다. 이어쓰기는 추가 입력을, 덮어쓰기는 이미 있는 자료를 삭제하고 위에서 작업한 누가기록 자료로 덮어쓰는 것을 의미합니다. 처음 작업을 시작했다면 **[이어쓰기]** 탭을 눌러 **[특기사항]**란에 기록된 **[창의적체험활동 특기사항]**을 자동으로 반영합니다. 반영된 내용을 확인한 후, 저장합니다. 만약 문장을 고쳐야 한다면 수정하고 나서 저장을 누르면 됩니다.

행동특성 및 종합의견

[학생생활]-[행동특성및종합의견]-[행동특성및종합의견]-[개인별]

교사일지에 적힌 누가기록을 확인하며 간결한 문체로 학생에 대해 서술하되, 학생에 대한 긍정적인 내용을 많이 적어보세요. 문제행동을 쓸 경우 부드러운 어휘와 함께 개선 사항에 대해서도 적어주세요.

성적

학생평가

나이스의 학생평가 방법 역시 1학기와 같습니다. 2학기에 실시한 수행평가 결과를 기록해서 저장합니다. 아이들과 정신없이 하루를 지내다 보면 정해진 날에 수행평가를 못 할 수도 있습니다. 문제는 실시하지 못한 수행평가를 머릿속에서 새하얗게 지워버리는 경우입니다.

학년 말에 학생평가를 입력할 때 실시하지 못한 수행평가가 불쑥 튀어나오지 않도록 평가하지 못한 학생을 잘 기록했다가 나중에 꼭 실시하여 결과를 입력합니다. 평가 자료들은 1년간 보관이 원칙이므로 버리지 마세요!

학기말종합의견 및 교과학습발달상황

[성적]-[학생평가]-[학기말종합의견]

학기말 종합의견 부분은 1학기에 했던 내용과 동일합니다. 이 부분은 6~7월 편을 참고해주세요. 그 외에도 필요한 경우 '과학 학기 말 종합의견'에 영재 활동을 기록합니다.

학생부 마무리

모든 자료의 작성이 완료되었다면 **[자료 반영 및 자료검증]** 후 **[종합일람]**을 출력합니다. 1학기와 같은 방법으로 종합일람표를 출력하여 잘못된 부분을 찾아 수정하고 완료 시 통지표로 출력합니다.

수쌤&뽀쌤의 Tip!

학생들의 개별 특성을 고려해 '행동특성 및 종합의견'을 적어야 하는데, 20명이 넘는 학생들의 특성을 모두 다르게 쓰기는 쉽지 않아요. 이때 다른 선생님들의 자료를 참고하면 쉽게 쓸 수 있어요. 인디스쿨 자료에서 '행발'(행동발달사항)을 검색하면 관련 자료가 많이 있습니다. 자료의 예시 문장을 내 언어로 바꿔보세요!

지금의 나, 내년의 나를 부탁해!

올해 열심히 업무를 배우다 보니

다른 선생님들의 업무는 어떨지 궁금해졌다.

이제는 내년 업무를 지원할 시간!

지금의 나, 내년의 나를 부탁해!

유센스

올해 받은 업무를 이제 막 이해한 것 같은데, 내년 업무를 정해야 한 다니. ㅠ_ㅠ

노눈치

완전 공감이야. ㅋㅋ 게다가 내 업무는 뭔지 알지만, 다른 업무가 어떤지 전혀 모르겠으니….

 유센스

나도… 부장님께 여쭤봐서 몇 가지 추천 받긴 했는데, 내일 그 업무를 담당하던 선생님께 여쭤보려고!

노눈치

역시 그게 제일 좋겠지? 좋아! 나도 오늘 표를 보고 공부해야겠어!

 유센스

올해 담당자 선생님이 작성한 공문을 찾 아보거나 인디스쿨의 업무 탭에서 글을 살펴보는 것도 도움이 될 것 같아.

수쌤의 한마디

　한 해가 마무리되고 아이들도 새로운 반을 배정받을 때쯤, 내년에 희망하는 학년, 업무들을 업무분장표에 적어서 기간 내로 제출해야 합니다. 처음 업무분장표를 받았을 때는 어떤 학년과 업무를 적어야 하는지 정말 많이 고민했습니다. 학교마다 근무 기간 및 학년, 맡은 업무 등을 고려해 학년과 업무를 배정하는데, 저는 신규교사라 다른 선생님들에 비해 점수가 아주 낮았어요. 희망하는 업무를 쓰더라도 될 확률이 낮았기 때문에 정말 희망하는 업무를 써도 될지 걱정이었습니다. 결국 용기내어 부장 선생님에게 고민을 털어놨는데, 예상과 다르게 부장님은 제 의견을 희망하는 대로 쓰는 걸 추천했어요. 그 말에 희망하는 학년과 업무를 당당하게 적었고, 비록 1순위에 적은 학년은 배정받지 못했지만 2순위로 적은 업무를 맡았답니다.

　업무분장표를 쓸 때 어떻게 써야 할지 많이 고민하게 될 거예요. 동학년 선생님 및 미리 그 학년과 업무를 맡은 선생님들에게 실제 운영은 어떤지 묻고, 희망 학년과 업무를 적어보는 것을 추천합니다!

라떼는 말이야

라떼는 말이야… 업무분장표를 쓰지 않고 학교에서 주는 대로 일하는 경우가 많았어요. 하지만 지금은 업무분장표를 써서 원하는 학년과 업무를 배정받는답니다. 인기 있는 학년은 원하는 선생님이 많아서 배정받기가 힘들어요. 학년에 따라 어울리는 업무가 있기도 하지요. 어디 한번 업무분장표를 꼼꼼하게 살펴볼까요?

업무분장표 작성

업무분장표 쓰는 법

업무분장표는 원하는 학년과 업무를 쓰는 표입니다. 학교마다 양식은 다르지만 쓰는 내용은 거의 비슷합니다. 업무분장표 안에는 '교사의 인적사항, 지난 기간 동안 배정받은 업무와 학년, 희망 학년 및 업무' 등의 항목이 있습니다. 세부적으로 '청소년 단체 및 특수학급' 희망 여부를 적기도 합니다. 대부분 학교에서는 분장표 맨 아래 '비고란'을 넣습니다. 비고란에는 '결혼 일정, 임신 계획, 수술 일정' 같은 개인적인 일을 적습니다. 학교 측에서는 비고란에 적힌 개인 행사를 최대한 고려해 학년과 업무를 배정합니다. 개인적인 사정이 있는 교사가 많다면 배려받기 힘들 수도 있지만, 사정이 있다면 꼭 업무분장표에 적으세요.

성명		생년월일		만 ( )세	
본교 근무 기간		교사 근속기간			
업무 희망	1지망	2지망	3지망	비고	
학년 희망	1지망	2지망	3지망		

학교마다 업무배정표의 내용 및 업무 이름이 조금씩 다를 수 있습니다. 학교의 크기에 따라 부장 선생님의 수도 다릅니다. 작은 학교는 여섯 명이지만 학급 수가 많은 큰 학교는 12명까지 부장 선생님이 배치됩니다.

구분	업무 및 내용	
교육과정 기획: 교무부장 선생님	학교 교육활동의 전반적인 업무	
	업무의 종류	나이스, 학부모회, 교직원협의회, 학교평가, 학교 홍보 등
연구 진로: 연구부장 선생님	학교 내 수업, 연수, 평가 등에 대한 전반적인 업무	
	업무의 종류	교육과정 수립, 전문적 학습 공동체, 학생평가, 교사연수 등
방과 후 돌봄: 방과후부장 선생님	방과 후 및 돌봄 교육활동에 대한 전반적인 업무	
	업무의 종류	방과 후 회계, 방과 후 강사 관리, 돌봄교실 및 강사 관리 등

인성 복지: 인성부장 선생님	학교 내 생활 및 안전지도와 관련된 전반적인 업무	
	업무의 종류	학교폭력 관련 업무, 민주 시민 교육, 자치활동, 학부모 및 학생 상담 업무 등
과학정보: 과학정보부장 선생님	컴퓨터, 소프트웨어, 전자기기 관리와 관련된 전반적인 업무	
	업무의 종류	과학교육, 정보교육, 개인정보 보호 교육, 영재교육, 학교 내 컴퓨터 관련 기자재 관리 등
체육: 체육부장 선생님	체육에 관련된 전반적인 업무	
	업무의 종류	체육시설 및 교구 관리, 체육 교육, 학교스포츠클럽, 체력검사, 보건 및 영양 교육 등

업무와 학년 배정 방법

업무분장표 작성 시에는 희망하는 학년과 업무를 1순위에서 3순위까지 각각 세 개씩 작성하는 경우가 많습니다. 반드시 저·중·고학년이 모두 들어가도록 희망 학년을 쓰는 등 작성 방법은 학교마다 다릅니다. 원하는 업무도 1순위부터 3순위까지 다르게 써야 합니다.

고학년, 중학년, 저학년을 돌아가면서 맡거나 점수 제도를 운영하여 점수를 많이 받은 선생님부터 희망하는 학년과 업무로 배정하는 등 배정 방법도 학교마다 다릅니다.

선생님들이 희망 학년 및 업무에 지원하면 인사위원회 회의가 열려 학년 배정 작업을 합니다. 인사위원회는 학년 초에 각 학년에서 선출된 선생님들로 구성됩니다. 학년마다 선생님을 선출하는 이유는 업무와 학년을 공평하게 배정하기 위함입니다. 교감 선생님과 인사위원회 선생님들이 회의로 업무분장표를 참고하면서 학년 및 업무배정을 합니다. 업무분장표는 중요한 지표이기 때문에 원하는 대로 쓰는 것이 좋습니다.

2월 중순쯤 학년 및 업무 배정 결과를 발표합니다. 발표된 학년 및 업무를 알게 되면 동학년 선생님들끼리 모여서 '새 학급 제비뽑기'를 합니다. 제비뽑기로 결정된 학급을 살펴보고 바로 교실 이동 작업을 시작합니다.

수쌤&뽀쌤의 Tip!

다른 선생님들보다 업무분장표 점수가 낮은 신규교사는 원하는 학년과 업무를 배정받지 못할 가능성이 크지만, 다른 선생님들과 겹치지 않게 잘 작성하면 원하는 곳에 배정받을 수도 있어요. 다른 선생님들은 어떻게 업무분장표를 썼는지 물어보고 어떤 부분이 남는지 파악해서 관심 가는 업무를 적는 것도 좋은 방법입니다.

신중, 또 신중!

우리 부모님 세대도, 내 세대도, 그리고
지금 아이들도…。

졸업식이면 꼭 하는 말이 있으니

바로 "너 몇 반 됐어?"다

이제는 선생님의 시선에서,
두근두근 반 배정 시작!

유센스

오늘 내년 아이들 반 배정을 했는데 나 어릴 때 생각이 나서 웃었어.

노눈치

우리도 내일 회의한다고 했는데! 학교마 다 기준이 있다는 게 신기하더라!

유센스

나도. ㅋㅋ 어릴 때 담임 선생님이 무작 위로 돌린다고 말한 걸 믿었거든.

노눈치

그런데 생각보다 고려할 게 많은 것 같아.

유센스

맞아. ㅠ_ㅠ 오늘 한 시간이 넘게 회의했 는데도 걱정돼서, 내일 다시 학교에 가면 잘 배정했는지 한 번 더 확인하려고.

수쌤의 한마디

'학급 발표'는 학창 시절 가장 긴장되던 순간이었어요. 어떤 반에 가느냐가 다음 한 해를 좌우했기 때문이지요. 요즘 아이들에게도 반 배정은 매우 중요해요. 반 배정은 선생님들이 1년 중 가장 고심하는 업무 중 하나입니다.

우선 반 배정을 위한 동학년 회의 전, 성적순으로 1차 반 배정을 합니다. 성적 오류는 잘못된 반 배정으로 이어지기 때문에 성적 입력 작업도 꼼꼼히 했답니다. 친구 관계, 동명이인 유무, 가족관계 등 고려할 사항이 많아요.

반 배정 결과는 통지표에 적어서 알려줍니다. 반 배정 결과를 적을 때 실수가 없도록 정확하게 적어야 해요. 반 배정을 하면서 여러 번 수정을 거치기 때문에 헷갈릴 수 있습니다. 실제로 동학년 선생님이 한 학생에게 반 배정 결과를 잘못 알려줘서 새 학기에 잘못된 반으로 찾아갔고, 그제야 원래 반을 안 적도 있었어요. 이런 실수는 학부모 민원으로까지 이어질 수 있으니 주의하세요.

반 배정은 교사들에게도 매우 큰 영향을 끼쳐요. 지금 제자들과 다음 학년도 교사들을 위해 반 배정은 신중히 작업해야 해요.

라떼는 말이야

　라떼는 말이야…. 한 반에 학생이 40명 정도 있었어요. 한 학년에 학생이 400명이 넘어서 반 배정이 정말 힘들었죠. 그때를 생각하면 지금도 아찔해요. 지금은 학급당 학생 수가 많이 줄어서 반 배정이 훨씬 수월해진 대신 고려할 사항이 많아졌어요. 반 배정은 모든 학생에게 큰 영향을 끼치기 때문에 확인, 또 확인하며 신중하게 진행해야 합니다.

반 배정 방법

1차 반 배정

　학교마다 반 배정 규칙은 조금씩 다릅니다. 계획서를 꼼꼼히 읽고 담임 선생님이 해야 할 부분을 기한 내로 작업합니다. 1차 반 배정은 1등은 가반, 2등은 나반, 3등은 다반…하는 식으로 성적에 따라 순환 배정하는 경우가 많습니다. 대부분 학교에서는 담임 선생님이 성적에 따라 임시 반 배정을 하고, 동학년 회의를 통해 다시 반을 배정합니다.

1차 반 배정 후에는 학생별 개인카드를 작성합니다. 개인카드에는 이름, 생년월일, 등수, 배정된 반, 특이사항 등을 적습니다. 특이사항에는 '같은 학교에 다니는 쌍둥이가 있음', '동명이인' 등 반 배정 때 고려할 사항을 적습니다.

( )학년 ( )반 이름 : ( )	
배정된 학급	
학급 성적(등수)	
특이사항	

동학년 회의

1차로 반을 배정하고 학생 개인카드를 작성하면 개별 학급에서 정한 반 배정 결과를 취합해 1차 반 배정 결과표를 만듭니다. 동학년 회의에서 최종적으로 다음 학년을 위한 학급을 정하고, 담임교사가 학생 개인카드를 가져옵니다.

칠판에 1차로 배정한 학급과 고려할 사항들을 적고, 각 학급에 맞춰 학생 개인카드들을 분류합니다. 같은 반으로 배정된 학생들의 개인카드들을 한곳에 모아두고 한 학급씩 학생 개인카드의 특이사항을 살펴보면서 고려할 학생들을 찾습니다. 예를 들어 전에 서로 심하게 싸운 경험이 있다거나 가족 또는 친척 관계인 아이들이 같은 반에 배정되었다면 반 배정을 다시 고려합니다. 이름이 비슷한 아이들도 가능하면 다른 반에 배정합니다. 반을 다시 배정할 때는 성적이 비슷한 아이들끼리 교체합니다. 이러한 과정을 여러 번 거치면 최종 반 배정이 끝납니다.

반 배정 작업이 끝나면 각 반 담임교사가 최종 반 배정 결과표를 만듭니다. 다 만든 다음에는 잘못 입력된 부분이 없는지 꼭 확인해야 합니다. 마지막으로 통지표에 반 배정 결과를 적습니다.

주의사항

학생 간의 관계 고려하기

반 배정을 할 땐 다른 반 학생과의 관계도 생각해야 합니다. 학부모 상담을 할 때 학부모님께 학생의 친구 관계를 꼭 물어봅시다. 그러면 대부분의 학부모님은 다른 반 학생과의 관계까지 알려줍니다. 알게 된 사항을 꼭 적어두고, 반 배정 시 참고합니다.

사이가 좋지 않은 학생과 같은 학급에 배정되는 것을 꺼리는 학부모님들도 있습니다. 이럴 때는 학년부장님에게 미리 말씀드려 추후 대처 방법을 의논합니다. 특히 학교폭력위원회같이 큰 사건을 겪은 경우 관련 학생들의 관계는 당연히 매우 좋지 않습니다. 학부모님도 다른 학급에 배정되기를 원하고, 직접 담임 선생님께 부탁하기도 합니다. 이런 부탁을 받을 경우, 학년부장 선생님께 말씀드리고 같이 의논해야 합니다.

반 공지하기

배정된 반은 제대로 알려줘야 합니다. 대부분 학교에서는 배정된 반을 수기로 적거나 반이 적힌 라벨지를 만들어서 통지표에 붙입니다. 통지표에 반을 쓸 때 실수하지 않도록 꼼꼼히 살펴보면서 쓰고 작성 후 한 번 더 확인해야 합니다. 배정된 반을 잘못 알려주면 다음 학년도 3월 첫날에 잘못된 반을 찾아가는 사고가 일어나니까요. 갑자기 반이 달라졌다는 말을 들으면 학생은 굉장히 혼란스럽고, 새로운 담임 선생님은 대처하느라 애써야 합니다. 이런 일이 일어나지 않도록 배정된 반을 공지 전에 꼭 한 번 더 확인하세요.

수쌤&뽀쌤의 Tip!

동학년 선생님과의 대화는 교사에게 쌓인 답답한 감정도 풀어줄 수 있습니다. 학급에서의 일을 이야기하면서 서로 공감하고 마음을 토닥여주거나, 학급에서 일어난 문제점을 공유하면서 같이 해결해나갈 수도 있습니다. 반에서 일어나는 사소한 일도 동학년 선생님들과 공유하다 보면 학년 전체의 특징을 파악할 수 있고, 그 외에도 평소에 동학년 선생님들과 아이들에 대한 이야기를 많이 나누면 학년 말 반 배정에도 도움이 됩니다.

안녕은 영원한 헤어짐은 아니겠지요

드디어 오고야 만 종업식 날!

아이들과 어떤 얼굴로 마주해야 할까?

마지막이니 더 좋은 기억만 남겨주고 싶다.

지금부터 차근차근 준비 시작!

유센스

이제 진짜 올해는 안녕이구나. ㅠ_ㅠ 내일이면 아이들과 헤어진다는 게 믿어지질 않아.

노눈치

나도 그래. ㅠ_ㅠ 내일 울까 봐 걱정이야.

유센스

나눠줄 것도 많고, 챙겨야 할 것도 많으니까 하루가 엄청 빨리 갈 것 같아. 내일 뭘 할지 준비 잘해야겠어.

노눈치

난 두루뭉술하게 그냥 생각했는데, 네 말대로 다시 한번 나눠줄 것들부터 생각해 봐야겠다!

유센스

응! 아쉽지 않게 할 말도 미리 생각하려고. 정말 실감이 안 난다. ㅠ_ㅠ

뽀쌤의 한마디

저는 2018년에 맡은 5학년 제자들과 정말 잘 맞았어요. 수업 반응도 좋고, 아이들과의 관계도 매우 긍정적이었죠. 아이들도 제가 하는 모든 활동을 잘 받아주고 열심히 따라와줬어요. '교직생활을 하면서 이렇게 행복한 한 해를 또 보낼 수 있을까?' 하는 생각까지 들었답니다. 너무나도 즐거운 한 해였기에 헤어지는 순간이 아쉽고 또 아쉬웠어요. 이런 제 마음을 전하고 싶어서 '추억 영상'을 만들었습니다. 그동안 찍어놓은 사진을 영상으로 편집하고, 제자들에게 하고 싶은 말도 자막으로 넣었어요. 서툰 실력 때문에 며칠을 고생했지만 아이들에게 영상을 보여줄 생각에 매우 설렜답니다.

종업식 날 통지표를 나눠주고 마지막으로 '추억 영상'을 보여줬어요. 분위기를 잡으려 불도 끄고 교실을 깜깜하게 만들었지요. 영상을 보면서 아이들 눈에 눈물이 맺히기 시작했어요. 그런 아이들의 모습을 보는 저도 살짝 눈물이 났어요. 영상을 보고 난 후 한 명씩 안아주며 마지막 인사를 했어요.

종업식을 잘 준비하면 '교사의 보람'을 느낄 수 있어요. 아이들과 한 해를 정리하고 새롭게 출발하기 위해 마지막 날을 준비하세요.

라떼는 말이야

드디어 제자들과 보내는 마지막 날이네요. 기분이 어떤가요? 매해 종업식을 하지만 아이들과 헤어지는 순간은 항상 시원섭섭해요. 졸업식을 하는 6학년 선생님들은 특히 마음이 뭉클할 거예요. 하지만 이별이 있다면 또 다른 만남이 있는 법! 너무 슬퍼하지 마세요. 그럼 대망의 마지막 날을 함께 준비해볼까요?

종업식

교실 청소

대부분의 학교는 종업식 날 수업 시수가 많지 않습니다. 종업식 방송을 하고 남은 시간 동안 반 배정 결과가 적힌 통지표를 배부하고, 아이들과의 한해살이도 정리합니다. 이렇게 할 일은 많고 시간은 적기에 마지막 시간이 더욱 짧게 느껴집니다. 그래서 교실 청소는 종업식 전날 해야 합니다. 종업식 전날까지 학생들의 개인 물건을 집으로 가져가게끔 지도하세요.

마지막 인사

1교시에 종업식 방송이 끝나면, 아이들과 마지막 인사를 나눌 시간입니다. 수쌤은 아이들에게 짧은 편지와 내년에 사용할 노트 등을 선물합니다. 한 명, 한 명에게 손편지를 쓰다 보면 마음이 울컥합니다. 아이들도 받은 편지를 소중히 넣어 집으로 돌아갑니다. 마지막으로 하고 싶은 말을 다 하지 못할까 봐 집에서 몰래 할 말을 정리하고 연습하기도 한답니다.

뽀쌤은 학생들의 학급 활동을 꾸준히 사진으로 남겼다가 영상으로 만들어 종업식 날에 보여줍니다. 영상 속 사진을 보면서 1년의 추억을 함께 되새길 수 있어 좋습니다. 영상을 보고 난 뒤 마지막으로 하고 싶은 말들을 학생들에게 전합니다. 그리고 학생들도 한 명씩 돌아가며 친구들과 선생님께 전하고 싶은 말을 이야기합니다. 뽀쌤은 이런 방법으로 1년 동안 고맙고 미안한 일을 이야기하며 마지막 인사를 나눕니다.

이 외에도 한 해를 정리하는 방법은 선생님마다 각양각색입니다. 반 단체 사진을 인화해서 주는 선생님도 있지요. 인디스쿨을 찾아보면 훌륭한 아이디어를 많이 얻을 수 있으니 아이들과 추억을 남길 나만의 방법을 찾아보세요.

졸업식

졸업 준비하기

학생들의 졸업 사진은 대부분 1학기에 촬영합니다. 이를 위해 학생들에게 단정한 복장 차림을 자세히 알려줘야 합니다. 선생님의 사진도 촬영하는 경우가 많으므로 교사 역시 단정한 옷을 입고가야 합니다. 본격적인 졸업 준비는 11월에 시작됩니다. 졸업 선물을 나눠주는 학교의 경우, 동학년 회의에서 졸업 선물을 정합니다. USB, 이름이 적힌 도장, 블루투스 스피커 등이 인기가 많습니다. 예산에 맞춰 졸업 선물을 정하면 12월쯤 학년부장 선생님께서 학생 수에 맞게 졸업 선물을 주문합니다.

졸업에 관한 나이스 작업은 학년부장 선생님이 합니다. 학년부장 선생님이 나이스 작업을 처리하면 각 학급의 담임 선생님이 졸업번호를 확인하고 졸업식 상장을 뽑으면 됩니다.

졸업장 출력 [학적]-[졸업처리]-[졸업장출력]

[학적]-[졸업처리]-[졸업장출력]에서 학생 정보가 정확한지 확인한 후 졸업 대장 번호의 빈칸을 누릅니다. 그리고 출력을 선택하여 졸업장에 나온 학생의 이름과 졸업번호를 다시 확인한 후 프린트 아이콘을 클릭하여 상장을 출력합니다.

졸업식 준비과정

졸업식을 위해서 플래카드를 제작해야 합니다. 동학년 선생님들과 플래카드에 적을 문구를 정하고 업체에 제작을 의뢰합니다. 졸업식 영상도 필요합니다. 6학년 학생들의 추억들이 담긴 사진들로 졸업 영상을 제작하니 평소에 사진을 많이 찍어두세요.

졸업식은 큰 행사이기 때문에 대부분 학교에서 졸업식 공연을 합니다. 졸업식 공연은 6학년 각 학급에서 준비하거나 후배들이 무대를 꾸밉니다. 만약 6학년 학생들이 공연을 한다면 미리 졸업 공연 준비도 해야 합니다.

동학년 선생님들과 함께 졸업식 동선 및 배치에 대해 상의합니다. 졸업식 전 학생들과 함께 동선을 맞추고 예행연습을 합니다. 앉을 자리, 입장 및 퇴장 방법, 줄 서는 방법, 상장받는 방법 등을 연습하고 상장을 둘 곳도 미리 확인합니다. 그리고 하루 전날에는 학생들과 함께 졸업식에 필요한 의자, 책상 및 물건을 강당으로 옮깁니다. 6학년 선생님들은 상장, 선물, 졸업 앨범 등의 물품이 학생 수에 맞게 준비되었는지, 나눠줄 순서가 잘 정리됐는지 꼼꼼히 확인합니다.

졸업식 마무리하기

졸업식이 끝나면, 각 교실로 다시 모입니다. 모든 학생이 모이면 마지막으로 인사를 나누고 기념사진도 찍습니다. 배부하지 못한 물품이 있다면 이 시간에 아이들에게 전달합니다. 간혹 졸업 선물을 나눠주지 못해서 우편으로 직접 보내는 선생님도 있으니 이런 일이 없도록 졸업식이 끝나면 꼭 학급에서 다시 만나서 마무리해야 합니다.

교실 이동

혼자 교실을 옮기기는 아주 힘들어요. 동학년 선생님들의 도움을 받거나 가족에게 도움을 요청하고, 접이식 핸드카트를 이용합니다. 이때 다음 같은 물건이 있으면 편리합니다.

박스

박스는 교실 이동에 꼭 필요한 물건입니다. 그중에서도 리빙박스를 추천합니다. 뚜껑이 있어 쌓아서 이동하기 편리하고, 교실용품들을 깔끔하게 정리하기에도 좋습니다. 리빙박스마

다 넣을 용품 종류를 라벨지에 적어 붙이고, 본격적인 교실 이동 전 라벨에 따라 물건을 분류해서 넣습니다. 신규교사 때는 교실 물품이

많지 않지만 교직 생활을 하다 보면 점점 늘어나니 52나 72리터 들이의 리빙박스를 추천합니다.

접이식 핸드카트

흔히들 구루마라고 부르는 접이식 핸드카트가 없다면 교실 이동을 하고 싶지 않다는 선생님이 정말 많을 것입니다. 접이식 핸드카트 역시 교실 이동에서 없어서는 안 될 필수품입니다. 학교 행정실마다 학교용 접이식 핸드카트가 하나씩 있지만, 매년 있는 교실 이동 때문에 개인적으로 핸드카트를 구매하는 선생님도 많습니다.

노끈

교직생활을 하다 보면 업무에 관련된 책이나 학급 독서 활동에 사용하는 책들이 점점 많아집니다. 학급 아이들을 위해 산 보드게임도 차곡차곡 쌓이고요. 이렇게 많은 물건을 포장할 때 바로 노끈이 필요합니다. 책을 쌓아 노끈으로 꽉 둘러 하나로 묶습니다. 노끈으로 묶으면 이동할 때 책들이 우수수 쓰러지지 않습니다. 학급도서나 업무 관련 책이 많다면 꼭 노끈을 준비합시다.

수쌤&뽀쌤의 Tip!

졸업식 및 종업식 영상을 만들기 위해선 아이들의 활동사진이 많이 필요해요. 그러나 아이들의 동의서가 있어야만 찍은 사진을 활용할 수 있어요. 동의서가 없다면 저작권 침해 문제가 불거질 수 있기 때문입니다. 3월 초에 사진 활용에 대한 동의서를 배부하고 각 가정에 동의를 받아야 해요. 동의서 양식은 인디스쿨 자료에 있어요.

겨울에도 마음은 따뜻한 곳으로!

드디어 1년이 가고,
겨울방학이 찾아왔습니다.
겨울방학은 여름방학과는 또 다른 느낌이에요.
한 해를 잘 보냈으니 교육과정에 대한 압박도,
업무에 대한 부담도 훌훌 털어버리고
가벼운 마음으로 떠날 수 있지요.
겨울방학을 잘 활용해서 견문도 넓히고,
다음 해를 잘 지낼 마음가짐도 준비해볼까요?

스페인

살면서 한 번쯤은 유럽 여행을 꼭 해
보세요. 스페인은 다른 지역에 비해 겨
울 온도가 높아 따뜻합니다. 그래서 겨
울 여행지로 좋지요. 저희도 마드리드,

바르셀로나, 세비야, 론다 등 여러 지역을 구경했어요. 가장 추천하고 싶은 곳은 바르셀로나에 있는 '구엘 공원'입니다. '구엘 공원'에 있는 모든 건물이 가우디의 작품이거든요. 반짝반짝 빛나는 모습이 참 아름다워요. 스페인은 지역마다 다양한 특색이 있습니다. 겨울방학 때 스페인 여행을 꼭 해보세요.

태국 파타야

대한민국의 겨울은 너무 추워요. 그래서 따뜻한 동남아, 그중에서도 1년 내내 여름 날씨인 '태국'은 인기 많은 겨울 여행지입니다.

한국의 추위를 피해서 태국으로 여행을 가보세요. 특히 파타야의 '산호섬'은 낭만이 가득 찬 장소입니다. 태양빛에 반짝거리는 에메랄드빛의 바다, 맛있는 열대과일들로 가득 찬 가게들, 스릴 만점의 해양레저까지 즐길 수 있습니다.

뉴욕

미국의 뉴욕은 죽기 전에 한 번쯤은 꼭 가봐야 할 여행지입니다. 고도로 집중화된 대도시의 분위기를 물씬 느낄 수 있는 곳으로, 다양한 박물관과 미술관이 즐비하며 입장료가 무료인 곳도

많습니다. 현대 미술을 감상하고 싶다면 MOMA 미술관으로, 다양한 시대의 미술을 감상하고 싶다면 메트로폴리탄 미술관으로 가보세요. 뉴욕에 가면 '자유의 여신상'도 볼 수 있습니다.

제주도

2020년, 코로나가 세상을 덮쳤습니다. 하늘길이 막혀서 여행을 가기가 어려운 상황입니다. 그나마 갈 수 있는 곳은 국내뿐이에요. 국내 여행지로 가장 유명한 곳은 제주도입니다. 푸른 바다를 보면 학기 중에 받은 스트레스가 싹 날아간답니다. 제주도의 겨울 바다도 참 좋습니다. 추워서 들어가진 못하지만, 바다는 여전히 아름답습니다. 해변가 근처에 분위기 좋은 카페들도 꼭 방문해 보세요. 바다를 바라보며 마시는 커피 맛은 너무나도 각별합니다. 해외여행이 어렵다면 제주도를 추천합니다.

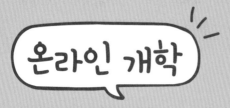

온라인 개학

아이들이 오지 않는다.

21세기에 바이러스 때문에 아이들이

학교에 오지 못하는 날이 올 거라고 누가 예상이나 했을까?

내 첫 학생들은 언제 만날 수 있을까?

아이들은 없어도 몇 배로 바빠진 학교는 그야말로

'소리 없는 아우성'

소리 없는 아우성

학교도 준비 완료!

코로나가 잠잠해지지 않는다.

하지만 아이들도
온라인 수업만 받을 수는 없다.

우리 학교도 모든 선생님이 모여
등교에 관한 회의를 시작했다.

아이들이 안전하게
등교할 수 있게 준비 시작!

유센스

아이들이 없는 학교라니 너무 이상했는데, 막상 아이들이 온다고 하니까 그건 그것대로 걱정이 되더라. 내가 방역을 잘할 수 있을까?

노눈치

그러게. ㅠ_ㅠ 일단 아이들 오기 전에 최대한 준비해둬야겠지?

유센스

응! 난 책상을 일렬로 배치했어. 바닥에 줄 서는 곳도 표시하고!

노눈치

앗, 나도 얼른 스티커 붙여야겠다! 등교 전에 학부모님과 아이들에게 주의사항도 전달해야 하고. 할 게 진짜 많구나.

유센스

수업 진도 나가는 것도 걱정이네. 과연 온라인 수업을 잘 따라왔을까? 처음부터 짚어줘야 할 것 같은데….

노눈치

학교생활 안내에 라포 형성, 수업 진도까지…. 얼른 코로나가 극복돼서 아이들이랑 재미있게 수업하면 좋겠다!

뽀쌤의 한마디

아이들이 오지 않는 학교라니. 교직생활을 하면서 처음 겪는 일이었죠. 한 달 안에는 코로나가 잠잠해질 거라고 믿던 저에게는 큰 충격이었어요. 새 학급 준비도 미뤄지고, 코로나에 대비한 학급운영 준비를 해야 했죠. 모든 선생님이 처음 겪어보는 일이라 물건 하나를 살 때도 회의가 필요했고, 혹시라도 아이들의 동선이 겹치는 구간은 없는지, 공용 물건은 없는지 세세하게 확인했어요.

수업도 바로 진행할 수가 없었어요. 코로나 감염 예방 교육부터 철저히 하고, 시간이 될 때마다 아이들 체온을 쟀어요. 쉬는 시간에도 줄을 서서 화장실에 개별적으로 가도록 지도했고, 최대한 접촉 없이 교실생활을 하도록 동선을 안내했습니다. 등교 전에 가능한 모든 준비를 철저히 해서 아이들이 왔을 때 혼란이 적도록 해야 했어요. 몸도 마음도 정말 바빴답니다.

라떼는 말이야

라떼는 말이야…. 개학이 늦춰지는 날이 올 거라고는 상상도 못 했어요. 등교가 미뤄지고, 학교 전체가 방역에 최선을 다하는 상황은 저도 처음 겪는 일이었답니다. 하지만 동료 선생님들과 힘을 합쳐 안전한 등교 개학을 준비할 수 있었습니다. 여러분도 할 수 있어요. 우선 학부모님들께 코로나 예방을 위한 학생 준비물을 알려주세요. 등교 전 모든 학부모님께 자가진단을 할 수 있도록 꼼꼼히 안내해야 합니다.

교실 준비사항

보건용 마스크, 체온계, 손 소독제 등 감염 예방을 위한 방역 물품을 각 교실 입구마다 비치합니다. 앞문 옆에 책상을 두고 그 위에 손 소독제와 체온계를 놓습니다. 교실에 들어오기 전에 체온을 재고 손을 소독하도록 지도하기 위함입니다. 코로나 예방 물품이 담긴 다용도 바구니를 교실 한쪽에 비치해 언제든지 사용할 수 있도록 합니다.

교실 입구   방역 물품

    아이들끼리 최대한 거리를 유지할 수 있도록 책상도 한 줄로 배치
합니다. 가림막을 구매하는 학교도 있습니다. 책상 배치가 달라졌기
때문에 짝 활동이나 모둠 활동을 진행하기는 어렵습니다.

    아이들이 사회적 거리를 유지하며 이동할 수 있도록 복도에도 이동
발판을 붙입니다. 교실 뒷문과 화장실까지 가는 복도에 줄 서는 간격
을 표시하는 테이프를 붙이기도 합니다. 들어가는 문과 나가는 문을
구분해 아이들의 동선이 겹치지 않도록 합니다.

　교실 곳곳에 손 씻기, 기침 예절 등 코로나 예방을 위한 각종 홍보물을 부착합니다. 시각 자료를 교실 곳곳에 붙여두면 아이들에게 규칙을 거듭 상기시킬 수 있어 효과적입니다. 등교 개학 시 학교에 따라 학년별로 등교 및 시정 시간이 다를 수 있으므로 철저히 안내하고 칠판에 시정표를 붙여두는 것도 도움이 됩니다.

학생·학부모 준비사항

학부모

　온라인 학습이 잘 이루어지려면 학부모님의 협력이 필요합니다. 일상생활로 정신없이 바쁘시겠지만, 바이러스 확산 현황에 따라 학교 일정이 시시각각 변하므로 학급 커뮤니티에 올라오는 공지사항도 잘 읽어보고 준비하도록 합니다. 등교 수업을 할 때는 매일 아침 학생들

의 상태를 확인하고 자가진단 설문을 진행한 후 안전하게 등교하도록
해야 하며, 집에서도 코로나 감염 예방 교육을 하도록 안내합니다.

학생

등교 시 마스크는 필수이며 학교에서 생활하는 동안 마스크가 망
가질 수도 있으므로 여분의 마스크를 가져오게 합니다. 또 코로나 감
염 예방을 위해서 학교 정수기의 사용을 중단하기 때문에 개인 물통
을 가지고 다니도록 합니다. 아이들의 동선이 최대한 겹치지 않도록
개인 사물함도 사용하지 않는 경우가 많으므로, 개별적으로 작은 가
방을 책상 옆에 놓아두게 하는 것도 좋습니다.

학교 준비사항

등교 수업 시 학사 운영

학생들의 밀집도를 낮추기 위해 전교생 중 일부만 등교하고, 등교하
지 않는 학생들은 온라인 학습을 진행합니다. 한 학급을 홀수 번호와
짝수 번호로 나눠 서로 다른 날짜에 등교시키거나 학년별로 다른 요
일에 등교하는 등 학교마다 방법은 다양합니다. 한시적으로 수업 시
간과 쉬는 시간을 줄여서 운영하기도 하고, 급식을 5교시 후에 먹기
도 합니다.

수쌤&뽀쌤의 Tip!

학생들이 오면 제일 먼저 코로나 예방 교육을 해야 합니다. 자료는 인디스쿨과 유튜브에서 찾을 수 있고, 직접 제작할 수도 있습니다. 가장 중요한 코로나 예방 수칙 세 가지 '마스크 절대 벗지 않기', '손은 최소 30초 동안 씻기', '친구들과 사회적 거리두기'를 반복해서 알려주세요. 규칙이 너무 많으면 학생들이 헷갈리니 중요한 규칙 서너 가지만 알려주는 것이 효과적입니다.

보건 물품으로 완벽 무장!

요즘 보건 선생님은
다크서클을 달고 사신다.

코로나와의 전쟁을 위한
무기를 챙기시느라 쉴 틈이 없다.

전쟁에 나갈 때도 무기가 중요한 법!

이제 우리 반도 준비를 시작해볼까?!

유센스

눈치야! 너희 학교 보건 선생님은 괜찮으시니? 오늘 아침에 우리 학교 보건 선생님을 만났는데, 다크서클이 엄청 심하더라.

노눈치

우리 보건 선생님도 너무 힘들어 보여서 걱정되면서도 존경스러워. 센스 너는 코로나 예방 물품 잘 준비했어?

 유센스

응! 보건 선생님이 반마다 나눠줬어. 너희는?

노눈치

우리도! 노란 바구니에 잔뜩 넣어서 주더라. 코로나 발발 상황 대비 시나리오 연수도 하고!

 유센스

우리도 화상으로 연수했어. 안전한 학교를 위해 우리도 철저히 준비하자!

수쌤의 한마디

코로나 때문에 한동안 아이들을 만나지 못한 채 온라인 수업만 진행하다가 드디어 등교 개학이 시작되었어요. 그런데 막상 아이들이 학교에 온다고 하니 설레기도 하고, 걱정도 되었어요. 이런 상황에서 아이들을 만난다는 것이 안타깝고 슬펐지요.

수쌤은 안전하게 학교생활을 하는 것이 가장 중요하다고 생각했어요. 아마 모든 선생님이 똑같이 생각했을 거예요. 각 반 담임 선생님은 학교 지침에 따라 코로나 예방 물품을 교실에 비치하고, 보건 선생님도 코로나 예방 물품을 다용도 바구니에 잔뜩 넣어서 나눠줬어요.

보건연수에서는 코로나 상황에서 발생할 수 있는 여러 사고 상황과 이에 대한 대처 방법을 배웠어요. 아이들이 오기 전에 지침과 대처 방법을 꼼꼼히 읽고 머릿속으로 상상했지요. 특히 공용 물건들을 어떻게 소독할지 많이 고민했어요. 아이들이 열이 나거나 마스크를 안 가지고 오면 어떻게 할지, 손 소독제는 어디에 두는 게 가장 효율적일지, 고민거리가 가득했답니다.

라떼는 말이야

라떼는 말이야… 바이러스 탓에 아이들이 학교를 안 나오는 일은 거의 없었어요. 이럴 때일수록 준비를 더 철저히 해야겠죠? 다용도 바구니에 마스크, 체온계, 일회용 장갑, 손 소독제 등을 넣어 교실 입구에 비치하세요. 아이들의 체온을 잴 때는 일회용 장갑 착용하는 것도 잊지 마시고요. 마스크가 망가질 수도 있으니, 여분의 마스크를 챙기는 것도 잊지 마세요. 그럼 코로나와의 전쟁에 필요한 무기를 하나씩 살펴볼까요?

마스크

오랫동안 마스크를 쓰고 있는 건 아이들에게 굉장히 힘든 일입니다. 그래서 화장실에 떨어뜨리고 오기도 하고, 끈이 끊어져서 못 쓰는 경우가 발생하기도 하지요. 이를 대비해 교실에 10장 정도 여분의 마스크가 필요합니다.

손 소독제

교실마다 손 소독제 하나씩은 꼭 필요합니다. 학교에 들어올 때 현관에서 손을 소독하긴 하지만, 교실 입실 전과 급식 시간 전, 화장실을 다녀온 후에도 매번 손을 소독해야 합니다. 아이마다 손 소독제를 하나씩 나눠주는 학교도 있습니다. 그야말로 필수 중의 필수품입니다.

항균 물티슈

항균 물티슈는 학생들의 책상과 물건을 닦을 때 필요합니다. 코로나 바이러스는 물건을 통해서도 감염되므로, 청소 시간에는 물티슈로 아이들의 책상을 깨끗이 닦습니다. 아이들이 많이 만진 손잡이도 물티슈로 깨끗이 닦아서 소독합니다.

체온계

체온이 37.5도가 넘으면 학교에 올 수 없습니다. 따라서 등교 전 학교 현관과 교실 앞 복도에서 아이들의 체온을 측정합니다. 급식 먹기 전에도 한 번 더 체온을 잽니다.

아이들의 상태를 수시로 확인하며 코로나 감염을 철저히 예방하기 위해 교실마다 체온계 하나씩은 꼭 있어야겠죠?

마이크

마스크를 착용하고 수업하면 어떤 느낌일 까요? 숨을 제대로 못 쉬어서 답답한 것은 물론, 목소리 크기도 반으로 줄어듭니다. 학 생들도 전부 마스크를 착용해 발표 수업도 어렵습니다. 이렇게 마스크를 쓰고 수업하다  보면 평소보다 목이 아픕니다. 마스크를 쓴 상태에서 교사의 말을 잘 전달하려면 마이크가 꼭 필요합니다.

시간대별 감염 예방 관리

등교 전

등교 전에 가정에서 아이들의 건강 상태를 확인하여 나이스 자가진 단에 참여하도록 하고, 학교 정문과 교실 앞에서 발열 체크를 합니다. 아이가 교실에 들어오기 전에 나이스 자가진단 결과를 한 번 더 확인 합니다. 체온이 37.5도 이상일 경우에는 일정 시간 격리하여 안정을 취하게 한 후 재측정합니다. 여전히 37.5도 이상이라면 보호자에게 연락하여 귀가시킵니다.

수업 중

수업 중에도 모든 학생과 교직원이 마스크를 착용해야 합니다. 마스크로 목소리가 차단되기 때문에 마이크를 활용합니다. 에어컨을 켜더라도 환기가 잘되도록 교실 창문은 항상 열어두고, 화장실에 갈 때는 한 번에 한 명씩만 가도록 합니다.

급식 시간

사회적 거리두기를 위해 지정 좌석제를 시행합니다. 급식실이 있는 학교에서는 조리원 선생님들께서 직접 배식하고, 급식차를 이용하는 학교에서는 담임교사가 배식합니다. 식사 중에 대화를 자제하고 적정한 간격을 두도록 계속 지도해야 하며 식판 정리도 한 명씩 하도록 합니다.

하교 시간

수업이 끝나면 바로 귀가하도록 안내합니다. 하교 전 코로나 예방 수칙을 한 번 더 지도합니다. 교실 내 학생 접촉이 빈번한 시설 및 기구를 소독하고 교실을 환기합니다.

쉬는 시간에 할 수 있는 활동지를 모아둔 '쉬는 시간 꾸러미'를 준비하는 것도 좋아

요. 사회적 거리두기 때문에 아이들은 쉬는 시간에도 자리에서 움직일 수 없어요.

말도 못 하고 움직일 수도 없으니 얼마나 답답하고 심심할까요? 이런 아이들의 심

심함을 조금이나마 달래주기 위해서 쉬는 시간 꾸러미를 나눠줍니다. 쉬는 시간

꾸러미에는 색칠 공부, 수학 문제, 미로 풀이 등 다양한 종류의 활동지를 넣을 수 있

어요.

준비, 또 준비!

이게 무슨 일이야?
21세기에 바이러스라니!

온라인으로 수업하라고?
어떻게 하는데…?

무엇부터 안내해야 하지? 내 이름?
우리 반 규칙? 코로나 안전 수칙?

시간이 없다!
아이들이 오기 전에 준비해야 해!

유센스

눈치야! 코로나 바이러스 확진자가 점점 늘어난대. 역시 아이들이 학교에 오는 건 아직 무리겠다. 전국적으로 온라인 개학을 시작한다는데, 준비 잘하고 있어?

노눈치

응! 우리 학교는 다음 주에 학습꾸러미랑 교과서를 배부한대서 오늘 학습꾸러미를 만들었어.

유센스

고생했겠다. ㅠ_ㅠ 온라인으로 아이들을 만난다니…. 과연 그게 가능할까? 일단 오늘 부랴부랴 e학습터 가입도 확인하고, 아직 가입 안 한 아이들 집에 전화를 돌리긴 했는데….

노눈치

맞아. 아이들이랑 어떻게 소통해야 할지 잘 모르겠어.

유센스

그래도 학부모님들에게 안내할 내용이 많고, 학부모님의 질문도 많아서 자주 통화했더니 오히려 조금 더 가까워진 느낌도 들더라.

노눈치

맞다! 생각난 김에 나이스 자가진단 시스템 사용법도 정리해서 올려야겠어!

뽀쌤의 한마디

코로나 사태는 학교의 많은 것을 바꿔놓았어요. 2020년에는 개학을 마냥 미룰 수 없었기에 4월부터 온라인 개학이 시작되었어요. 본격적으로 온라인 학습을 시작하기에 앞서 필요한 준비물 꾸러미를 배부했답니다. 사회적 거리를 유지하기 위해서 학년마다 배부 시간을 다르게 했어요.

학부모님들도 온라인 학습은 처음이라 걱정이 많으셨어요. 그래서 모든 학부모님과 전화 상담을 했습니다. 온라인 학습 진행 방법을 상세히 말씀드리고 걱정을 덜어드리려 했지요. 아이들이 온라인 학습을 제대로 할 수 있을지 저도 학부모님들도 많이 걱정했답니다.

코로나 사태가 진정되기 전까지 나이스 자가진단은 매일 해야 해요. 학부모님이 자가진단 사이트에 들어가서 아이들 건강 상태를 적어야 합니다. 담임교사들은 나이스 자가진단 결과를 보고 참여하지 않은 학부모에게 연락해야 해요. 매일 확인하며 연락하기가 참 힘들겠지만, 꼭 필요하고 중요한 부분이랍니다.

라떼는 말이야

아이들이 학교에 왔을 때 우왕좌왕하지 않으려면 교사의 철저한 계획과 안내가 필요합니다. 처음부터 안전 수칙을 설명하고 함께 대비한다면 아이들도, 선생님도 대면 수업 시간을 효율적으로 활용할 수 있을 거예요. 학부모님에게도 등교 전 준비사항을 미리 안내해서 등교 개학이 시작되었을 때 혼란을 최소화합시다!

교과서 및 학습꾸러미 배부하기

온라인 학습을 한다고 해도 교과서는 나눠줘야 합니다. 학생들이 학교에 와서 교과서를 챙기는 시간을 최소화해야 하므로, 교과서를 미리 나눠 봉지에 싸둡니다. 학년마다 시간을 달리하여 교과서 배부일을 안내하고, 학생명단을 작성하여 교과서를 챙겨간 학생을 표시합니다. 한 학생이 형제·자매의 교과서까지 챙겨갈 수도 있으므로 담당 학년의 교과서 배부일이 아니더라도 미리 교과서를 준비합니다. 처음으로 학생을 직접 만나는 자리이므로 이름을 불러주며 반갑게 인사하는 것도 좋습니다.

온라인 수업을 어려워하는 1~2학년 및 일부 학생을 위해 학습꾸러미도 준비합니다. 학습꾸러미에는 각 과목의 활동지와 미술 수업에 필요한 준비물, 생활 규칙 체크리스트 등을 담습니다. 교과서를 배부할 때 같이 나눠주면 편리합니다.

온라인 수업 준비하기

본격적인 온라인 수업 전에 학급에서 사용할 플랫폼에 학생들을 초대하고 가입시켜야 합니다. 수업 시작 전 학생들이 미리 들어와서 플랫폼 사용법을 연습할 수 있도록 공지사항 및 수업 자료의 큐레이팅도 준비하는 게 좋습니다. 온라인 수업 및 학급경영과 관련된 플랫폼의 종류와 사용법은 뒤에서 자세히 설명하겠습니다.

온라인 수업 안내 및 상담

그 밖에도 안내할 사항이 정말 많습니다. 학교마다 인터넷 문자 서비스, 학교 홈페이지 등으로 자세한 내용을 안내하지만 그것만으로는 잘 전달되었는지 확인하기 어렵습니다. 교사들만큼이나 학부모님과 학생들도 온라인 수업이 낯설기 때문이죠. 원활한 수업을 위해 학부모님들에게 전화해 온라인 수업의 진행 과정을 상세히 설명합니다. 아이들을 만나보지도 않고 학부모님과 통화하는 게 힘들겠지만, 어려운 점은 나누고 부족한 점은 보완하며 온라인 수업의 빈틈을 메울 수 있는 중요한 과정입니다.

온라인 수업 진행 도중에도 일주일에 한 번씩 시간을 정해 아이들과 전화 상담을 통해 어떻게 생활했는지, 힘들거나 어려운 점은 없는지 이야기를 나눕니다.

코로나로 인한 재택근무 신청 방법

코로나19 확진자가 점차 늘어나면서 교사들도 재택근무를 시작했습니다. 대부분의 학교에서는 근무조를 편성하고 날짜를 배정하여 순환 근무를 시행합니다. 재택근무 전 나이스에 복무를 상신해야 합니다. 지역마다 복무 상신 방법이 다릅니다.

개인근무상황신청 [나이스]-[나의 메뉴]-[복무]-[개인근무상황신청]
[나이스]-[나의 메뉴]-[복무]-[개인근무상황신청] 화면에서 [신청] 탭을 누르면 다음과 같은 팝업창이 뜹니다. 근무상황을 기타로 설정하고 학교에서 알려준 방법대로 기간, 목적지, 사유, 근무 내용을 입력합니다. 개인 전화번호를 연락처에 적고 마지막으로 [승인요청]을 눌러 결재를 올립니다. 자세한 내용은 3월 편을 참고하세요.

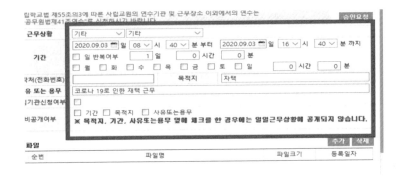

사립학교법 제55조의3에 따른 사립교원의 연수기관 및 근무장소 이외에서의 연수는
공무원법제41조연수"로 신청하시기 바랍니다.

근무상황	기타 ∨ 기타 ∨
기간	2020.09.03 📅 일 08 ∨ 시 40 ∨ 분 부터 2020.09.03 📅 일 16 ∨ 시 40 ∨ 분 까지
	☐ 일 반복여부 1 일 0 시간 0 분
	☐ 월 ☐ 화 ☐ 수 ☐ 목 ☐ 금 ☐ 토 ☐ 일 0 시간 0 분
처(전화번호)	목적지 자택
유 또는 용무	코로나 19로 인한 재택 근무
기관신청여부	☐
비공개여부	☐ 기간 ☐ 목적지 ☐ 사유또는용무
	✘ 목적지, 기간, 사유또는용무 옆에 체크를 한 경우에는 일일근무상황에 공개되지 않습니다.

| 파일 | | | 추가 삭제 |
| 순번 | 파일명 | 파일크기 | 등록일자 |

개인유연근무신청 [나이스]-[나의 메뉴]-[개인유연근무신청]

[나이스]-[나의 메뉴]-[개인유연근무신청]에서 [신청] 탭을 누릅니다.

신청 탭을 누르면, 아래와 같은 팝업창이 뜹니다. [근무유형]에서 [스마

트워크근무형]을 선택하고 기간, 신청 사유, 시작 및 종료 시각을 기입

합니다. 마지막으로 승인요청을 눌러 상신합니다.

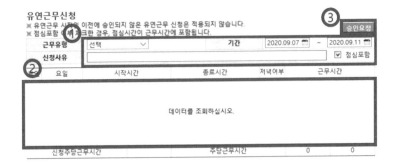

유연근무신청
※ 유연근무 시작일 이전에 승인되지 않은 유연근무 신청은 적용되지 않습니다.
※ 점심포함 체크한 경우, 점심시간이 근무시간에 포함됩니다.

| 근무유형 | 선택 ∨ | 기간 | 2020.09.07 📅 ~ 2020.09.11 📅 |
| 신청사유 | | | ☑ 점심포함 |

요일	시작시간	종료시간	저녁여부	근무시간
		데이터를 조회하십시오.		
신청주당근무시간		주당근무시간	0	0

온라인 학급경영 치트키

아이들을 만나면 하고 싶은 것을
잔뜩 생각해뒀는데….

정작 제일 중요한 아이들이
오지 않는다.

텅 빈 교실이 허전하다.
아이들의 얼굴도 보지 않고 어떻게 수업을 하지?

설마 모든 과목의 수업 자료를 내가 다
만들어야 하나?! 연락은 어떻게 하지?!

유센스

눈치야~ 온라인 수업 준비 잘하고 있어? 나는 '이게 무슨 일이지?' 하는 마음으로 준비하고 있는데, 아이들 관리가 잘 되는지 모르겠어.

노눈치

그치! 아직 얼굴도 못봤는데 전달할 내용은 너무 많고, 과제나 강의 영상을 아이들이 잘 보고 있는지도 의문이야.

유센스

우리는 학교에서 정해준 플랫폼이 있긴 한데, 거기에 익숙해지는 것도 어려워. ㅠ_ㅠ

노눈치

나도 나도! 그런데 생각보다 플랫폼이 되게 많더라? 학급 홈페이지라길래 완전 옛날 스타일일 줄 알았더니 전혀 아니던데?

유센스

그러게. 선생님이 쓰기에도, 아이들이 쓰기에도 편리하게 교육용으로 잘 만들어져 있더라. 나한테 딱 맞는 플랫폼을 찾으면 온라인 학급경영에 훨씬 도움이 될 것 같아!

노눈치

맞아! 그런데 종류는 너무 많고, 직접 다 써볼 수는 없으니까 대표적인 것 몇 가지만 살펴봐야겠다!

수쌤의 한마디

　온라인 수업이 시작될 때 가장 걱정된 것이 아이들과의 소통이었어요. 얼굴도 못본 채 시작된 새 학기인데 전달할 내용은 너무 많고, 온라인 개학을 해본 적이 없으니 플랫폼 가입부터 순탄하지 않았거든요. 댓글을 달아주고 쪽지를 주고받는 것만으로는 마음을 전할 수 없어서 과연 아이들을 잘 신경 쓰고 있는 것인지 끝없이 의문이 들었어요.

　학습결손도 큰 문제였어요. 아이들의 수업 참여도가 저조했거든요. 출석만 하고 영상을 보지 않는 아이들도 있었고요. 아이들이 제대로 공부하는지 의문이 들어도 직접 확인할 수 없으니 학습결손이 일어나기 쉬운 상황이었죠. 이런 혼란스러운 상황에서 e학습터, EBS 온라인 클래스같이 온라인 개학에 적합한 교육용 플랫폼이 만들어졌고, 교육용 SNS 클래스팅에도 온라인 수업에 적합한 여러 기능이 추가되었어요. 조금 낯설게 느껴졌던 구글 클래스룸과 마이크로소프트 팀즈도 많은 연수에서 소개되면서 조금씩 익숙해졌어요. 이러한 플랫폼을 잘 이용하니 아이들이 수업을 어떻게 듣고 있는지, 얼마나 이해했는지 확인할 수 있었답니다.

라떼는 말이야

라떼는 말이야…. 아이들이 학교에 오지 않고 수업하는 건 상상도 할 수 없었어요. 이런 특수한 상황에서는 학급경영도 온라인으로 해야 해요. 저도 처음엔 정말 당황했지만, 차근차근 익히다 보니 점점 익숙해졌답니다. 지금부터 소개할 온라인 수업 플랫폼 사용 방법을 잘 익혀두었다가 위기의 순간 당황하지 말고 사용하세요!

e학습터

e학습터(https://cls.edunet.net/)는 교사가 수업을 큐레이팅하고, 특정 학생들에게만 공개하며 게시판과 댓글 기능으로 서로 소통할 수 있도록 만든 교수학습 지원 서비스입니다. 17개 시·도교육청과 교육부가 통합 운영하고 한국교육학술정보원이 지원하는 사이트로, 전국 단위의 학급 홈페이지를 만들고 학생들이 가입해 선생님이 올린 수업을 공부하는 형식입니다.

학교별로 입장한 후 로그인하여 자신의 학급을 찾아 수업을 진행

합니다. 학급 홈페이지에는 교사가 큐레이팅한 수업이 날짜별로 올라옵니다. e학습터에서 수업을 큐레이팅할 때는 컴퓨터에 저장된 동영상과 문서, 이미지 외에도 외부 URL이나 자체 제작한 동영상도 사용할 수 있습니다.

교사는 학생들의 출석 여부 및 학습 횟수, 진도율 등을 매일 확인할 수 있으며, 평가를 진행할 수 있습니다.

수강 후 학생들은 게시판으로 과제를 제출할 수도 있고, 학생평가를 진행하여 학습 정도를 확인할 수 있으며, 시험지도 제작할 수도 있습니다. 본인이 선택한 문항 외에도 자체적으로 문항을 만들 수도 있고, 전국의 선생님들이 제작한 문항을 공유할 수도 있습니다.

EBS 온라인 클래스

EBS 온라인 클래스(https://oc.ebssw.kr/) 역시 e학습터와 비슷한 형식으로, 교사별로 학급을 개설하여 강좌 및 학생 관리를 하는 방식입니다. EBS에서 제작한 학급 홈페이지답게 강좌를 관리할 때 EBS에서 제공하는 교육 자료들을 간편하게 가져다 쓸 수 있다는 장점이 있습니다.

학생들은 교사가 개설한 강좌를 수강 신청하여 사용할 수 있으며, 교사는 강좌별 학습자의 학습 현황을 확인할 수 있습니다. EBS 온라인 클래스의 강좌 개설 역시 직관적으로 이해할 수 있게 구성되어 있으며, 강좌 속 목차를 추가하는 형식입니다. OX 퀴즈와 토론을 추가할 수 있어 학습 후 이해도 체크와 과제 제시가 편리합니다.

클래스팅

클래스팅은(https://www.classting.com/)은 전직 초등교사가 만든 교육용 SNS입니다. 그 밖의 그룹 SNS로는 네이버 밴드, 카카오그룹 등이 있지만 클래스팅은 학교에 최적화된 프로그램이라 학생들과 학부모, 교사가 함께 소통하며 학교의 소식을 공유하기 편하다는 장점이 있습니다. 클래스팅 역시 학교별로 학급을 만들 수 있으며 해마다 학급을 새로 개설할 수 있습니다. 이전에 만들어둔 학급 홈페이지 역시 보관됩니다.

클래스팅의 학급 페이지는 일반 개인 홈페이지의 레이아웃과 유사하여 직관적이고, 자가진단 현황, AI 리포트, 비밀 상담방과 같이 코로나 시대 상황을 잘 반영한 메뉴들이 추가되어 있습니다. 클래스팅은 수업 큐레이팅에도 사용할 수 있고, 학생들이 휴대폰으로 접속할 수 있어서 과제를 사진으로 찍어 손쉽게 제출할 수 있다는 장점도 있습니다. 클래스팅 역시 학생들의 출석을 확인할 수 있는 구조이며, 개별 공부 시간과 과제로 제출한 문제 풀이 및 정답률을 확인할 수 있지만 화상강의 시스템은 탑재되어 있지 않습니다.

그 외에도 학급 앨범 기능으로 평소 학교에서 있던 일, 행사 진행,

과제물 등을 사진으로 공유하여 학생 및 학부모와 소통할 수 있으며, 학교 홈페이지로 가정통신문과 학사일정, 학교 공지를 공유할 수 있습니다. 교사의 개인 휴대폰 번호 대신 안심번호로 학부모님들과 소통할 수 있다는 것 역시 큰 장점입니다.

구글 클래스룸

구글 클래스룸(https://classroom.google.com)은 구글에서 제공하는 학급 홈페이지로, 쌍방향 소통 기능을 다양하게 제공하며 스마트폰으로도 사용할 수 있습니다. 구글에서 제공하는 설문지, 문서 작성이나 스프레드시트 등의 다양한 기능을 활용하기 편하다는 장점이 있습니다. 쌍방향 소통이 가능한 행아웃 링크를 제공하여 다른 프로그램을 사용하지 않아도 쉽게 화상 수업을 진행할 수 있고, 평소에 교사가 사용하는 자료들을 구글 드라이브에 저장하면 매번 업로드할 필요 없이 쉽게 불러와 사용할 수 있다는 점 역시 편리합니다. 기본적으로 피드(스트림)에 글이 나타나는 형식이며 수업 버튼을 누르면 교사가 설정한 목차에 따라 강의 내용 및 과제 등이 자세히 보입니다.

구글 클래스룸의 경우 더욱 다양한 방식으로 수업 및 과제를 제시할 수 있습니다. 목차 설정 뒤 자료를 활용해 학습을 진행하고, 과제 및 퀴즈를 제시하여 학생들의 학습 이해도를 점검할 수 있습니다. 이때 문서, 스프레드시트, 드로잉, 프레젠테이션 등 다양한 방법으로 수

업을 제시할 수 있으며 학생들 역시 과제의 성격에 맞게 자신이 원하
는 방법으로 과제를 제출할 수 있습니다.

　다만 앞서 설명한 다른 플랫폼들과 달리 학생들의 수업 현황을 공
부 시간 및 실제 동영상을 재생한 정도 등으로만 확인하므로, 매번 과
제 제출로 학습 현황을 확인해야 합니다. 학생이 과제를 문서로 작성
한 경우 교사가 성적을 매기거나 비공개 댓글을 달 수도 있고, 필요한
경우 학생에게 과제 파일을 돌려줄 수도 있습니다.

수쌤&뽀쌤의 Tip!

구글 클래스룸은 무료로 사용할 수 있지만 교사에게만 제공되는 기능들은 학교가
G-Suite 계정에 가입되어 있고, 교사 인증을 받았을 시에만 사용할 수 있습니다.
한 명이 대표로 학교를 인증받아도 되기 때문에 학교의 상황에 따라 운영하는 것
이 효율적입니다.

온라인 수업? 요기요!

망했다. 난 영상을 만들어본 적도
없고, 등장하는 것도 부담스러운데!

그때 등장한
어벤(티)쳐스…!!

역시 선생님들은
대단해!

든든한 선생님들과 함께라면
온라인 수업도 잘 해낼 수 있어!

유센스

눈치야~ 나 유튜브에서 수업자료 찾는 중인데, 양은 엄청 많은데도 쓸 게 하나도 없는 느낌이야! 나에게 딱~ 맞는 영상 자료 찾기가 너무 어려워!

노눈치

맞아! 나도 그래서 직접 영상을 만들기 시작했는데, 내가 선생님인지 유튜버인지 헷갈린다니까?

유센스

나도 영상 자료를 만들다가 시간과 능력의 벽에 부딪혀서 다른 자료랑 적절하게 비율을 맞추고 있어.

노눈치

너는 주로 어디서 찾아?

유센스

나는 선생님들이 유튜브에 직접 올리는 영상을 참고하기도 하고, 참쌤스쿨이나 몽당분필처럼 선생님들끼리 만든 모임의 자료를 이용하기도 해. 학교가자 같은 큐레이팅 사이트에서 영상을 참고하기도 하고.

노눈치

역시 유센스~ 나도 얼른 들어가봐야겠다!

수쌤의 한마디

처음 온라인 수업을 할 땐 영상을 직접 만들어야 한다는 부담감이 정말 컸어요. 얼굴 공개도 싫었고, 가진 건 정말 휴대폰밖에 없었거든요. 그래도 기왕 온라인 수업이 시작되었으니, 오프라인 수업과 별 차이가 없는 수업을 운영하고 싶어 내 손으로 모든 과목의 수업을 만들어야겠다고 생각했어요. 하지만 매번 여러 과목의 영상을 만들어서 올리는 건 쉬운 일이 아니었어요. 짧은 영상 하나를 만드는 데도 시간이 많이 들었거든요. 결국 수업에 사용할 영상을 찾기 시작했어요. 저는 유튜브를 주로 이용했는데 초등학교 선생님들이 직접 제작한 영상도 많았답니다. 선생님들이 힘을 합쳐 진도에 맞춰 영상을 큐레이팅하거나 주간 학습 안내 사항을 공유하는 사이트들도 등장했어요. 다양한 재능을 가진 선생님들 덕분에 온라인 수업을 내실 있게 준비할 수 있었답니다. 그래도 역시 가장 중요한 것은 다양한 정보 사이에서 우리 아이들에게 필요한 것을 잘 골라 아이들의 특성에 맞게 수업 자료를 구성하는 교사의 능력과 노력이겠죠?

라떼는 말이야

라떼는 말이야…. 수업 준비에는 학습지가 최고였어요. 하지만 지금은 에듀테크의 시대! 훨씬 다양한 자료가 많답니다. 그런데 막상 온라인 개학을 맞아 수업을 준비하다 보니 아이디어는 어떻게 얻는지, 자료는 어디서부터 찾아야 할지 막막해지더라고요. 게다가 직접 나서서 동영상을 만드는 것은 너무 부담스럽게 느껴지죠. 하지만 우리 초등교사들은 모두 어벤(티)쳐스! 힘을 합쳐서 도움이 되는 사이트를 만들고 수업에 사용할 수 있는 다양한 자료를 개발했답니다.

e학습터

앞서 언급한 e학습터는 학생들과의 소통 공간으로 사용되는 동시에 수업 자료를 큐레이팅하는 공간으로도 활용됩니다. 수업 자료를 구성할 때 e학습터에서 자체적으로 제공하는 과목별/주제별 동영상을 활용할 수도 있습니다.

EBS 초등

EBS 초등(https://primary.ebs.co.kr/main/primary) 사이트는 학년별뿐
만 아니라 교재별로 다양한 강좌를 제공합니다. 교과목 외에도 다양
한 창의 체험 강좌들이 있지요. EBS 온라인 개학, 2주 라이브 특강,
만점왕 등의 시리즈로 교육과정 내용에 충실한 콘텐츠들도 제공합니
다. 교과의 핵심 개념을 진도에 맞춰 자세하게 설명해주기 때문에 따
로 자료를 큐레이팅하지 않아도 한 편의 완성된 자료로 활용할 수 있
습니다. EBS의 다른 사이트들 역시 유용한 자료들이 가득합니다.

EBS 사이트	주소	특징
EBS english	http://www.ebse.co.kr/apps/broadcast/main.do	영어 교과
EBS math	https://www.ebsmath.co.kr	수학 교과
EBS 역사가 술술	https://home.ebs.co.kr/hihistory/main	사회 교과 (역사)
배움 너머	https://home.ebs.co.kr/beyond/main	동기유발 영상
EBS 캠페인	https://home.ebs.co.kr/ebscampaign/main	창의적 체험학습 영역
이숲	https://www.ebssw.kr	소프트웨어

기타 사이트

그 외에도 교사 단체 혹은 개인이 운영하는 다양한 사이트가 있습니다. 특히 코로나 이후로 많은 교사가 크리에이터가 되어 자신만의 콘텐츠를 제작 중이지요. 인디스쿨, 아이스크림 등의 사이트를 참고하면 더욱 다양한 콘텐츠를 접할 수 있습니다.

사이트명	주소	특징
참쌤스쿨	https://chamssaem.com/	• 교육과정, 계기 교육 등 교육활동 전반에 걸친 다양한 자료 제작
몽당분필	https://mdbftv.tistory.com/	• 미술, 계기, 영상교육 및 예능 영상 제공
아꿈선	http://아꿈선.com	• 과학 콘텐츠 제공
에듀콜라	https://www.educolla.kr/	• 다양한 교사들이 모여 자신만의 주제를 가지고 글을 쓰며 자료를 제공하는 모임 • 에듀씨네(영화 교육) 운영

학교가자	https://daily.gegdaegu.org/	• 코로나로 인한 온라인 개학으로 탄생 • 매일 시간표를 작성하여 교육과정에 맞춰 학년별/교과별 자료 제시 • 주간 학습안내 제시 • 방학학습 자료 제시
일일수학	https://www.11math.com/	• 차시별 수학 학습지 생성 사이트
함께놀자	https://sites.google.com/view/playstart	• 학년군별 놀이 콘텐츠 제공
수팝두팝	유튜브 채널 [수팝두팝]	• 교육과정 기반 학년별 영어 퀴즈 및 노래 콘텐츠 제공
수잡투잡	유튜브 채널 [수잡투잡]	• 직업군별 인터뷰 및 진로 교육 영상 제공

수쌤&뽀쌤의 Tip!

자료에 다 담지 못했지만, 대부분의 교사 전문적학습공동체에서는 유튜브 채널을 운영합니다. 다양한 영상 자료를 원한다면 유튜브에 해당 단체의 이름을 검색해 더욱 풍부한 자료를 활용하세요. 만약 온라인 수업 영상을 직접 제작한다면 웹캠, 마이크, 헤드셋 등이 필요하답니다. 저는 휴대폰을 거치대에 고정한 후, 휴대폰 카메라로 영상을 찍었습니다. 아이패드 화면 녹화 기능과 클로버 음성 더빙, OBS 등의 프로그램들도 이용할 수 있어요.

터치 없이 놀이를 한다고?

아이들과 라포를 형성하기 위해서는 수업뿐만 아니라 함께 웃으며 감정을 나눠야 하는데, 이때 놀이가 큰 도움이 됩니다. 그런데 거의 모든 놀이에는 신체적 접촉이 필요합니다. 따라서 바이러스로 인해 사회적 거리두기를 실천하는 상황에서는 대부분 놀이를 진행하기 어려워요. 하지만 놀이도 상황에 맞게 진화하는 법! 사회적 거리를 유지하며 어떻게 놀 수 있는지, 함께 구경해볼까요?

종이 총으로 빵야빵야!

저학년 학생들에게는 종이 총을 만드는 일이 쉽지 않아서 고학년 놀이로 추천합니다. 준비물은 종이컵, 풍선, 가위, 풀입니다. 만드는 방법은 굉장히 간단합니다.

먼저 종이컵의 좁은 쪽을 잘라 구멍을 뚫어줍니다. 뚫린 곳을 밑부분을 자른 풍선으로 덮습니다. 풍선이 떨어지지 않도록 테이프로 고정하면 위 사진과 같이 종이 총이 완성됩니다. 종이 총이 완성되면 다른 종이를 구겨서 종이 총알도 만들어주세요.

종이 총을 다 만들었다면, 칠판에 과녁이 될 큰 원을 그립니다. 아

이들이 순서대로 나와서 종이 총알을 종이 총 안에 넣고, 풍선을 뒤로 당겼다 놓으며 종이 총알을 날립니다. 날린 총알이 과녁 안을 맞추면 1점을 얻습니다.

학급에서 다 같이 목표를 세우고 놀이를 진행하면 좋습니다. 학생수가 20명이라면 10점을 목표로 정하는 식입니다. 10점을 넘기기 위해서 서로 격려하는 아이들의 모습을 볼 수 있지요. 공기총 놀이를 통해서 접촉 없이도 협동의 가치를 가르칠 수 있답니다.

숫자 야구 놀이

준비물이 종이와 연필뿐이라 언제든지 활용하기 좋은 게임이지만, 추리력이 필요하므로 고학년에게 더 적합합니다. 숫자 야구는 스트라이크, 파울, 아웃을 불러주며 선생님이 생각한 숫자를 맞추는 게임입니다.

먼저 칠판에 빈 칸을 세 개 그립니다. 선생님은 각 칸에 들어갈 숫자 세 개를 속으로만 생각합니다. 이때 숫자는 한 자릿수여야 합니다. 학생들은 선생님이 생각한 숫자를 돌아가면서 맞히고, 학생들이 부른 숫자에 따라 교사가 '스트라이크', '볼', '아웃' 사인으로 힌트를 줍니다.

학생들이 추리한 숫자의 종류와 위치가 모두 다르면 아웃입니다. 학생들은 선생님의 사인을 바탕으로 종이 위

에 힌트를 써가면서 답을 추리합니다.

숫자의 종류와 위치가 모두 같으면 스트라이크가 됩니다. 예를 들어, 숫자 하나의 종류와 위치가 모두 일치

하면 스트라이크가 됩니다. 일치하는 숫자가 두 개라면 투 스크라이크가 되겠죠?

숫자의 위치는 달라도 선생님이 생각한 숫자에 포함된다면 볼입니다. 해당하는 숫자가 하나라면 원 볼, 두 개

라면 투 볼이 됩니다. 상황에 따라 볼과 스트라이크가 섞여 있을 수도 있습니다. 이때 볼과 스트라이크를 모두 알려주세요.

아이들이 정답을 맞히면 "쓰리 스트라이크, 성공!"이라고 외치고 정답을 칠판에 적어주면 됩니다. 주의할 점은 각 칸에 들어가는 숫자가 모두 달라야 한다는 점입니다. 추리하면서 숫자들을 조합하는 과정이 굉장히 재미있고, 스트라이크를 외칠 때마다 환호하는 아이들 모습을 보면 굉장히 뿌듯합니다.

선생님, 이번엔 제가 도와드릴게요!

수쌤의 에필로그

제 목소리로 이야기하는 첫 책은 꼭 직접 겪은 이야기를 담고 싶었는데 이 책으로 그 꿈을 이루게 되어 정말 뿌듯하고 감사합니다. 돌이켜 생각해보면 첫해 때 저는 스스로 바쁘다는 것도 모를 만큼 정신없는 한 해를 보냈던 것 같아요. 아이들에게도, 업무에도 모두 충실하고 싶다는 욕심 탓에 학교에서 해가 지는 것을 보고 나서야 퇴근하는 날이 많았고, 퇴근 후에 저녁도 못 먹고 자는 날이 부지기수였어요. 하루는 반 아이 한 명이 학교가 끝난 후 집에 가기 전 소중히 아끼던 사탕을 주며 "선생님은 정말 바쁘신 것 같아요"라고 해서 아이들에게 정말 미안한 마음도 들었습니다. 저처럼 정신없이, 어느새 지나가 있는 1년이 아니라 작은 기쁨과 행복까지 하나하나 충분히 누릴 수 있는 한 해를 보낼 수 있게 돕고 싶어 이 책을 썼습니다.

좌충우돌이라는 말이 딱 맞을 정도로 매일 새로운 사건이 벌어지는 정신없는 나날 속에서도 아이들과 사랑을 주고받고, 추억을 쌓을 수 있었던 것은 많은 동료 선생님의 도움 덕분이었습니다. 특히 첫해에 만나 학교의 따뜻함을 알려주신 동학년 선생님들께 정말 감사드립니다. 저의 크고 작은 실수들을 한마디 말도 없이 조용히 해결하고, 운동장에서 줄 서는 법부터 교육과정 조정까지 모든 것들을 하나하나 알려주신 김혜진 부장님. "이건 어떻게 해요?"라는 한마디에 늘 저희 교실로 달려와 나이스 작업과 공문 작성법을 알려주시고, 내성적인 저에게 따뜻한 차를 건네며 궁금하거나 불편한 건 없냐고 물어봐주시던 정미숙 부장님. 두 분 덕에 저는 출근이 즐거웠고 행정업무가 두렵지 않았습니다.

시간이 지나도 스스로가 신규교사처럼 느껴지는 저이지만, 해마다 좋은 동료 선생님들을 만나며 조금씩 성장하고 있음을 느낍니다. 1년이 넘도록 맛있는 아침 간식을 챙겨주고 고민을 모두 들어주신 영혼의 단짝 이은랑 선생님, 개인주의라고 말은 하지만 항상 저를 먼저 챙겨주고 배려하는, 사실은 누구보다 동학년 선생님들을 생각하시는 전유정 부장님. 마지막으로 늘 훨씬 더 넓은 세상을 보여주고 제가 교사로서 모든 면에서 성장할 수 있도록 가르쳐주시는 '혼공' 허준석 대장님께 감사합니다.

신세를 진 모든 분의 이야기를 담지는 못했지만, 이 책으로 감사 인사를 전하고 싶은 분이 너무나도 많을 정도로 저는 선배 선생님들께 크나큰 도움을 받았습니다. 제가 받은 사랑을 새로 선생님이 되는 여러분에게도 꼭 전해드리고 싶어요. 이 책으로 선생님께 아이들과 한 번 더 눈을 맞추고, 한 번 더 귀를 기울일 수 있는 작은 여유를 선물할 수 있었으면 합니다.

선생님, 이번엔 제가 도와드릴게요. 행복한 첫해 보내세요!

선생님의 첫걸음이 설렘으로 가득하길

이 책을 쓰면서 신규 시절이 많이 떠올랐어요. 많은 사건 중에서도 첫해 때 만났던 아이들과의 기억이 가장 선명하게 기억났답니다. 제 교직생활 중 가장 힘든 해였기 때문에 잊을 수가 없었거든요. 아무것도 모르는 상태에서 학급을 운영하던 저는 5학년 아이들의 눈에도 실수투성이로 비쳤을 거예요. 6교시로 꽉 찬 수업을 하고 나면 낯선 업무들이 저를 기다리고 있었고, 꾸역꾸역 업무를 처리하다 보면 퇴근 시간이 훌쩍 지나 있었어요. 그랬던 저는 반 아이들의 관계를 세밀하게 신경 쓸 수가 없었습니다. 작은 문제가 하나씩 쌓여서 1학기 말에는 아이들의 관계 문제가 봇물 터지듯 터졌어요. 매일매일 아이들을 상담하느라 진이 빠졌고, 상담을 한다고 문제가 해결되지도 않았어요. 몸과 마음이 지치면서 학교라는 곳이 지옥처럼 느껴지기도 했어요.

다행히 경력이 쌓이면서 많은 연수와 동료 교사의 도움으로 학교에서 부딪히는 어려움을 하나씩 해결하며 배워나갈 수 있었지만, 여전히 고학년을 맡아서 학급을 시작할 때면 첫해의 기억이 뇌리를 스쳐서 '올해 학교생활을 무사히 할 수 있을까?'라는 두려움에 스스로를 토닥이곤 합니다. '교사가 되기 전에 학급경영이나 업무 방법에 대해 누군가가 알려줬더라면 내 첫해 기억은 어떻게 달랐을까?' 하는 생각도 들었어요. 이러한 경험과 생각이 이 책을 쓰는 원동력이 됐어요.

뽀쌤은 신규교사들의 첫해 기억이 좋았으면 해요. 첫해 만나는 아이들과 행복하게 교실 생활을 하고, 그 기억으로 기나긴 교직생활을 견뎠으면 하거든요. 그래서 교직생활에 발을 디딜 신규교사들에게 조금이나마 도움을 주고 싶어요. 여러분의 첫걸음이 설렘으로 가득하길 바랍니다.

신규교사를 위한 추천연수

"하나, 둘, 셋…! 숫자만 셀 뿐인데 생활지도 문제가 해결된다?"

행복한 교실을 위한, 1-2-3 매직
박종근 | 1학점 | 15시간

1-2-3매직은 토마스 펠런(Thomas Phelan) 박사가 1984년에 만든 양육법, 훈육법입니다. 교사와 학생, 부모와 자녀가 건강한 관계를 맺을 수 있는 가장 빠른 방법을 알려주지요. 미국에서 NAPPA(National Parenting Product Awards), Mom's Choice Awards, Family Choice Awards와 같은 상을 받기도 했어요.
지금은 다양한 언어로 번역되어 전 세계의 부모와 교사들이 1-2-3매직을 함께 하고 있습니다.

"친절하게 대하다가 상처받고, 단호하게 대하다가 거리감을 느꼈던 경험 있으신가요?"

친절하고 단호한 교사의 비법, 학급긍정훈육법
김성환 | 2학점 | 30시간

탁월하고 존경받는 교사들은 친절하면서 단호합니다. 어떻게 친절하면서도 단호할 수 있을까요? 대부분의 교사분들이 친절하게 대하다가 상처받고, 단호하게 대하다가 거리감을 느끼는 경험을 해보셨을겁니다. 『학급긍정훈육법』은 보상과 처벌이 아닌 상호존중과 배려와 격려로, 민주적인 교실을 만드는 교육법을 제시합니다.